2025年公路水运工程试验检测专业技术人员职业资格考试辅导用书

公共基础章节历年真题及模拟卷

张海亮　李双环　刘晓云　朱恩厚　主　编

中国建设科技出版社有限责任公司
China Construction Science and Technology Press Co., Ltd.
北　京

图书在版编目（CIP）数据

公共基础章节历年真题及模拟卷/张海亮等主编. 北京：中国建设科技出版社有限责任公司, 2025.5. (2025年公路水运工程试验检测专业技术人员职业资格考试辅导用书). —ISBN 978-7-5160-4417-9

Ⅰ. U41-44；U61-44

中国国家版本馆 CIP 数据核字第 2025ST8385 号

公共基础章节历年真题及模拟卷
GONGGONG JICHU ZHANGJIE LINIAN ZHENTI JI MONIJUAN
张海亮 李双环 刘晓云 朱恩厚 主 编

出版发行：	中国建设科技出版社有限责任公司
地　　址：	北京市西城区白纸坊东街 2 号院 6 号楼
邮　　编：	100054
经　　销：	全国各地新华书店
印　　刷：	北京联兴盛业印刷股份有限公司
开　　本：	787mm×1092mm　1/16
印　　张：	12.75
字　　数：	330 千字
版　　次：	2025 年 5 月第 1 版
印　　次：	2025 年 5 月第 1 次
定　　价：	59.00 元

本社网址：www.jskjcbs.com，微信公众号：zgjskjcbs
请选用正版图书，采购、销售盗版图书属违法行为
版权专有，盗版必究。本社法律顾问：北京天驰君泰律师事务所，张杰律师
举报信箱：zhangjie@tiantailaw.com　举报电话：(010) 63567684

本书如有印装质量问题，由我社事业发展中心负责调换，联系电话：(010) 63567692

前 言

近几年公路水运检测考试侧重于考查学生对内容深度的理解。专业考试的考查范围越来越广,与现场实际结合越来越紧密,重点和非重点的区分越来越不明显。基于此,我们编写了本书,旨在系统梳理高频考点,直击命题规律。希望本书成为广大考生备考路上的一盏明灯。

本书具有以下特点:

1. 真题为纲,精准制导

我们将近10年考试真题按章节科学分类,剔除陈旧考点,聚焦高频核心内容,让考生告别盲目刷题,直击命题"靶心"。每道真题标注年份,帮考生快速把握重点、难点演变趋势,备考方向一目了然。

2. 二维解析,举一反三

独创"考点溯源→真题精解→陷阱预警"二维解析体系:

✓ 考点溯源:直连最新考试大纲与规范条文。

✓ 真题精解:步骤拆解搭配图形化表达,复杂问题简单化。

✓ 陷阱预警:总结高频易错点,提升考生考场应变能力。

3. 实战模拟,临门一脚

两套模拟卷严格遵循最新命题标准设计,帮助考生精准定位薄弱环节。

4. 正版增值,全程护航

刮开封面刮层并扫描二维码,即享真题解析课+考前密训课。

本书在编写过程中虽几经斟酌和校对,仍难免有不足之处,恳请广大读者和考生予以批评指正。

编 者
2025 年 1 月

中迅网校公众号

中迅网校抖音号

目录

第一章　概述 ··· 1

第二章　公路水运工程试验检测管理相关法律法规及政策 ················· 8

第三章　公路水运工程试验检测管理 ·· 30

第四章　公路水运工程试验检测人员考试管理 ································· 43

第五章　检验检测机构资质认定管理 ·· 45

第六章　试验检测常用术语和定义 ··· 68

第七章　法定计量单位 ·· 78

第八章　数值修约规则与极限数值的表示和判定、测量误差与测量不确定度 ·········· 88

第九章　能力验证 ·· 110

第十章　统计技术和抽样技术 ··· 118

第十一章　仪器设备使用管理 ··· 128

第十二章　公路水运工程质量检验评定相关标准基础知识 ················ 144

模拟卷一 ·· 149

模拟卷二 ·· 174

第一章 概 述

一、单项选择题

【2023 真题】

1. 《中共中央国务院关于开展质量提升行动的指导意见》所确立的主要目标是（　　）。
   A. 提升装备制造竞争力　　　　　　　　B. 促进消费品提质升级
   C. 增加农产品、食品药品优质供给　　　D. 产品、工程和服务质量明显提升

   解析： 提高供给质量是供给侧结构性改革的主攻方向，全面提高产品和服务质量是提升供给体系的中心任务。

【2023 真题】

2. 在第二届联合国全球可持续交通大会开幕式上，习近平主席在主旨讲话中提出：要大力发展（　　），推动大数据、互联网、人工智能、区块链等新技术与交通行业深度融合，使人享其行、物畅其流。
   A. 综合交通和多式联运　　　　　　　　B. 智慧交通和智慧物流
   C. 平安交通和绿色交通　　　　　　　　D. 交通领域多网融合

   解析： 坚持创新驱动，增强发展动能。当今世界正在经历新一轮科技革命和产业变革，数字经济、人工智能等新技术、新业态已成为实现经济社会发展的强大技术支撑。要大力发展智慧交通和智慧物流，推动大数据、互联网、人工智能、区块链等新技术与交通行业深度融合，使人享其行、物畅其流。

【2024 真题】

3. 《质量强国建设纲要》提出建立质量安全（　　）制度，为新产品新业态发展提供容错纠错空间。
   A. 备案　　　　　　　　　　　　　　　B. 告知承诺
   C. 沙盒监管　　　　　　　　　　　　　D. 例外放行

   解析：（二十七）优化质量监管效能。健全以"双随机、一公开"监管和"互联网＋监管"为基本手段、以重点监管为补充、以信用监管为基础的新型监管机制。创新质量监管方式，完善市场准入制度，深化工业产品生产许可证和强制性认证制度改革，分类放宽一般工业产品和服务业准入限制，强化事前、事中、事后全链条监管。对涉及人民群众身体健康

和生命财产安全、公共安全、生态环境安全的产品以及重点服务领域，依法实施严格监管。

完善产品质量监督抽查制度，加强工业品和消费品质量监督检查，推动实现生产流通、线上线下一体化抽查，探索建立全国联动抽查机制，对重点产品实施全国企业抽查全覆盖，强化监督抽查结果处理。建立健全产品质量安全风险监控机制，完善产品伤害监测体系，开展质量安全风险识别、评估和处置，建立健全产品质量安全事故强制报告制度，开展重大质量安全事故调查与处理。健全产品召回管理体制机制，加强召回技术支撑，强化缺陷产品召回管理。构建重点产品质量安全追溯体系，完善质量安全追溯标准，加强数据开放共享，形成来源可查、去向可追、责任可究的质量安全追溯链条。加强产品防伪监督管理。建立质量安全"沙盒监管"制度，为新产品新业态发展提供容错纠错空间。加强市场秩序综合治理，营造公平竞争的市场环境，促进质量竞争、优胜劣汰。严格进出口商品质量安全检验监管，持续完善进出口商品质量安全风险预警和快速反应监管机制。加大对城乡接合部、农村等重点区域假冒伪劣的打击力度。强化网络平台销售商品质量监管，健全跨地区跨行业监管协调联动机制，推进线上线下一体化监管。

【2024 真题】

4. 根据《交通运输部关于修订〈公路建设市场信用信息管理办法（试行）〉的通知》（交公路规〔2021〕3号），信用评价信息由（　　）。

A. 从业单位自行录入
B. 市级交通运输主管部门录入
C. 省级交通运输主管部门录入
D. 交通运输部和省级交通运输主管部门分别录入

解析：D选项不正确，原文应该是国务院和省级交通运输主管部门分别录入。

第十三条 公路建设市场信用信息按以下方式征集，由省级交通运输主管部门汇总录入：

（一）基本信息由从业单位按规定自行登录填报，对真实性负责；

（二）表彰奖励类良好行为信息由市级及以上交通运输主管部门、与公路建设有关的单位或涉及的从业单位提供。从业单位自主提供的，需附相关表彰奖励确认文件；

（三）不良行为信息由市级及以上地方交通运输主管部门、与公路建设有关的单位提供；

（四）信用评价信息由国务院和省级交通运输主管部门分别录入。

【2024 真题】

5. 《交通运输部关于加强公路水运工程建设质量安全监督管理工作的意见》（交安监规〔2022〕7号）要求深化平安工地建设，推进平安工地建设全覆盖，全面落实工程项目（　　）的安全管理目标。

A. 零死亡　　　B. 零隐患　　　C. 零事故　　　D. 零伤亡

解析：（十）加强工程项目创建示范工作。深化平安工地建设，推进平安工地建设全覆盖，全面落实工程项目"零死亡"安全管理目标。加大红线问题的查处力度，按照事故隐患"零容忍"要求，强化整改措施，提高整改时效。加强对普通公路和小型水运工程项目平安工地建设考核评价工作。全力推动平安百年品质工程创建示范工作，将标准化设计、工厂化生产、智能化建造、智慧化管理作为实现精品建造和精细管理的路径，加强创新技术应用，形成一批可复制、可推广的技术创新成果。探索建立多方式激励机制，保障创建示范工作落地见效。

【2024 真题】

6. 根据《交通运输部关于修订〈公路建设市场信用信息管理办法（试行）〉的通知》（交公路规〔2021〕3号），从业单位基本信息在公路建设市场信用信息管理系统中处于锁定状态，发生变化的，应于（ ）内向负责公布相应信息的交通运输主管部门提出申请后予以更新。

A. 5个工作日
B. 10天
C. 10个工作日
D. 15天

解析： 第十七条 从业单位基本信息在公路建设市场信用信息管理系统中处于锁定状态，发生变化的，应于10个工作日内向负责公布相应信息的交通运输主管部门提出申请后予以更新。

公路建设市场其他信用信息按照随时报送、随时复核、随时更新的原则，实现动态更新。

【2024 真题】

7. 习近平主席在第二届联合国全球可持续交通大会开幕式上的主旨讲话中提出中国将继续推进高质量共建"一带一路"，加强同各国基础设施互联互通，加快建设绿色丝绸之路和（ ）丝绸之路。

A. 数字
B. 生态
C. 海上
D. 创新

解析： 中国将继续推进高质量共建"一带一路"，加强同各国基础设施互联互通，加快建设绿色丝绸之路和数字丝绸之路。

【2024 真题】

8. 《交通强国建设纲要》提出，建设现代化高质量综合立体交通网络，以（ ）、网络化为主形态，完善多层次网络布局。

A. 单中心
B. 双中心
C. 多中心
D. 去中心化

解析： 建设现代化高质量综合立体交通网络。以国家发展规划为依据，发挥国土空间规划的指导和约束作用，统筹铁路、公路、水运、民航、管道、邮政等基础设施规划建设，以多中心、网络化为主形态，完善多层次网络布局，优化存量资源配置，扩大优质增量供给，实现立体互联，增强系统弹性。强化西部地区补短板，推进东北地区提质改造，推动中部地区大通道大枢纽建设，加速东部地区优化升级，形成区域交通协调发展新格局。

【2024 真题】

9. 根据《交通运输部关于加强公路水运工程建设质量安全监督管理工作的意见》（交安监规〔2022〕7号），建设单位承担（　　）质量责任。

A. 首要　　　　　　　　　　　　B. 次要

C. 连带　　　　　　　　　　　　D. 监管

解析：落实建设单位工程首要质量责任，建设单位应依法依规履行工程管理责任，组建工程项目现场质量管理机构，健全管理制度，落实设计、施工、监理等单位的质量管理责任。实施工程质量管理标准化工作，加强工程建设全过程质量管理。加强工程质量检测管理，充分发挥检测的质量控制作用。保证合理工期、合理造价和按标准验收，对工程质量管理负责。

二、判断题

【2023 真题】

10.《交通强国建设纲要》中的"两个交通圈"是指"全国123出行交通圈"和"全球123快货物流圈"。

A. 正确　　　　　　　　　　　　B. 错误

解析：略。

【2023 真题】

11.《交通运输部关于修订〈公路建设市场信用信息管理办法（试行）〉的通知》（交公路规〔2021〕3号）中规定：省级及以上交通运输主管部门在动态管理中，发现勘察、设计、施工、监理、试验检测等单位的人员、业绩等指标低于相关资质、资格标准要求的，应对该单位提出整改预警，整改后仍不符合要求的，可采取限制投标的措施，直至依法降低其资质等级。

A. 正确　　　　　　　　　　　　B. 错误

解析：2021年修订的《公路建设市场信用信息管理办法》中，第二十九条规定：省级及以上交通运输主管部门在动态管理中，发现勘察、设计、施工、监理、试验检测等单位的人员、业绩等指标低于相关资质、资格标准要求的，依照有关法律、行政法规、部门规章的规定执行。

【2024 真题】

12.《国家标准化发展纲要》提出，优化标准供给结构，充分释放市场主体标准化活力，优化政府颁布标准与市场自主制定标准二元结构，大幅提升市场自主制定标准的比重。

A. 正确　　　　　　　　　　　　B. 错误

解析：七、推动标准化改革创新

（二十五）优化标准供给结构。充分释放市场主体标准化活力，优化政府颁布标准与市场自主制定标准二元结构，大幅提升市场自主制定标准的比重，大力发展团体标准，实施团体标准培优计划，推进团体标准应用示范，充分发挥技术优势企业作用，引导社会团体制定

原创性、高质量标准。加快建设协调统一的强制性国家标准，筑牢保障人身健康和生命财产安全、生态环境安全的底线。同步推进推荐性国家标准、行业标准和地方标准改革，强化推荐性标准的协调配套，防止地方保护和行业垄断。建立健全政府颁布标准采信市场自主制定标准的机制。

三、多项选择题

【2023 真题】

13. 根据《国家标准化发展纲要》，关于国家标准化发展目标的说法正确的有（ ）。
    A. 国家标准平均制定周期缩短至 18 个月以内
    B. 国家标准平均制定周期缩短至 24 个月以内
    C. 国际标准转化率达到 85%以上
    D. 国际标准转化率达到 80%以上

    解析：略。

【2023 真题】

14. 根据《中共中央国务院关于开展质量提升行动的指导意见》，围绕重点产品、重点行业开展（ ），找准比较优势、行业通病和质量短板，研究制定质量问题解决方案。
    A. 质量状况调查　　　　　　　　B. 组织质量比对
    C. 会商会诊　　　　　　　　　　D. 质量攻关

    解析：围绕重点产品、重点行业开展质量状况调查，组织质量比对和会商会诊，找准比较优势、行业通病和质量短板，研究制定质量问题解决方案。

【2023 真题】

15. 根据《交通运输部关于加强公路水运工程建设质量安全监督管理工作的意见》（交安监规〔2022〕7 号），关于落实质量检测单位检测质量责任的说法正确的有（ ）。
    A. 质量检测单位应依法依规全面加强工地试验室建设和管理，独立、公正出具试验检测数据和报告
    B. 鼓励建设单位委托第三方质量检测单位建立工地中心试验室，严格对工程材料、产品进行检验，对工程实体质量进行抽检，加强标准试验管理
    C. 严格落实产品出厂检验制度，确保检验资料及合格证书完整准确，保障产品可追溯
    D. 质量检测单位对试验检测结果负责

    解析：落实质量检测单位检测质量责任。

    质量检测单位应依法依规全面加强工地试验室建设和管理，独立、公正出具试验检测数据和报告。

    鼓励建设单位委托第三方质量检测单位建立工地中心试验室，严格对工程材料、产品进行检验，对工程实体质量进行抽检，加强标准试验管理。

    质量检测单位对试验检测结果负责。

C 选项属于工程材料、产品生产供应单位质量责任。

【2023 真题】

16.《交通强国建设纲要》提出，要强化交通基础设施养护，加强基础设施运行监测检测，提高养护专业化、信息化水平，增强设施（　　）。

A. 适用性　　　　　　　　　　　B. 耐久性
C. 可靠性　　　　　　　　　　　D. 稳定性

解析：强化交通基础设施养护，加强基础设施运行监测检测，提高养护专业化、信息化水平，增强设施耐久性和可靠性。强化载运工具质量治理，保障运输装备安全。

【2023 真题】

17.《国家综合立体交通网规划纲要》提出，今后一个时期，将推进交通基础设施网与（　　）的融合发展。

A. 运输服务网　　　　　　　　　B. 信息网
C. 能源网　　　　　　　　　　　D. 移动互联网

解析：（二）推进交通基础设施网与运输服务网、信息网、能源网融合发展推进交通基础设施网与运输服务网融合发展。推进基础设施、装备、标准、信息与管理的有机衔接，提高交通运输网动态运行管理服务智能化水平，打造以全链条快速化为导向的便捷运输服务网，构建空中、水上、地面与地下融合协同的多式联运网络，完善供应链服务体系。

推进交通基础设施网与信息网融合发展。加强交通基础设施与信息基础设施统筹布局、协同建设，推动车联网部署和应用，强化与新型基础设施建设统筹，加强载运工具、通信、智能交通、交通管理相关标准跨行业协同。

推进交通基础设施网与能源网融合发展。推进交通基础设施与能源设施统筹布局规划建设，充分考虑煤炭、油气、电力等各种能源输送特点，强化交通与能源基础设施共建共享，提高设施利用效率，减少能源资源消耗。促进交通基础设施网与智能电网融合，适应新能源发展要求。

【2024 真题】

18.《质量强国建设纲要》要求实施服务品质升级计划，要求开展质量标杆企业创建行动的生产性服务领域有（　　）。

A. 文化　　　　　　　　　　　　B. 旅游
C. 商务咨询　　　　　　　　　　D. 检验检测

解析：实施服务品质升级计划。在物流、商务咨询、检验检测等生产性服务领域，开展质量标杆企业创建行动。在健康、养老、文化、旅游、体育等生活性服务领域，开展质量满意度提升行动。加快工业设计、建筑设计、服务设计、文化创意协同发展，打造高端设计服务企业和品牌。

【2024 真题】

19.《交通运输部关于加强公路水运工程建设质量安全监督管理工作的意见》(交安监规〔2022〕7号)要求依法严格质量安全事故报告和调查处理,建立( )制度。

A. 责任追究

B. 三级预警

C. 整改督办

D. 质量安全事故(险情)原因深度技术调查分析

解析:(十一)依法严格质量安全事故报告和调查处理。严格执行公路水运工程质量安全事故报告制度。严肃查处瞒报谎报迟报漏报事故行为,依法依规组织或参与公路水运建设领域事故调查,开展典型案件警示教育。建立质量安全事故(险情)原因深度技术调查分析和整改督办制度。按照事故处理"四不放过"原则,严肃追究责任,拓宽举报奖励宣传渠道,对举报重大质量安全风险隐患或者举报质量安全违法行为的有功人员实行奖励。

【2024 真题】

20.《交通强国建设纲要》提出,推进出行服务快速化、便捷化。构筑以( )为主体的大容量、高效率区际快速客运服务,提升主要通道旅客运输能力。

A. 高铁   B. 航空

C. 干线公路   D. 高速公路

解析:推进出行服务快速化、便捷化。构筑以高铁、航空为主体的大容量、高效率区际快速客运服务,提升主要通道旅客运输能力。完善航空服务网络,逐步加密机场网建设,大力发展支线航空,推进干支有效衔接,提高航空服务能力和品质。提高城市群内轨道交通通勤化水平,推广城际道路客运公交化运行模式,打造旅客联程运输系统。加强城市交通拥堵综合治理,优先发展城市公共交通,鼓励引导绿色公交出行,合理引导个体机动化出行。推进城乡客运服务一体化,提升公共服务均等化水平,保障城乡居民行有所乘。

答案:1.D 2.B 3.C 4.C 5.A 6.C 7.A 8.C 9.A 10.A 11.B 12.A 13.A、C 14.A、B、C 15.A、B、D 16.B、C 17.A、B、C 18.C、D 19.C、D 20.A、B

第二章 公路水运工程试验检测管理相关法律法规及政策

一、单项选择题

【2021 真题】

1. 已知某组样本数据为 136、140、129、180、124、154、145、146、158、176、165、148，则该组样本的中位数是（ ）。

A. 154　　　　　B. 145　　　　　C. 149.5　　　　　D. 147

解析： 中位数：一组数据先按大小次序排序，N 为奇数时，正中间的数只有一个；N 为偶数时，正中间的数有两个，取这两个数的平均值作为中位数。本题中位数 =（146 + 148）/2 = 147。

【2021 真题】

2. 依据《中华人民共和国标准化法》的规定，以下说法不正确的是（ ）。

A. 标准的复审周期一般不超过 5 年
B. 企业自行制定的企业标准，应当公开产品、服务的功能指标和产品的性能指标
C. 推荐性标准的技术要求不得低于强制性国家标准的相关技术要求
D. 行业标准包括强制性标准和推荐性标准

解析： 依据《中华人民共和国标准化法》第二条：本法所称标准（含标准样品），是指农业、工业、服务业以及社会事业等领域需要统一的技术要求。标准包括国家标准、行业标准、地方标准和团体标准、企业标准。国家标准分为强制性标准、推荐性标准，行业标准、地方标准是推荐性标准。强制性标准必须执行。国家鼓励采用推荐性标准。

【2021 真题】

3. 依据《建设工程质量管理条例》的规定，（ ）负责建立、健全建设项目档案并在建设工程竣工验收后及时向相关部门移交建设项目档案。

A. 施工单位　　　B. 监理单位　　　C. 建设单位　　　D. 质监机构

解析： 依据《建设工程质量管理条例》第十七条：建设单位应当严格按照国家有关档案管理的规定，及时收集、整理建设项目各环节的文件资料，建立、健全建设项目档案，并在建设工程竣工验收后，及时向建设行政主管部门或者其他有关部门移交建设项目档案。

【2020 真题】

4. 施工人员对涉及（　　）的试块、试件以及有关材料，应当在建设单位或者工程监理单位监督下现场取样，并送具有相应资质等级的质量检测单位进行检测。

A. 结构安全　　　　　　　　　　B. 工程质量
C. 隐蔽工程　　　　　　　　　　D. 工程造价

解析：《建设工程质量管理条例》第三十一条 施工人员对涉及结构安全的试块、试件以及有关材料，应当在建设单位或者工程监理单位监督下现场取样，并送具有相应资质等级的质量检测单位进行检测。

【2018 真题】

5. 依据《建设工程质量管理条例》施工人员对涉及结构安全的试块、试件以及有关材料，应当在建设单位或者工程监理单位（　　）下现场取样，并送具有相应资质等级的质量检测单位进行检测。

A. 旁站　　　　B. 见证　　　　C. 监督　　　　D. 协助

解析：《建设工程质量管理条例》第三十一条：施工人员对涉及结构安全的试块、试件以及有关材料，应当在建设单位或者工程监理单位监督下现场取样，并送具有相应资质等级的质量检测单位进行检测。

【2021/2020 真题】

6. 依据《建设工程质量管理条例》的规定，建设单位不得明示或者暗示设计单位或者施工单位违反工程建设（　　）标准，降低建设工程质量。

A. 国家　　　　B. 强制性　　　　C. 行业　　　　D. 地方

解析：《建设工程质量管理条例》第十条规定：建设单位不得明示或者暗示设计单位或者施工单位违反工程建设强制性标准，降低建设工程质量。

【2021 真题】

7. 下列计量标准中可以不经过计量行政部门考核、批准，就可以使用的是（　　）。

A. 社会公用计量标准　　　　　　B. 部门最高计量标准
C. 企事业最高计量标准　　　　　D. 企事业次级计量标准

解析：《中华人民共和国计量法》第五条 国务院计量行政部门负责建立各种计量基准器具，作为统一全国量值的最高依据。

第六条 县级以上地方人民政府计量行政部门根据本地区的需要，建立社会公用计量标准器具，经上级人民政府计量行政部门主持考核合格后使用。

第七条 国务院有关主管部门和省、自治区、直辖市人民政府有关主管部门，根据本部门的特殊需要，可以建立本部门使用的计量标准器具，其各项最高计量标准器具经同级人民政府计量行政部门主持考核合格后使用。

第八条 企业、事业单位根据需要，可以建立本单位使用的计量标准器具，其各项最高计量标准器具经有关人民政府计量行政部门主持考核合格后使用。

依据以上条款，A、B、C 选项均需要考核，企业次级计量标准是俗称，是指依据企业所建立的最高计量标准建立的下一级计量标准，按计量法，可不考核。

【2020 真题】

8. 根据《中华人民共和国计量法》的规定，实行强制检定的工作计量器具的目录和管理办法由（　　）制定。

　　A. 国务院计量行政部门

　　B. 省级以上人民政府计量行政部门

　　C. 县级以上人民政府计量行政部

　　D. 省级以上计量检定机构

解析：《中华人民共和国计量法》第九条规定：县级以上人民政府计量行政部门对社会公用计量标准器具，部门和企业、事业单位使用的最高计量标准器具，以及用于贸易结算、安全防护、医疗卫生、环境监测方面的列入强制检定目录的工作计量器具，实行强制检定。未按照规定申请检定或者检定不合格的，不得使用。实行强制检定的工作计量器具的目录和管理办法，由国务院制定。

有学员反馈，教材明确说明由"国务院"制定，但是 A 选项是"国务院计量行政部门"，由于此题目是 2020 年考试真题，可能存在一些异议，但是为了保留真题的完整性，所以不做任何修改，学员能提出这个问题，那说明对这个知识点已经充分学习到位了。

【2020 真题】

9. 产品质量检验机构必须具备相应的检测条件和能力，经（　　）以上人民政府产品质量监督管理部门或者其授权的部门考核合格。

　　A. 县级　　　　B. 区级　　　　C. 市级　　　　D. 省级

解析：《中华人民共和国产品质量法》第十九条规定：产品质量检验机构必须具备相应的检测条件和能力，经省级以上人民政府品质量监督管理部门或者其授权的部门考核合格后，方可承担产品质量的检验工作。法律、行政法规对产品质量检验机构另有规定的，依照有关的法律、行政法规的规定执行。

【2021 真题】

10. 依据《中华人民共和国计量法》的规定，处理因计量器具准确度所引起的纠纷，以（　　）检定的数据为准。

　　A. 国家计量基准器具

　　B. 社会公用计量标准器具

　　C. 国家计量基准器具或社会公用计量标准器具

　　D. 企业计量标准器具

解析：依据《中华人民共和国计量法》第二十一条的规定，处理因计量器具准确度所引起的纠纷，以国家计量基准器具或社会公用计量标准器具检定的数据为准。

【2019 真题】

11. 根据《标准化法》的规定，标准复审的结论不包括（　　）。

A. 继续有效　　　　　　　　　　B. 合格
C. 修订　　　　　　　　　　　　D. 废止

解析：标准复审的结论分为继续有效、修订或废止。

【2020 真题】

12. 为社会提供公正数据的产品质量检验机构，必须经（　　）以上人民政府计量行政部门对其计量检定、测试的能力和可靠性考核合格。

A. 县级　　　　　　　　　　　　B. 区级
C. 省级　　　　　　　　　　　　D. 市级

解析：《中华人民共和国计量法》第二十二条规定，为社会提供公证数据的产品质量检测机构，必须经省级以上人民政府计量行政部门对其计量检定、测试的能力和可靠性考核合格（也就是所谓的计量认证）。

【2021 真题】

13. 依据《中华人民共和国标准化法》的规定，强制性国家标准由（　　）批准发布或者授权批准发布。

A. 标准化部门　　　　　　　　　B. 标准化委员会
C. 国务院　　　　　　　　　　　D. 国家市场监督管理局

解析：依据《中华人民共和国标准化法》第十条的规定，强制性国家标准由国务院批准发布或者授权批准发布。

【2023 真题】

14. 根据《中华人民共和国计量法实施细则》，计量器具新产品定型鉴定，由（　　）计量行政部门授权的技术机构进行；样机试验由所在地方的（　　）人民政府计量行政部门授权的技术机构进行。

A. 国务院，省级　　　　　　　　B. 国务院，市级
C. 省级，省级　　　　　　　　　D. 省级，县级

解析：《中华人民共和国计量法实施细则》第十六条 计量器具新产品定型鉴定，由国务院计量行政部门授权的技术机构进行；样机试验由所在地方的省级人民政府计量行政部门授权的技术机构进行。

【2023 真题】

15. 根据《建设工程质量管理条例》，建设项目的保修期，自（　　）之日起计算。

A. 项目完工验收　　　　　　　　B. 竣（交）工验收
C. 交工验收合格　　　　　　　　D. 竣工验收合格

解析：建设工程的保修期，自竣工验收合格之日起计算。

【2023 真题】

16. 根据《中华人民共和国标准化法》，国务院标准化行政主管部门统一管理全国标准化工作，（　　）以上地方人民政府标准化行政主管部门统一管理本行政区域内的标准化工作。

A. 省级　　　　　B. 市级　　　　　C. 县级　　　　　D. 区级

解析：《中华人民共和国标准化法》第五条 国务院标准化行政主管部门统一管理全国标准化工作。国务院有关行政主管部门分工管理本部门、本行业的标准化工作。

县级以上地方人民政府标准化行政主管部门统一管理本行政区域内的标准化工作。县级以上地方人民政府有关行政主管部门分工管理本行政区域内本部门、本行业的标准化工作。

【2023 真题】

17. 国务院标准化行政主管部门应当自强制性国家标准发布之日起（　　）内，在全国标准信息公共服务平台上免费公开标准文本。

A. 十日　　　　　B. 十五日　　　　C. 二十日　　　　D. 三十日

解析：《中华人民共和国标准化法》第三十七条 国务院标准化行政主管部门应当自强制性国家标准发布之日起二十日内，在全国标准信息公共服务平台上免费公开标准文本。

【2023 真题】

18. 根据《建设工程质量管理条例》，建设单位有任意压缩合理工期的行为，应责令改正，并处（　　）的罚款。

A. 1 万元以上 10 万元以下　　　　　B. 10 万元以上 30 万元以下
C. 20 万元以上 50 万元以下　　　　　D. 50 万元以上 100 万元以下

解析：第五十六条 违反本条例规定，建设单位有下列行为之一的，责令改正，处 20 万元以上 50 万元以下的罚款：

（一）迫使承包方以低于成本的价格竞标的；
（二）任意压缩合理工期的；
（三）明示或者暗示设计单位或者施工单位违反工程建设强制性标准，降低工程质量的；
（四）施工图设计文件未经审查或者审查不合格，擅自施工的；
（五）建设项目必须实行工程监理而未实行工程监理的；
（六）未按照国家规定办理工程质量监督手续的；
（七）明示或者暗示施工单位使用不合格的建筑材料、建筑构配件和设备的；
（八）未按照国家规定将竣工验收报告、有关认可文件或者准许使用文件报送备案的。

【2023 真题】

19. 根据《危险化学品安全管理条例》，（　　）负责危险化学品的公共安全管理，核发剧毒化学品购买许可证、剧毒化学品道路运输通行证。

A. 安全生产监督管理部门　　　　　B. 公安机关
C. 质量监督检验检疫部门　　　　　D. 交通运输主管部门

解析：公安机关负责危险化学品的公共安全管理，核发剧毒化学品购买许可证、剧毒化学品道路运输通行证，并负责危险化学品运输车辆的道路交通安全管理。

【2023 真题】

20. 根据《建设工程安全生产管理条例》，建设工程实行施工总承包的，分包单位不服从管理导致生产安全事故的，由（　　）承担主要责任。

A. 建设单位　　　　B. 监理单位　　　　C. 总承包单位　　　　D. 分包单位

解析：第二十四条　建设工程实行施工总承包的，由总承包单位对施工现场的安全生产负总责。

总承包单位应当自行完成建设工程主体结构的施工。

总承包单位依法将建设工程分包给其他单位的，分包合同中应当明确各自的安全生产方面的权利、义务。总承包单位和分包单位对分包工程的安全生产承担连带责任。

分包单位应当服从总承包单位的安全生产管理，分包单位不服从管理导致生产安全事故的，由分包单位承担主要责任。

【2024 真题】

21. 根据《危险化学品安全管理条例》，质量检测机构发生危险化学品事故，事故单位（　　）应当立即按照本单位危险品应急预案组织救援。

A. 主要负责人　　　　　　　　　　　B. 技术负责人

C. 事故责任人　　　　　　　　　　　D. 分管安全负责人

解析：第七十一条　发生危险化学品事故，事故单位主要负责人应当立即按照本单位危险化学品应急预案组织救援，并向当地安全生产监督管理部门和环境保护、公安、卫生主管部门报告；道路运输、水路运输过程中发生危险化学品事故的，驾驶人员、船员或者押运人员还应当向事故发生地交通运输主管部门报告。

【2024 真题】

22. 根据《建设工程质量管理条例》，（　　）在建设工程竣工验收后，应及时向建设行政主管部门或者其他有关部门移交建设项目档案。

A. 质监机构　　　　　　　　　　　B. 建设单位

C. 施工单位　　　　　　　　　　　D. 承担竣工检测的机构

解析：第十七条　建设单位应当严格按照国家有关档案管理的规定，及时收集、整理建设项目各环节的文件资料，建立、健全建设项目档案，并在建设工程竣工验收后，及时向建设行政主管部门或者其他有关部门移交建设项目档案。

【2024 真题】

23. 根据《中华人民共和国产品质量法》，国家对产品质量实行以（　　）为主要方式的监督检查制度。

A. 备案　　　　B. 抽查　　　　C. 平行检查　　　　D. 产品认证

解析： 第十五条 国家对产品质量实行以抽查为主要方式的监督检查制度，对可能危及人体健康和人身、财产安全的产品，影响国计民生的重要工业产品以及消费者、有关组织反映有质量问题的产品进行抽查。抽查的样品应当在市场上或者企业成品仓库内的待销产品中随机抽取。监督抽查工作由国务院市场监督管理部门规划和组织。县级以上地方市场监督管理部门在本行政区域内也可以组织监督抽查。法律对产品质量的监督检查另有规定的，依照有关法律的规定执行。

【2024 真题】

24. 根据《中华人民共和国标准化法》，对保障生态环境安全的技术要求应当建立（　　）。

A. 强制性国家标准　　　　　　　　B. 推荐性国家标准
C. 强制性行业标准　　　　　　　　D. 推荐性行业标准

解析： 第十条 对保障人身健康和生命财产安全、国家安全、生态环境安全以及满足经济社会管理基本需要的技术要求，应当制定强制性国家标准。

【2024 真题】

25. 根据《中华人民共和国计量法实施细则》，（　　）计量行政部门对当地销售的计量器具实施监督检查。

A. 省级以上地方人民政府　　　　　B. 市级以上地方人民政府
C. 县级以上地方人民政府　　　　　D. 地级及以上地方人民政府

解析： 第二十条 县级以上地方人民政府计量行政部门对当地销售的计量器具实施监督检查。凡没有产品合格印、证标志的计量器具不得销售。

【2024 真题】

26. 根据《公路水路行业产品质量监督抽查管理办法》（交科技规〔2020〕2号），被抽查生产企业、销售企业拒绝抽样的，由抽样人员与（　　）共同确认，按照拒绝监督抽样处理。

A. 见证人员　　　　　　　　　　　B. 工程监理人员
C. 项目指挥部　　　　　　　　　　D. 省级交通运输主管部门

解析： 第十九条 被抽查生产企业、销售企业或者工程建设单位拒绝抽样的，由抽样人员与省级交通运输主管部门共同确认，按照拒绝监督抽查处理。

【2024 真题】

27. 根据《建设工程质量管理条例》，竣工验收不合格的建设工程，应当由（　　）负责返修。

A. 建设单位　　　B. 监理单位。　　C. 施工单位　　　D. 使用单位

解析： 第三十二条 施工单位对施工中出现质量问题的建设工程或者竣工验收不合格的建设工程，应当负责返修。

【2024 真题】

28. 根据《中华人民共和国行政许可法》，除可以当场作出行政许可决定的外，行政机关应当（　　）作出行政许可决定。

A. 自提交申请之日起二十日内　　　　B. 自受理申请之日起二十日内

C. 自提交申请之日起十五日内　　　　D. 自受理申请之日起十五日内

解析：第四十二条 除可以当场作出行政许可决定的外，行政机关应当自受理行政许可申请之日起二十日内作出行政许可决定。二十日内不能作出决定的，经本行政机关负责人批准，可以延长十日，并应当将延长期限的理由告知申请人。但是，法律、法规另有规定的，依照其规定。

【2024 真题】

29. 根据《中华人民共和国行政许可法》，对于有数量限制的行政许可，若两个或者两个以上申请人的申请均符合法定条件、标准的，行政机关应当根据（　　）顺序作出准予行政许可的决定。

A. 申请人业绩排名　　　　　　　　　B. 受理行政许可申请的先后

C. 提出行政许可申请的先后　　　　　D. 根据申请人综合评估得分排名

解析：第五十七条 有数量限制的行政许可，两个或者两个以上申请人的申请均符合法定条件、标准的，行政机关应当根据受理行政许可申请的先后顺序作出准予行政许可的决定。但是，法律、行政法规另有规定的，依照其规定。

【2024 真题】

30. 根据《建设工程安全生产管理条例》，检验检测机构对检测合格的施工起重机械和整体提升脚手架、模板等自升式架设设施，应当出具（　　），并对检测结果负责。

A. 安全评估报告　　　　　　　　　　B. 安全验收证书

C. 安全合格证明文件　　　　　　　　D. 安全检测结果报告

解析：第十九条 检验检测机构对检测合格的施工起重机械和整体提升脚手架、模板等自升式架设设施，应当出具安全合格证明文件，并对检测结果负责。

【2024 真题】

31. 根据《交通运输部关于印发〈农村公路建设质量管理办法〉的通知》（交安监发〔2018〕152号），一般农村公路建设项目，可按照（　　）认可的检测方式组织实施。

A. 监理　　　　　　　　　　　　　　B. 项目业主

C. 乡镇级交管所　　　　　　　　　　D. 县级交通运输主管部门

解析：第十五条 施工单位应当开展施工质量检测工作，可通过设立工地试验室或者委托具有相应能力等级的检测机构实施。一般农村公路建设项目，可按照县级交通运输主管部门认可的检测方式组织实施。

【2024 真题】

32. 根据《中华人民共和国安全生产法》，生产经营单位发生生产安全事故后，事故现场有关人员应当立即报告（　　）。

　　A. 班组负责人　　　　　　　　　　B. 本单位负责人
　　C. 专职安全管理人员　　　　　　　D. 安全生产监督管理部门

解析： 第八十三条 生产经营单位发生生产安全事故后，事故现场有关人员应当立即报告本单位负责人。

【2024 真题】

33. 根据《中华人民共和国计量法》，制造计量器具的企业、事业单位生产本单位未生产过的计量器具新产品，必须经（　　）对其样品的计量性能考核合格，方可投入生产。

　　A. 国务院计量行政部门　　　　　　B. 省级以上人民政府计量行政部门
　　C. 市级以上人民政府计量行政部门　D. 县级以上人民政府计量行政部门

解析： 第十三条 制造计量器具的企业、事业单位生产本单位未生产过的计量器具新产品，必须经省级以上人民政府计量行政部门对其样品的计量性能考核合格，方可投入生产。

【2024 真题】

34. 根据《交通运输部关于印发〈农村公路建设质量管理办法〉的通知》（交安监发〔2018〕152号），一般农村公路建设项目可按照（　　）规定的简化程序开展验收。

　　A. 交通运输部
　　B. 省级交通运输主管部门
　　C. 《公路工程竣（交）工验收办法》
　　D. 《公路工程质量检验评定标准 第一册 土建工程》

解析： 第三十二条 重要农村公路建设项目应当按照《公路工程竣（交）工验收办法》《公路工程质量检验评定标准》开展验收，一般农村公路建设项目可按照省级交通运输主管部门规定的简化程序开展验收。

【2024 真题】

35. 根据《公路水运工程质量监督管理规定》（交通运输部令2017第28号），交工验收阶段建设工程质量监督机构应当对建设单位提交的报告材料进行审核，并对工程质量进行验证性检测，出具（　　）。

　　A. 交工验收报告　　　　　　　　　B. 交工验收质量检测报告
　　C. 工程交工质量核验意见　　　　　D. 工程设计符合性评价意见

解析： 第二十五条 公路水运工程交工验收前，建设单位应当组织对工程质量是否合格进行检测，出具交工验收质量检测报告，连同设计单位出具的工程设计符合性评价意见、监理单位提交的工程质量评定或者评估报告一并提交交通运输主管部门委托的建设工程质量监督机构。

交通运输主管部门委托的建设工程质量监督机构应当对建设单位提交的报告材料进行审核，并对工程质量进行验证性检测，出具工程交工质量核验意见。

二、判断题

【2020 真题】

36. 国务院有关主管部门和省、自治区、直辖市人民政府有关部门,根据本部门的特殊需要,可以建立本部门使用的计量标准器具,其各项最高计量标准器具经同级人民政府计量行政部门主持考核合格后使用。

　　A. 正确　　　　　　　　　　　　B. 错误

解析:《中华人民共和国计量法》第七条规定:国务院有关主管部门和省、自治区、直辖市人民政府有关主管部门,根据本部门的特殊需要,可以建立本部门使用的计量标准器具,其各项最高计量标准器具经同级人民政府计量行政部门主持考核合格后使用。

【2021 真题】

37. 国际单位制计量单位和国家选定的其他计量单位为国家法定计量单位。

　　A. 正确　　　　　　　　　　　　B. 错误

解析:《中华人民共和国计量法》第三条规定:国家实行法定计量单位制度。国际单位制计量单位和国家选定的其他计量单位,为国家法定计量单位。国家法定计量单位的名称、符号由国务院公布。

【2020 真题】

38. 因特殊需要采用非法定计量单位的管理办法,由国务院计量行政部门另行制定。

　　A. 正确　　　　　　　　　　　　B. 错误

解析:《中华人民共和国计量法》第三条包含内容:"因特殊需要采用非法定计量单位的管理办法,由国务院计量行政部门另行制定。"

【2021 真题】

39. 公路、桥梁、隧道、码头等永久性设施的工程建设适用于《中华人民共和国产品质量法》。

　　A. 正确　　　　　　　　　　　　B. 错误

解析:《中华人民共和国产品质量法》第二条规定即适用范围:中国境内从事产品生产、销售活动。建设工程不适用本法规定。但建设工程材料,特别是建设工程中使用的建筑材料、建筑构配件、设备,适用于《中华人民共和国产品质量法》。交通建设工程所建设的公路、桥梁、隧道、码头等永久性设施,不是用于销售的产品,不适用《中华人民共和国产品质量法》;但建设过程中所用到的原材料,如钢筋、水泥、外加剂等适用《中华人民共和国产品质量法》。

【2021 真题】

40.《建设工程质量管理条例》所称建设工程,是指土木工程、建筑工程、线路管道和设备安装工程及装修工程。

　　A. 正确　　　　　　　　　　　　B. 错误

解析：《建设工程质量管理条例》第二条 凡在中华人民共和国境内从事建设工程的新建、扩建、改建等有关活动及实施对建设工程质量监督管理的，必须遵守本条例。本条例所称建设工程，是指土木工程、建筑工程、线路管道和设备安装工程及装修工程。

【2019 真题】

41. 行业标准和国家标准可分为强制性标准和推荐性标准。

A. 正确　　　　　　　　　　　　　B. 错误

解析：只有国家标准有推荐性标准和强制性标准。

【2021 真题】

42. 社会团体，企业事业组织以及公民不能向国务院标准化行政主管部门提出强制性国家标准的立项建议。

A. 正确　　　　　　　　　　　　　B. 错误

解析：《中华人民共和国标准化法》第十条内容包含：社会团体、企业事业组织以及公民可以向国务院标准化行政主管部门提出强制性国家标准的立项建议，国务院标准化行政主管部门认为需要立项的，会同国务院有关行政主管部门决定。

【2021 真题】

43. 组织量值传递需要在同一部门管辖范围内进行。

A. 正确　　　　　　　　　　　　　B. 错误

解析：《中华人民共和国计量法》第十一条包含内容：就地就近进行计量检定，是指组织量值传递不受行政区划和部门管辖的限制。

【2020 真题】

44. 根据《中华人民共和国计量法》的规定，计量监督员必须经考核合格后，由县级以上人民政府计量行政部门任命并颁发监督员证件。

A. 正确　　　　　　　　　　　　　B. 错误

解析：《中华人民共和国计量法实施细则》第二十四条包含内容：计量监督员必须经考核合格后，由县级以上人民政府计量行政部门任命并颁发监督员证件。

【2021 真题】

45. 国家法定计量单位的名称、符号由国务院公布。因特殊需要采用非法定计量单位的，管理办法由国务院计量行政部门另行制定。

A. 正确　　　　　　　　　　　　　B. 错误

解析：《中华人民共和国计量法》第三条规定了国家实行法定计量单位制度。国际单位制计量单位和国家选定的其他计量单位，为国家法定计量单位。国家法定计量单位的名称、符号由国务院公布。因特殊需要采用非法定计量单位的管理办法，由国务院计量行政部门另行制定。

【2019 真题】

46. 工程建设须严格执行基本建设程序，坚持先勘察、后设计、再施工的原则。

A. 正确　　　　　　　　　　　　　　B. 错误

解析：《建设工程质量管理条例》第五条规定：从事建设工程活动，必须严格执行基本建设程序，坚持先勘察、后设计、再施工的原则。

【2020 真题】

47. 国务院计量行政部门负责建立各种计量基准器具，作为统一全国量值的最高依据。

A. 正确　　　　　　　　　　　　　　B. 错误

解析：《中华人民共和国计量法》第五条规定：国务院计量行政部门负责建立各种计量基准器具，作为统一全国量值的最高依据。

【2019 真题】

48. 建设单位不得迫使承包方以低于成本的价格竞标，不得任意压缩合理工期。

A. 正确　　　　　　　　　　　　　　B. 错误

解析：《建设工程质量管理条例》第十条规定：建设工程发包单位不得迫使承包方以低于成本的价格竞标，不得任意压缩合理工期。

【2020 真题】

49. 行业标准由国务院有关行政主管部门制定并备案。

A. 正确　　　　　　　　　　　　　　B. 错误

解析：《中华人民共和国标准化法》第十二条包含内容：行业标准由国务院有关行政主管部门制定，报国务院标准化行政主管部门备案。

【2023 真题】

50. "四好农村路"是指把农村公路建好、管好、护好、运营好。

A. 正确　　　　　　　　　　　　　　B. 错误

解析：建好、管好、护好、运营好，逐步消除制约农村发展的交通瓶颈，为广大农民脱贫致富奔小康提供更好的保障。

【2023 真题】

51. 根据《交通运输部关于印发〈公路水路行业产品质量监督抽查管理办法〉的通知》（交科技规〔2020〕2号），抽取样品应当按照有关规定的数量抽取，没有具体的数量规定时，抽样人员可以自行决定抽取样品的数量。

A. 正确　　　　　　　　　　　　　　B. 错误

解析：第十二条 抽样样品应当按照有关规定的数量抽取，没有具体数量规定的，抽取样品不得超过检验的合理需要。

【2024 真题】

52. 根据《交通运输部关于印发〈农村公路建设质量管理办法〉的通知》（交安监发〔2018〕152号），一般农村公路建设项目实行代建的，可由代建单位组织有经验的专业技术人员成立监理组，履行监理职责。

A. 正确　　　　　　　　　　　　　　B. 错误

解析： 第十四条 监理单位对农村公路施工质量负监理责任，应当按照规定程序和标准进行工程质量检查、检测和验收，对发现的质量问题及时督促整改，按要求开展质量评定工作，在项目交工验收前向项目业主提交工程质量评定报告。

一般农村公路建设项目实行代建的，可由代建单位组织有经验的专业技术人员成立监理组，履行监理职责。

【2024 真题】

53. 根据《中华人民共和国产品质量法》，产品质量检验机构经县级以上人民政府产品质量监督部门同意，可以采用对产品进行监制的方式参与产品经营活动。

A. 正确　　　　　　　　　　　　　　B. 错误

解析： 第二十五条规定：产品质量监督部门或者其他国家机关以及产品质量检验机构不得向社会推荐生产者的产品；不得以对产品进行监制、监销等方式参与产品经营活动。

【2024 真题】

54. 根据《中华人民共和国标准化法》，强制性标准文本应免费向社会公开，国家推动免费向社会公开推荐性标准文本。

A. 正确　　　　　　　　　　　　　　B. 错误

解析：《中华人民共和国标准化法》第十七条规定：强制性标准文本应当免费向社会公开。国家推动免费向社会公开推荐性标准文本。新批准发布的国家标准一般在发布后20个工作日内公开。

【2024 真题】

55. 根据《建设工程安全生产管理条例》，专职安全生产管理人员的配备办法由国务院建设行政主管部门会同国务院其他有关部门制定。

A. 正确　　　　　　　　　　　　　　B. 错误

解析： 第二十三条 施工单位应当设立安全生产管理机构，配备专职安全生产管理人员。专职安全生产管理人员负责对安全生产进行现场监督检查。发现安全事故隐患应当及时向项目负责人和安全生产管理机构报告；对违章指挥、违章操作的，应当立即制止。

专职安全生产管理人员的配备办法由国务院建设行政主管部门会同国务院其他有关部门制定。

【2024 真题】

56. 《交通运输部关于印发〈农村公路建设质量管理办法〉的通知》（交安监发〔2018〕152号）所称农村公路是指纳入农村公路规划，并按照公路工程技术标准修建的县道、乡道和村道及其所属设施。

A. 正确 B. 错误

解析：第二条 农村公路新建、改建、扩建工程的质量管理，适用本办法。

本办法所称农村公路是指纳入农村公路规划，并按照公路工程技术标准修建的县道、乡道、村道及其所属设施。

【2024 真题】

57. 根据《公路水运工程质量监督管理规定》（交通运输部令2017第28号），施工、监理单位应当按照合同约定设立工地临时试验室，严格按照工程技术标准、检测规范和规程，在核定的试验检测参数范围内开展试验检测活动。

A. 正确 B. 错误

解析：第十八条 施工、监理单位应当按照合同约定设立工地临时试验室，严格按照工程技术标准、检测规范和规程，在核定的试验检测参数范围内开展试验检测活动。

施工、监理单位应当对其设立的工地临时试验室所出具的试验检测数据和报告的真实性、客观性、准确性负责。

【2024 真题】

58. 根据《建设工程安全生产管理条例》，施工单位应当设立安全生产管理机构，配备兼职的安全生产管理人员。

A. 正确 B. 错误

解析：第二十三条 施工单位应当设立安全生产管理机构，配备专职安全生产管理人员。

【2024 真题】

59. 根据《建设工程质量管理条例》，除有特殊要求的情形外，设计单位不得指定生产厂、供应商。

A. 正确 B. 错误

解析：第二十二条 设计单位在设计文件中选用的建筑材料、建筑构配件和设备，应当注明规格、型号、性能等技术指标，其质量要求必须符合国家规定的标准。

除有特殊要求的建筑材料、专用设备、工艺生产线等外，设计单位不得指定生产厂、供应商。

【2024 真题】

60. 根据《建设工程安全生产管理条例》，达到一定规模的危险性较大的土方开挖工程需编制专项施工方案，并附具安全验算结果。

A. 正确 B. 错误

解析：第二十六条 施工单位应当在施工组织设计中编制安全技术措施和施工现场临时用电方案，对下列达到一定规模的危险性较大的分部分项工程编制专项施工方案，并附具安全验算结果，经施工单位技术负责人、总监理工程师签字后实施，由专职安全生产管理人员进行现场监督：

（一）基坑支护与降水工程；

（二）土方开挖工程；

（三）模板工程；

（四）起重吊装工程；

（五）脚手架工程；

（六）拆除、爆破工程；

（七）国务院建设行政主管部门或者其他有关部门规定的其他危险性较大的工程。

【2024 真题】

61. 根据《中华人民共和国计量法》，处理因计量器具准确度所引起的纠纷，只能以国家计量基准器具检定的数据为准。

A. 正确　　　　　　　　　　　　　B. 错误

解析：《中华人民共和国计量法》第二十一条规定：处理因计量器具准确度所引起的纠纷，以国家计量基准器具或者社会公用计量标准器具检定的数据为准。

【2024 真题】

62. 根据《公路水路行业产品质量监督抽查管理办法》（交安监发〔2018〕78号），产品质量监督抽查抽取的样品应当是有产品质量检验合格证或者以其他形式表明合格的产品。

A. 正确　　　　　　　　　　　　　B. 错误

解析：第十二条 监督抽查的样品应当由抽样人员在市场上或者企业成品仓库内待销的产品中随机抽取，不得由企业抽样或者送样。

抽取的样品应当是有产品质量检验合格证明或者以其他形式表明合格的产品。

抽取样品应当按照有关规定的数量抽取，没有具体数量规定的，抽取样品不得超过检验的合理需要。

【2024 真题】

63. 有关行政机关对其直接管理的事业单位的人事、财务、外事等事项的审批，适用于《中华人民共和国行政许可法》。

A. 正确　　　　　　　　　　　　　B. 错误

解析：第三条 行政许可的设定和实施，适用本法。有关行政机关对其他机关或者对其直接管理的事业单位的人事、财务、外事等事项的审批，不适用本法。

三、多项选择题

【2019 真题】

64. 产品质量检验机构违反《产品质量法》有关规定的行为包括（　　）。
   A. 伪造检验结果
   B. 出具的检验结果不实，造成损失
   C. 向社会推荐生产者的产品
   D. 以监制的方式参与产品的经营活动

解析：《中华人民共和国产品质量法》第二十五条规定：产品质量监督部门或者其他国家机关以及产品质量检验机构不得向社会推荐生产者的产品；不得以对产品进行监制、监销等方式参与产品经营活动。第五十七条规定：产品质量检验机构、认证机构伪造检验结果或者出具虚假证明的，责令改正，对单位处五万元以上十万元以下的罚款，对直接负责的主管人员和其他直接责任人员处一万元以上五万元以下的罚款；有违法所得的，并处没收违法所得；情节严重的，取消其检验资格、认证资格；构成犯罪的，依法追究刑事责任。

【2020 真题】

65. 根据《建设工程质量管理条例》的规定，监理工程师应当按照工程监理规范的要求，采取（　　）等形式，对建设工程实施监理。
   A. 旁站
   B. 巡视
   C. 施工组织设计
   D. 平行检验

解析：《建设工程质量管理条例》第三十八条 监理工程师应当按照工程监理规范的要求，采取旁站、巡视和平行检验等形式，对建设工程实施监理。

【2019 真题】

66. 下列有关建筑材料、建筑构配件、设备和商品混凝土的检验工作要求，正确的有（　　）。
   A. 有书面记录
   B. 有专人签字
   C. 未经检验不得使用
   D. 检验不合格不得使用

解析：《建设工程质量管理条例》第二十九条 施工单位必须按照工程设计要求、施工技术标准和合同约定，对建筑材料、建筑构配件、设备和商品混凝土进行检验，检验应当有书面记录和专人签字；未经检验或者检验不合格的，不得使用。

【2019 真题】

67. 以下（　　）活动必须遵守建设工程质量管理条例。
   A. 新建
   B. 扩建
   C. 改建
   D. 养护

解析：《建设工程质量管理条例》第二条 凡在中华人民共和国境内所有从事建设工程的新建、扩建、改建等有关活动及实施对建设工程质量监督管理的，必须遵守本条例。

【2020 真题】

68. 地方标准由（　　）人民政府标准化行政主管部门制定。

A. 省　　　　　　B. 市　　　　　　C. 自治区　　　　　　D. 直辖市

解析：《中华人民共和国标准化法》第十三条 地方标准由省、自治区、直辖市人民政府标准化行政主管部门制定。

【2019 真题】

69. 下列关于计量检定的说法正确的有（　　）。

A. 国家法定计量检定机构的计量检定人员必须经考核合格并取得计量检定证件

B. 计量检定应当执行计量检定规程

C. 无计量检定证件的人员不得从事计量检定工作

D. 企（事）业单位经计量行政部门考核授权为法定计量检定机构后，就可以向社会提供任何计量器具的计量检定服务

解析：D 选项是在授权的领域范围内进行检定服务，另外，计量检定必须执行计量检定规程。

【2021 真题】

70.《建设工程质量管理条例》所称建设工程，包括（　　）。

A. 土木工程　　　　　　　　　　B. 建筑工程

C. 装修工程　　　　　　　　　　D. 设备安装工程

解析：《建设工程质量管理条例》第二条 凡在中华人民共和国境内从事建设工程的新建、扩建、改建等有关活动及实施对建设工程质量监督管理的，必须遵守本条例。本条例所称建设工程，是指土木工程、建筑工程、线路管道和设备安装工程及装修工程。

【2018 真题】

71. 对仪器设备进行检定时，可以依据的技术文件主要包括（　　）。

A. 国家计量检定规程　　　　　　B. 交通运输部计量检定规程

C. ISO 国家标准　　　　　　　　D. 地方发布的计量检定规程

解析：《中华人民共和国计量法》第十条规定：计量检定必须按照国家计量检定系统表进行。国家计量检定系统表由国务院计量行政部门制定。计量检定必须执行计量检定规程。国家计量检定规程由国务院计量行政部门制定。没有国家计量检定规程的，由国务院有关主管部门和省、自治区、直辖市人民政府计量行政部门分别制定部门计量检定规程和地方计量检定规程。

【2019 真题】

72. 建设工程竣工验收应当具备的条件（　　）。

A. 有完整的技术档案

B. 有完整的施工管理资料

C. 完成工程设计和合同约定的各项内容

D. 有材料、建筑构配件和设备的进场试验报告

解析：《建设工程质量管理条例》第十六条包含内容：

建设工程竣工验收应具备下列条件：（1）完成建设工程设计和合同约定的各项内容；（2）有完整的技术档案和施工管理资料；（3）有工程使用的主要建筑材料、建筑构配件和设备的进场实验报告；（4）有勘察、设计、施工、工程监理等单位分别签署的质量合格文件；（5）有施工单位签署的工程保修书。建设工程经验收合格的，方可交付使用。

【2023真题】

73. 根据《公路水运工程质量监督管理规定》（交通运输部令2017年第28号），交通运输主管部门或者委托的建设工程质量监督机构可以采取（　　）等方式对从业单位实施监督检查。

A. 随机抽查　　　B. 备案核查　　　C. 实地考察　　　D. 专项督查

解析：第二十八条 交通运输主管部门或者其委托的建设工程质量监督机构可以采取随机抽查、备案核查、专项督查等方式对从业单位实施监督检查。

【2024真题】

74. 根据《危险化学品安全管理条例》，危险化学品是指具有毒害、腐蚀、（　　）等性质，对人体、设施、环境具有危害的剧毒化学品和其他化学品。

A. 爆炸　　　B. 燃烧　　　C. 挥发　　　D. 助燃

解析：第三条规定：本条例所称危险化学品，是指具有毒害、腐蚀、爆炸、燃烧、助燃等性质，对人体、设施、环境具有危害的剧毒化学品和其他化学品。

【2024真题】

75. 《中华人民共和国标准化法》中所称标准包括（　　）。

A. 国家标准　　　B. 企业标准　　　C. 标准样品　　　D. 团体标准

解析：标准（含标准样品）：是指农业、工业、服务业以及社会事业等领域需要统一的技术要求。标准包括国家标准、行业标准、地方标准和团体标准、企业标准。国家标准分为强制性标准、推荐性标准，行业标准、地方标准是推荐性标准。强制性标准必须执行。国家鼓励采用推荐性标准。

【2024真题】

76. 根据《交通运输部关于印发〈公路水路行业产品质量监督抽查管理办法〉的通知》（交科技规〔2020〕2号），出现（　　）的情况时，被抽查企业可以拒绝接受抽查。

A. 抽查人员少于2人

B. 抽样人员要求收取检验费

C. 抽样人员无监督抽查通知书

D. 产品名称与监督抽查通知书不符

解析：第十四条 有下列情况之一的，被抽查企业可以拒绝接受抽查：

（一）抽样人员少于2名；

（二）抽样人员无法出具监督抽查通知书、有关监督抽查文件或者其复印件和有效身份证件；

（三）抽样人员姓名、被抽查企业或者产品名称与监督抽查通知书不符；

（四）抽样人员要求企业支付检验费或者其他费用。

【2024 真题】

77. 根据《中华人民共和国计量法》，下列器具须实行强制检定的有（　　）。

A. 市场上用的公平秤

B. 社会公用计量标准器具

C. 企事业使用的最高计量标准器具

D. 公路水运工程试验检测专用设备

解析：第9条规定：县级以上人民政府计量行政部门对社会公用计量标准器具，部门和企业、事业单位使用的最高计量标准器具，以及用于贸易结算、安全防护、医疗卫生、环境监测方面的列入强制检定目录的工作计量器具，实行强制检定。未按照规定申请检定或者检定不合格的，不得使用。实行强制检定的工作计量器具的目录和管理办法，由国务院制定。

【2024 真题】

78. 根据《中华人民共和国行政许可法》，可以设定行政许可的有（　　）。

A. 法律　　　　　　　　　　B. 政府规章

C. 地方性法规　　　　　　　D. 规范性文件

解析：第十四条 本法第十二条所列事项，法律可以设定行政许可。尚未制定法律的，行政法规可以设定行政许可。必要时，国务院可以采用发布决定的方式设定行政许可。实施后，除临时性行政许可事项外，国务院应当及时提请全国人民代表大会及其常务委员会制定法律，或者自行制定行政法规。

第十五条 本法第十二条所列事项，尚未制定法律、行政法规的，地方性法规可以设定行政许可；尚未制定法律、行政法规和地方性法规的，因行政管理的需要，确需立即实施行政许可的，省、自治区、直辖市人民政府规章可以设定临时性的行政许可。临时性的行政许可实施满一年需要继续实施的，应当提请本级人民代表大会及其常务委员会制定地方性法规。地方性法规和省、自治区、直辖市人民政府规章，不得设定应当由国家统一确定的公民、法人或者其他组织的资格、资质的行政许可；不得设定企业或者其他组织的设立登记及其前置性行政许可。其设定的行政许可，不得限制其他地区的个人或者企业到本地区从事生产经营和提供服务，不得限制其他地区的商品进入本地区市场。第十六条 行政法规可以在法律设定的行政许可事项范围内，对实施该行政许可作出具体规定。地方性法规可以在法律、行政法规设定的行政许可事项范围内，对实施该行政许可作出具体规定。规章可以在上位法设定的行政许可事项范围内，对实施该行政许可作出具体规定。法规、规章对实施上位法设定的行政许可作出的具体规定，不得增设行政许可；对行政许可条件作出的具体规定，不得增设违反上位法的其他条件。

第十七条 除本法第十四条、第十五条规定的外，其他规范性文件一律不得设定行政许可。

【2024 真题】

79. 根据《公路水运工程质量监督管理规定》（交通运输部令 2017 年第 28 号），建设单位应按照国家规定向交通运输主管部门或者其委托的建设工程质量监督机构提交本单位以及勘察、设计、施工、监理、试验检测等单位对其（　　）的书面授权委托书。

A. 项目负责人　　　　　　　　　　B. 技术负责人
C. 质量负责人　　　　　　　　　　D. 安全负责人

解析：《公路水运工程质量监督管理规定》第二十二条 交通运输主管部门或者其委托的建设工程质量监督机构依法要求建设单位按规定办理质量监督手续。

建设单位应当按照国家规定向交通运输主管部门或者其委托的建设工程质量监督机构提交以下材料，办理工程质量监督手续：

（一）公路水运工程质量监督管理登记表；
（二）交通运输主管部门批复的施工图设计文件；
（三）施工、监理合同及招投标文件；
（四）建设单位现场管理机构、人员、质量保证体系等文件；
（五）本单位以及勘察、设计、施工、监理、试验检测等单位对其项目负责人、质量负责人的书面授权委托书、质量保证体系等文件；
（六）依法要求提供的其他相关材料。

【2024 真题】

80. 根据《中华人民共和国安全生产法》，承担安全评价、认证、检测、检验职责的机构出具失实报告的，（　　）。

A. 没收违法所得
B. 责令停业整顿
C. 并处三万元以上十万元以下的罚款
D. 并处违法所得二倍以上五倍以下的罚款

解析：第九十二条 承担安全评价、认证、检测、检验职责的机构出具失实报告的，责令停业整顿，并处三万元以上十万元以下的罚款；给他人造成损害的，依法承担赔偿责任。

【2024 真题】

81. 根据《中华人民共和国计量法》，制造、修理计量器具的企业、事业单位，必须具有与所制造、修理的计量器具相适应的（　　）。

A. 人员　　　　　　　　　　　　　B. 设施
C. 检定仪器设备　　　　　　　　　D. 计量基准器具

解析：第十二条 制造、修理计量器具的企业、事业单位，必须具备与所制造、修理的计量器具相适应的设施、人员和检定仪器设备，经县级以上人民政府计量行政部门考核合格，取得《制造计量器具许可证》或者《修理计量器具许可证》。制造、修理计时器具的企业未取得《制造计量器具许可证》或者《修理计量器具许可证》的，工商行政管理部门不予办理营业执照。

【2024 真题】

82. 根据《建设工程质量管理条例》，涉及（　　）的装修工程，建设单位应当在施工前委托原设计单位或者具有相应资质等级的设计单位提出设计方案。

A. 建筑主体变动　　　　　　　　B. 承重结构变动
C. 建筑外立面变动　　　　　　　D. 保温节能材料变动

解析：第十五条 涉及建筑主体和承重结构变动的装修工程，建设单位应当在施工前委托原设计单位或者具有相应资质等级的设计单位提出设计方案；没有设计方案的，不得施工。

【2024 真题】

83. 根据《中华人民共和国安全生产法》，安全生产条件所必需的资金投入由（　　）予以保证。

A. 工会　　　　　　　　　　　　B. 个人经营的投资人
C. 生产经营单位主要负责人　　　D. 生产经营单位的决策机构

解析：第二十三条 生产经营单位应当具备的安全生产条件所必需的资金投入，由生产经营单位的决策机构、主要负责人或者个人经营的投资人予以保证，并对由于安全生产所必需的资金投入不足导致的后果承担责任。

【2024 真题】

84. 根据《中华人民共和国行政许可法》，行政机关对申请人提出的行政许可申请不予受理的情况有（　　）。

A. 申请材料存在文字错误的
B. 申请材料不齐全的
C. 申请事项依法不需要取得行政许可的
D. 申请事项依法不属于本行政机关职权范围的

解析：第三十二条 行政机关对申请人提出的行政许可申请，应当根据下列情况分别作出处理：

（一）申请事项依法不需要取得行政许可的，应当即时告知申请人不受理；

（二）申请事项依法不属于本行政机关职权范围的，应当即时作出不予受理的决定，并告知申请人向有关行政机关申请；

（三）申请材料存在可以当场更正的错误的，应当允许申请人当场更正；

（四）申请材料不齐全或者不符合法定形式的，应当当场或者在五日内一次告知申请人需要补正的全部内容，逾期不告知的，自收到申请材料之日起即为受理；

（五）申请事项属于本行政机关职权范围，申请材料齐全、符合法定形式，或者申请人按照本行政机关的要求提交全部补正申请材料的，应当受理行政许可申请。

答案： 1.D 2.D 3.C 4.A 5.C 6.B 7.D 8.A 9.D 10.C 11.B 12.C 13.C 14.A 15.D 16.C 17.C 18.C 19.B 20.D 21.A 22.B 23.B 24.A 25.C 26.D 27.C 28.B 29.B 30.C 31.D 32.B 33.B 34.B 35.C 36.A 37.A 38.A 39.B 40.A 41.B 42.B 43.B 44.A 45.A 46.A 47.A 48.A 49.B 50.A 51.B 52.A 53.B 54.A 55.A 56.A 57.A 58.B 59.A 60.A 61.B 62.A 63.B 64.A、B、C、D 65.A、B、D 66.A、B、C、D 67.A、B、C 68.A、C、D 69.A、B、C 70.A、B、C、D 71.A、B、D 72.A、B、C、D 73.A、B、D 74.A、B、D 75.A、B、C、D 76.A、B、C、D 77.A、B、C 78.A、B、C 79.A、C 80.B、C 81.A、B、C 82.A、B 83.B、C、D 84.C、D

第三章 公路水运工程试验检测管理

一、单项选择题

【2020 真题】

1. 根据《公路水运试验检测数据报告编制导则》(JT/T 828—2019) 的规定，原始记录中的检测数据组成应包括（ ）等内容。
   A. 样品信息、原始观测数据、试验结果
   B. 原始观测数据、推导过程、数据修约
   C. 原始观测数据、数据修约、计量单位
   D. 原始观测数据、数据处理过程与方法、试验结果

解析：检测数据部分应包括原始观测数据、数据处理过程与方法，以及试验结果等内容。

【2020 真题】

2. 检验检测原始记录是指（ ）。
   A. 经整理计算出的测量结果的记录
   B. 记在草稿纸上，再整理抄写后的记录
   C. 先记在草稿纸上，然后输入到计算机中保存的记录
   D. 检验检测时的测量数据及有关信息的记录

解析：记录表是将被测对象按照标准规范要求进行试验检测过程中产生的数据和信息，所形成的数字或文字的记载。

【2019 真题】

3. 按照《公路水运工程试验检测机构等级条件》的要求，可选参数（非黑体）的申请数量应不低于本等级可选参数总量的（ ）。
   A. 80%   B. 85%
   C. 60%   D. 75%

解析：可选参数（非黑体）申请数量应不低于本等级可选参数总量的 60%。

【2019 真题】

4. 公路水运工程试验检测机构信用等级分为（　　）。
A. 优、良、中、差4个等级
B. 优、良、差3个等级
C. 合格、不合格2个等级
D. AA、A、B、C、D 5个等级

解析： 试验检测机构信用评价分为AA、A、B、C、D5个等级。

【2019 真题】

5. 承担公路水运工程试验检测专业技术人员继续教育的机构应有不少于（　　）名师资人员。
A. 5　　　　　　B. 8　　　　　　C. 10　　　　　　D. 15

解析： 有不少于10名的师资人员。

【2019 真题】

6. 下列关于《公路水运工程试验检测机构等级条件》中试验检测用房使用面积（不含办公面积）的规定正确的是（　　）。
A. 公路工程综合甲级不小于 $1000m^2$
B. 公路工程综合乙级不小于 $700m^2$
C. 公路工程综合丙级不小于 $300m^2$
D. 桥梁隧道工程专项不小于 $800m^2$

解析： A选项正确应为 $1300m^2$；C选项正确应为 $400m^2$；D选项专项正确应为 $900m^2$。

【2019 真题】

7. 工地试验室被授权试验检测项目或持证人员进行变更时，应当由（　　）。
A. 工地试验室报请建设单位同意
B. 工地试验室报经建设单位同意并向项目质监机构备案
C. 母体试验检测机构报请建设单位同意
D. 母体试验检测机构报经建设单位同意并向项目质监机构备案

解析： 工地试验室被授权的试验检测项目及参数，或试验检测持证人员进行变更的，应当由母体试验检测机构报经建设单位同意后，向项目质监机构备案。

【2021 真题】

8. 依据《公路水运工程试验检测信用评价办法》（交安监发〔2018〕78号）的规定，扣分分值大于等于（　　）的试验检测人员信用等级为"信用差"。
A. 20分　　　　B. 30分　　　　C. 40分　　　　D. 50分

解析： 评价周期内累计扣分分值大于或等于20分，小于40分的试验检测人员信用等级为信用较差；扣分分值大于或等于40分的试验检测人员信用等级为信用差。连续2年信用等级被评为信用较差的试验检测人员，其当年信用等级为信用差，被确定为信用差的试验检测人员列入黑名单。

【2018 真题】

9. 检验检测机构应对所有从事抽样、检验检测、签发检验检测报告或证件、提出意见和解释以及操作设备等工作的人员，按要求根据相应的教育、培训、经验、技能进行资格确认并（　　）。

A. 持证上岗　　　　　　　　　　　B. 培训上岗
C. 直接上岗　　　　　　　　　　　D. 保持轮岗

解析：检验检测机构应对所有从事抽样、检验检测、签发检验检测报告或证书、提出意见和解释以及操作设备等工作的人员，按要求根据相应的教育、培训、经验、技能进行资格确认并持证上岗。

【2018 真题】

10. 依据《公路水运工程试验检测人员继续教育办法（试行）》的规定，试验检测人员在每个周期内接受继续教育的时间累计不应少于（　　）学时。

A. 16　　　　　　B. 24　　　　　　C. 36　　　　　　D. 48

解析：第十五条 公路水运工程试验检测继续教育周期为 2 年（从取得证书的次年起计算）。试验检测人员在每个周期内接受继续教育的时间累计不应少于 24 学时。

【2018 真题】

11. 依据《公路水运工程试验检测人员继续教育办法（试行）》的规定，关于公路水运工程试验检测人员继续教育周期的说法正确的是（　　）。

A. 周期为 2 年，从取得证书的次年起计算
B. 周期为 3 年，从取得证书的当年起计算
C. 周期为 3 年，从取得证书的次年起计算
D. 周期为 2 年，从取得证书的当年起计算

解析：公路水运工程试验检测继续教育周期为 2 年（自取得证书的次年起计算）。

【2018 真题】

12. 公路水运工程试验检测活动应当遵循科学、客观、（　　）、公正的原则。

A. 严格　　　　　　　　　　　　　B. 严谨
C. 公平　　　　　　　　　　　　　D. 公开

解析：公路水运工程试验检测活动应当遵循科学、客观、严谨、公正的原则。

【2023 真题】

13. 根据《公路水运工程试验检测信用评价办法》，在评价周期内，试验检测人员在不同项目和不同工作阶段发生的违规行为（　　）扣分。一个具体行为涉及两项以上违规行为的（　　）。

A. 累计，以扣分标准高者为准　　　B. 不重复，以扣分标准高者为准
C. 累计，分别扣分　　　　　　　　D. 不重复，分别扣分

解析： 在评价周期内，试验检测人员在不同项目和不同工作阶段发生的违规行为是累计扣分。

一个具体行为涉及两项以上违规行为的，以扣分标准高者为准。

【2023 真题】

14. 根据《公路水运试验检测数据报告编制导则》（JT/T 828—2019），属于记录表中的检测依据的是（　　）。

A. 设计文件　　　　　　　　　　B. 产品说明书
C. 作业指导书　　　　　　　　　D. 委托单

解析： 检测依据应为当次试验所依据的标准、规范、规程、作业指导书等技术文件，应填写完整的技术文件名称和代号。

当技术文件为公开发布的，可只填写其代号。

必要时，还应填写技术文件的方法编号、章节号或条款号等。

【2024 真题】

15. 根据《公路水运工程质量检测管理办法》（交通运输部令 2023 年第 9 号），许可机关受理后，应当组织开展（　　）。

A. 书面审查　　　　　　　　　　B. 现场核查
C. 资质审批　　　　　　　　　　D. 专家技术评审

解析： 第十二条规定：许可机关受理申请后，应当组织开展专家技术评审。专家技术评审由技术评审专家组承担，实行专家组组长负责制；参与评审的专家应当由许可机关从其建立的质量检测专家库中随机抽取，并符合回避要求。

【2024 真题】

16. 根据《公路水运工程质量检测管理办法》（交通运输部令 2023 年第 9 号），当（　　）发生变更时，检测机构不需要向原许可机关申请变更。

A. 法定代表人　　　　　　　　　B. 授权签字人
C. 技术负责人　　　　　　　　　D. 质量负责人

解析： 第二十三条 检测机构的名称、注册地址、检测场所地址、法定代表人、行政负责人、技术负责人和质量负责人等事项发生变更的，检测机构应当在完成变更后 10 个工作日内向原许可机关申请变更。

【2024 真题】

17. 根据《公路水运工程质量检测机构资质等级条件》（交安监发〔2023〕140 号），申报水运工程材料乙级质量检测资质的机构，持水运材料检测师的高级工程师不少于（　　）人。

A. 1　　　　B. 2　　　　C. 4　　　　D. 5

解析： 水运工程材料乙级资质要求：持水运材料检测师证的高级工程师不少于 2 人。

【2024 真题】

18. 根据《公路水运工程质量检测管理办法》（交通运输部令 2023 年第 9 号），专家技术评审包括（　　）。

　　A. 书面审查和现场核查　　　　　　　B. 初步审查和复核审查
　　C. 初步审查和现场核查　　　　　　　D. 现场审查和复核审查

解析： 第十三条 专家技术评审包括书面审查和现场核查两个阶段，所用时间不计算在行政许可期限内，但许可机关应当将专家技术评审时间安排书面告知申请人，专家技术评审的时间最长不得超过 60 个工作日。

【2024 真题】

19. 根据《公路水运工程质量检测管理办法》（交通运输部令 2023 年第 9 号），公路水运工程质量检测工地试验室应由（　　）进行监督管理。

　　A. 县级交通运输主管部门
　　B. 省级交通运输主管部门
　　C. 省级工程质量监督机构
　　D. 负有工程建设项目质量监督管理责任的交通运输主管部门

解析： 第二十七条 取得资质的检测机构应当根据需要设立公路水运工程质量检测工地试验室（以下简称工地试验室）。工地试验室是检测机构设置在公路水运工程施工现场，提供设备、派驻人员，承担相应质量检测业务的临时工作场所。负有工程建设项目质量监督管理责任的交通运输主管部门应当对工地试验室进行监督管理。

【2024 真题】

20. 根据《公路水运工程质量检测管理办法》（交通运输部令 2023 年第 9 号），检测机构发生检测场所地址变更的，许可机关应当选派 2 名以上专家进行现场核查，并在（　　）内办理完毕。

　　A. 15 日　　　　　　　　　　　　　　B. 20 日
　　C. 15 个工作日　　　　　　　　　　　D. 20 个工作日

解析： 第二十三条 检测机构的名称、注册地址、检测场所地址、法定代表人、行政负责人、技术负责人和质量负责人等事项发生变更的，检测机构应当在完成变更后 10 个工作日内向原许可机关申请变更。发生检测场所地址变更的，许可机关应当选派 2 名以上专家进行现场核查，并在 15 个工作日内办理完毕；其他变更事项许可机关应当在 5 个工作日内办理完毕。

【2024 真题】

21. 根据《公路水运工程质量检测管理办法》（交通运输部令 2023 年第 9 号），检测机构出现（　　）行为，许可机关可依法撤销资质证书。

　　A. 出具虚假检测报告
　　B. 出具不实检测报告

C. 质量管理体系失效
D. 以欺骗、贿赂等不正当手段取得资质证书

解析：第五十条规定 检测机构以欺骗、贿赂等不正当手段取得资质证书的，由许可机关予以撤销；检测机构3年内不得再次申请该资质；构成犯罪的，依法追究刑事责任。

【2024 真题】

22. 根据《公路水运试验检测数据报告编制导则》（JT/T 828—2019），被检对象、测试过程中有关技术信息应在试验检测报告的（　　）部分详细描述。

A. 基本信息　　　　B. 附加声明　　　　C. 检测数据　　　　D. 检测对象属性

解析：检测对象属性部分位于基本信息部分之后，用于被检对象、测试过程中有关技术信息的详细描述。

二、判断题

【2019 真题】

23. 在公路水运工程试验检测机构等级评定时，同一试验检测参数具有多种方法时，只要具备一种方法即可确认机构的该项能力。

A. 正确　　　　　　　　　　　　　　　B. 错误

解析：同一试验检测参数具有多种试验方法时，检测机构的试验检测能力还应符合相应等级的试验方法要求。

【2021 真题】

24. 公路水运工程工地试验室应在母体检测机构授权的范围内，为工程建设项目提供试验检检测数据，可对外承揽试验检测业务。

A. 正确　　　　　　　　　　　　　　　B. 错误

解析：工地试验室应在母体试验检测机构授权的范围内，为工程建设项目提供试验检测服务，不得对外承揽试验检测业务。

【2019 真题】

25. 公路水运工程试验检测人员可以同时受聘于两家检测机构，但其有关职业资格证书只能登记在其中一家检测机构。

A. 正确　　　　　　　　　　　　　　　B. 错误

解析：所有试验检测人员均应持证上岗，并在母体试验是注册登记，不得同时受聘于两家或两家以上的工地试验室。

【2019 真题】

26. 等级评定中的水运工程专业分为材料类和结构类，分别设甲、乙、丙三个等级。

A. 正确　　　　　　　　　　　　　　　B. 错误

解析： 材料分为甲、乙、丙三个等级，结构只有甲、乙两个等级。

【2019 真题】

27. 公路水运工程试验检测人员继续教育周期为 2 年。

A. 正确　　　　　　　　　　　　　　B. 错误

解析： 继续教育周期为 2 年（从取得证书的次年起计算），每个周期内接受继续教育的时间累积不应少于 24 学时。

【2019 真题】

28. 在公路水运工程试验检测信用评价工作中，部质监机构对试验检测师（试验检测工程师）在全国范围内扣分进行累加评价。

A. 正确　　　　　　　　　　　　　　B. 错误

解析： 第十四条 各省级交通质监机构负责对在本省从业的试验检测人员进行信用评价。试验检测师（试验检测工程师）的信用评价结果及相关资料经省级交通运输主管部门审核后于 3 月中旬前报送部质监机构。跨省从业的助理试验检测师（试验检测员）的信用评价结果及相关资料于 2 月上旬前转送其注册地省级交通质监机构。在本省注册的助理试验检测师（试验检测员）的信用评价结果，由省级交通运输主管部门审定后于 4 月底前完成公示、公布。部质监机构对试验检测师（试验检测工程师）在全国范围内的扣分进行累加评价，于 4 月底前在"信用交通"网站等交通运输主部质监机构对试验检测师（试验检测工程师）在全国范围内的扣分进行累加评价，于管部门指定的渠道向社会统一公示、公布。

【2019 真题】

29. 工地试验室应在其母体检测机构授权的项目及参数范围内开展检测活动。

A. 正确　　　　　　　　　　　　　　B. 错误

解析： 工地试验室应在母体试验检测机构授权的范围内，为工程建设项目提供试验检测服务，不得对外承揽试验检测业务。

【2018 真题】

30. 公路水运工程试验检测信用评价周期为 2 年。

A. 正确　　　　　　　　　　　　　　B. 错误

解析：《公路水运工程检验检测机构信用评价办法》第五条 信用评价周期为 1 年，评价的时间段从 1 月 1 日至 12 月 31 日。

【2021 真题】

31. 依据《公路水运工程试验检测等级管理要求》（JT/T 1181—2018）的规定，不可使用租赁的仪器设备申请能力等级评定。

A. 正确　　　　　　　　　　　　　　B. 错误

解析： 第十八条 申请人发生下列情况之一，专家组经报告许可机关同意后可终止技评审工作，完成《终止技术评审报告》：(1) 实际状况与申请材料严重不符，包括人员、场所、仪器设备等强制性指标要求的实际情况低于资质等级条件要求；(2) 检测实际能力不能满足基本要求；(3) 质量保证体系失控，相关记录缺失或失实；(4) 有意干扰技术评审工作，技术评审工作不能正常进行；(5) 存在伪造质量检测报告、出具虚假数据等弄虚作假行为；(6) 存在被考核人员冒名顶替、借（租）用质量检测仪器设备等情况；(7) 存在其他严重的违法违规问题。

【2018 真题】

32. 工地试验室授权负责人信用等级被评为信用较差的，2 年内不能担任工地实验室授权负责人。

A. 正确　　　　　　　　　　　　　　　B. 错误

解析：工地试验室授权负责人信用等级被评为信用较差的，2 年内不能担任工地实验室授权负责人。信用等级被评为很差的，5 年内不能担任工地试验室授权负责人。

【2021 真题】

33. 公路水运工程试验检测原始记录编号应严格按照《公路水运试验检测数据报告编制导则》（JT/T 828—2019）的编号规则进行编号，各单位不得自行编制。

A. 正确　　　　　　　　　　　　　　　B. 错误

解析：唯一性标识编码与记录编号的区别：唯一性标识编码按照 JT/T 828—2019 中 5.1.3.2 的规定编制，记录编号由检测单位自行编制。

名称	唯一性标识编码	记录编号
用途	用于管理记录表格式的编码	用于具体记录表的身份识别
编制方法	按照 JT/T 828—2019 中 5.1.3.2 的规定编制	由检测单位自行编制
使用方法	相同格式的记录表编码相同	每份记录表的编号唯一

【2021 真题】

34. 依据《公路水运工程试验检测信用评价办法》的规定，信用等级评价仅针对母体机构和工地试验室，现场检测项目不参与信用等级评价。

A. 正确　　　　　　　　　　　　　　　B. 错误

解析：第六条 试验检测机构的信用评价实行综合评分制。试验检测机构设立的公路水运工程工地试验室（以下简称工地试验室）及单独签订合同承担的工程试验、检测及监测等现场试验检测项目（以下简称现场检测项目）的信用评价，是信用评价的组成部分。

【2020 真题】

35. 公路水运工程试验检测机构承担公路水运工程试验检测业务，可依据合同进行转包和分包。

A. 正确　　　　　　　　　　　　　　　B. 错误

解析:《公路水运工程质量检测管理办法》第三十五条 检测机构依据合同承担公路水运工程质量检测业务,不得转包、违规分包。

【2020 真题】

36. 因工作进度滞后,公路水运工程试验检测机构可将部分业务转包给具有相应能力等级和资质的其他机构以保证按期完成检测任务。

A. 正确　　　　　　　　　　　　　　B. 错误

解析:《公路水运工程质量检测管理办法》第三十五条 检测机构依据合同承担公路水运工程质量检测业务,不得转包、违规分包。

【2023 真题】

37. 报告加盖检验检测专用章的目的是表明检验检测报告由本机构出具,并由本机构负责。

A. 正确　　　　　　　　　　　　　　B. 错误

解析:检验检测机构在其出具的各类检验检测报告上,都必须加盖检验检测专用章,用以表明该检验检测报告由其出具,是有效力的,并由该检验检测机构负责。

【2024 真题】

38. 根据《工地试验室标准化建设要点》(厅质监字〔2012〕200号),工地试验室应在业主授权的范围内,为工程建设项目提供试验检测数据,不得对外承揽试验检测业务。

A. 正确　　　　　　　　　　　　　　B. 错误

解析:工地试验室应在母体检测机构授权的范围内,为工程建设项目提供试验检测数据,不得对外承揽试验检测业务。

【2024 真题】

39. 根据《公路水运工程质量检测管理办法》(交通运输部令2023年第9号),申请质量检测机构资质的检测机构应当是依法成立的法人或法人的授权机构。

A. 正确　　　　　　　　　　　　　　B. 错误

解析:第九条申请检测机构资质的检测机构(以下简称申请人)应当具备以下条件:

(一)依法成立的法人;

(二)具有一定数量的具备公路水运工程试验检测专业技术能力的人员(以下简称检测人员);

(三)拥有与申请资质相适应的质量检测仪器设备和设施;

(四)具备固定的质量检测场所,且环境条件满足质量检测要求;

(五)具有有效运行的质量保证体系。

【2024 真题】

40. 根据《公路水运工程质量检测机构等级条件》(交安监发〔2023〕140号)的规定,

公路工程甲级质量检测机构试验检测用房使用面积（不含办公面积）应不小于1300m²。

A. 正确 B. 错误

解析：公路工程质量检测机构资质等级条件质量检测环境要求（强制性要求）见下表。

项目	甲级	乙级	丙级	交通工程专项	桥梁隧道工程专项
试验检测用房使用面积（不含办公面积）/m²	≥1300	≥700	≥400	≥900	≥900
	试验检测环境应满足所开展检测参数要求，布局合理、干净整洁				

三、多项选择题

【2021真题】

41. 依据《公路水运试验检测数据报告编制导则》（JT/T 828—2019）的规定，下列属于记录表的唯一性标识编码组成部分的有（　　）

A. 专业编码 B. 领域编码
C. 等级证书编号 D. 项目编码

解析：记录表的唯一性标识编码组成部分有专业编码、领域编码、项目编码、参数编码、方法区分码。

【2020真题】

42. 根据《公路水运试验检测数据报告编制导则》（JT/T 828—2019）的规定，公路水运工程试验检测的记录表应符合以下基本要求（　　）。

A. 信息齐全 B. 数据真实可靠
C. 不可涂改 D. 具有可追溯性

解析：记录表应信息齐全、数据真实可靠，具有可追溯性；报告应结论准确、内容完整。

【2019真题】

43. 公路水运工程试验检测机构等级评定中，试验检测用房面积不包括（　　）。

A. 混凝土养护室 B. 档案资料室
C. 未封闭的检测车停放区 D. 检测机构用于模拟演练的试验区

解析：（1）试验检测用房面积包括各检测室、养护室、委托、留样、档案存放等用房面积，用于放置车载式仪器设备的室内场地面积可计入检测用房面积，不应包括检测机构用于办公的场地面积，如办公室、会议室。试验检测不仅面积、数量满足要求，布局应合理，遵循互不干扰、经济合理原则。（2）同一试验检测机构的档案室及设备仓库总面积在核定试验检测用房时最多只计50m²，且不得在多等级申请中重复计算。对于车载式检测设备停放场地，未封闭的不计入检测用房面积，封闭的最多只计100m²。试验检测机构用于开展培训、教育、演练等工作的场地不计入试验检测用房面积。

【2019 真题】

44. 按照危险化学品相关管理规定，对剧毒化学品以及储存数量构成重大危险源的其他危险化学品，应当采取的措施包括（　　）。

A. 在专用储藏室内存放　　　　　　B. 双人收发
C. 双人保管　　　　　　　　　　　D. 在专用仓库内单独存放

解析：危险化学品应当储存在专用储藏室内，由专人负责管理；剧毒化学品以及存储数量构成重大危险源的其他危险化学品，应当在专用仓库内单独存放，实行双人收发，双人保管制度。

【2021 真题】

45. 依据《公路水运工程试验检测信用评价办法》（交安监发〔2018〕78号）的规定，人员信用等级评为差的情况有（　　）。

A. 扣分值大于20分　　　　　　　　B. 扣分值大于30分
C. 扣分值大于40分　　　　　　　　D. 连续两年被评为信用较差

解析：评价周期内累计扣分分值大于等于20分且小于40分的试验检测人员信用等级为信用较差；扣分分值大于等于40分的试验检测人员信用等级为信用差。连续2年信用等级被评为信用较差的试验检测人员，其当年信用等级为信用差。被确定为信用差的试验检测人员列入黑名单。

【2021 真题】

46. 依据《公路水运工程试验检测信用评价办法》的规定，公路水运工程试验检测机构的信用评价实行综合评分制，由（　　）的信用评价得分计算信用评价综合得分。

A. 工地试验室　　　　　　　　　　B. 试验检测机构母体
C. 单独签订合同承担的现场检测项目　D. 咨询科研类项目

解析：《公路水运工程试验检测信用评价办法》第六条 试验检测机构的信用评价实行综合评分制。试验检测机构设立的公路水运工程工地试验室（以下简称工地试验室）及单独签订合同承担的工程试验、检测及监测等现场试验检测项目（以下简称现场检测项目）的信用评价，是信用评价的组成部分。

【2023 真题】

47. 根据《公路水运工程试验检测信用评价办法》，试验检测机构的信用评价实行综合评分制，应包含对（　　）的信用评价。

A. 工地试验室　　　　　　　　　　B. 现场检测项目
C. 所属分公司　　　　　　　　　　D. 上级投资机构

解析：试验检测机构设立的公路水运工程工地试验室（以下简称工地试验室）及单独签订合同承担的工程试验、检测及监测等现场试验检测项目（以下简称现场检测项目）的信用评价，作为其信用评价的组成部分。

【2023 真题】

48. 根据《公路水运工程安全生产条件通用要求》（JT/T 1404—2022），事故隐患排查治理时，重大事故隐患治理应明确（　　）等相关要求。

A. 责任　　　　B. 措施　　　　C. 标准　　　　D. 时限

解析： 7.3.2 重大事故隐患治理应明确责任、措施、资金、时限、预案等相关要求，整改过程中应采取相应的安全防范措施，整改治理完成后应通过验收。

【2023 真题】

49. 根据《公路水运试验检测数据报告编制导则》（JT/T 828—2019），记录表中的检测数据部分包括（　　）。

A. 抽样数据　　　　　　　　B. 原始观测数据
C. 数据处理过程与方法　　　D. 试验结果

解析： 检测数据部分位于基本信息部分之后，用于填写采集的试验数据。
检测数据部分应包括原始观测数据、数据处理过程与方法，以及试验结果等内容。

【2024 真题】

50. 根据《公路水运工程质量检验管理办法》（交通运输部令 2023 年第 9 号），检测机构的（　　）应当由公路水运工程试验检测师担任。

A. 法定代表人　　　　B. 行政负责人
C. 技术负责人　　　　D. 质量负责人

解析： 第三十七条 检测机构的技术负责人和质量负责人应当由公路水运工程试验检测师担任。质量检测报告应当由公路水运工程试验检测师审核、签发。

【2024 真题】

51. 根据《公路水运工程安全生产条件通用要求》（JT/T 1404—2022），两区三场应进行总体布局规划，（　　）与施工现场应分开设置并保持安全距离。

A. 生活区　　　　B. 加工区　　　　C. 材料区　　　　D. 办公区

解析： 两区三场应进行总体布局规划，生活区、办公区与施工现场应分开设置并保持安全距离，钢筋加工场、拌和场和预制场场内应合理分区。两区三场厂房设计应满足当地防风、防雪、防汛、防雷、防风暴潮等相关要求，防火措施应符合《建设工程施工现场消防安全技术规范》（GB 50720—2011）的规定，生活区、办公区用房建筑构件其芯材的燃烧性能等级应为 A 级。

【2024 真题】

52. 根据《公路水运工程质量检测管理办法》（交通运输部令 2023 年第 9 号），检测机构（　　）等事项发生变更的，应当向原许可机关申请变更。

A. 经营范围　　　　B. 法定代表人
C. 质量负责人　　　D. 检测项目暂停

解析： 第二十三条规定检测机构的名称、注册地址、检测场所地址、法定代表人、行政负责人、技术负责人和质量负责人等事项发生变更的，检测机构应当在完成变更后10个工作日内向原许可机关申请变更。

【2024 真题】

53. 根据《公路水运工程质量检测机构资质审批专家技术评审工作程序》（交安监发〔2023〕140号），可以计入质量检测用房面积的是（　　）。

A. 接样室　　　　　B. 办公室　　　　　C. 会议室　　　　　D. 设备库房

解析： 试验检测用房面积是强制要求，不满足要求不得申请资质，具有检测用房的产权或长期（不小于5年）使用权。试验检测用房面积包括各检测室、养护室、委托、留样、档案存放等用房面积，用于放置车载式仪器设备的室内场地面积可计入检测用房面积，不应包括检测机构用于办公的场地面积，如办公室、会议室。

答案： 1. D　2. D　3. C　4. D　5. C　6. B　7. D　8. C　9. A　10. B　11. A　12. B　13. A　14. C　15. D　16. B　17. B　18. A　19. D　20. C　21. D　22. D　23. B　24. B　25. B　26. B　27. A　28. A　29. A　30. B　31. A　32. A　33. B　34. B　35. B　36. B　37. A　38. B　39. B　40. A　41. A、B、D　42. A、B、C、D　43. C、D　44. A、B、C、D　45. C、D　46. A、B、C　47. A、B　48. A、B、D　49. B、C、D　50. C、D　51. A、D　52. B、C　53. A、D

第四章　公路水运工程试验检测人员考试管理

一、单项选择题

【2017 真题】

1. 关于公路水运工程试验检测专业技术人员职业资格的描述，错误的是（　　）。

A. 分为助理试验检测师和试验检测师 2 个级别

B. 助理试验检测师和试验检测师职业资格实行考试的评价方式

C. 通过助理试验检测师和试验检测师职业资格考试，表明其已具备从事公路水运工程试验检测专业和相应级别的技术岗位工作的能力

D. 公路水运工程试验检测职业资格证书实行注册制度

解析： 水平评价类职业资格不实行准入控制和注册管理，但应按国家关于专业技术人员继续教育的有关规定参加继续教育，更新专业知识，不断提高职业素质和试验检测专业工作能力。

二、判断题

【2018 真题】

2. 公路水运工程试验检测专业技术人员职业资格包括道路工程、桥梁隧道工程、水运材料、水运结构与地基，共 4 个专业。

　　A. 正确　　　　　　　　　　　　　B. 错误

解析： 公路水运工程试验检测人员职业资格包括道路工程、桥梁隧道工程、交通工程、水运结构与地基、水运材料 5 个专业。

【2017 真题】

3. 根据《专业技术人员资格考试违纪违规行为处理规定》，让他人代替参加考试的，2 年内不得参加各类专业技术人员资格考试。

　　A. 正确　　　　　　　　　　　　　B. 错误

解析： 第七条　应试人员在考试过程中有下列行为之一的，当次全部科目考试成绩无效；其中有第（3）项至第（8）项行为之一的，2 年内不得参加各类专业技术人员资格考试：

（1）抄袭、协助他人抄袭试题答案或者与考试内容相关资料的；

（2）互相传递试卷答题纸、答题卡、草稿纸等的；

（3）故意损坏试卷、答题纸、答题卡，或者将试卷、答题纸、答题卡带出考场的；

（4）伪造、涂改证件、证明，或者以其他不正当手段获取考试资格的；

（5）让他人冒名顶替参加考试的；

（6）本人离开考场后，在考试结束前，传播考试试题及答案的；

（7）与考试工作人员串通作弊或者参与有组织作弊的；

（8）利用通信工具、电子用品或者其他技术手段接收、发送与考试相关信息的；

（9）其他严重违纪违规行为。

三、多项选择题

【2017 真题】

4. 取得公路水运工程助理试验检测师职业资格证书的人员，应当具备以下职业能力（　　）。

A. 熟悉公路水运工程试验检测管理的规定

B. 熟悉编制试验检测方案、组织实施试验检测活动

C. 独立完成常规性公路水运试验检测工作

D. 编制试验检测报告

解析：《公路水运工程试验检测专业技术人员职业资格制度规定》第十六条 取得公路水运工程助理试验检测师职业资格证书的人员，应当具备的职业能力：

（1）了解公路水运工程行业管理的法律法规和规章制度，熟悉公路水运工程试验检测管理的规定和实验室管理体系知识；

（2）熟悉主要的工程技术标准、规范规程；掌握所从事试验检测专业方向的试验检测方法和结果判定标准，较好识别和解决试验检测专业工作中的常见问题；

（3）独立完成常规性公路水运工程试验检测工作；

（4）编制试验检测报告。

答案： 1.D　2.B　3.A　4.A、C、D

第五章 检验检测机构资质认定管理

一、单项选择题

【2021 真题】

1. 依据《检测和校准实验室能力的通用要求》（GB/T 27025—2019）的规定，当客户未指定检测所用的方法时，实验室应（　　）。

   A. 要求客户明确使用方法　　　　　　　　B. 直接选用适当的方法
   C. 拒绝客户的委托　　　　　　　　　　　D. 选择适当的方法并通知客户

   解析： 7.2.1.4 当客户未指定所用的方法时，实验室应选择适当的方法并通知客户。推荐使用国际标准、区域标准或国家标准中发布的方法，或由知名技术组织或有关科技文献或期刊中公布的方法，或设备制造商规定的方法。实验室制定或修改的方法也可使用。

【2020 真题】

2. 不列入检验检测机构资质认定的能力范围，但在出具检验检测报告或者证书时可作为判定依据使用的是（　　）。

   A. 产品标准　　　　　　　　　　　　　　B. 行业标准
   C. 含检验检测方法的国家标准　　　　　　D. 不含检验检测方法的各类产品标准

   解析：《国家认监委关于实施〈检验检测机构资质认定管理办法〉的若干意见（国认实〔2015〕49 号）》关于检验检测报告或者证书的责任（二）：检验检测机构应当在资质认定的能力范围内开展检验检测工作，不含检验检测方法的各类产品标准、限值标准可不列入检验检测机构资质认定的能力范围，但在出具检验检测报告或者证书时可作为判定依据使用。

【2019 真题】

3. 当委托方建议的检测方案不适合或已过期时，检验检测机构应当（　　）。

   A. 通知客户
   B. 采用不适合的检测方法，由委托方承担责任
   C. 自行采用合适的或最新的检测方法
   D. 仍然使用过期的检测方法

   解析：《检测和校准实验室能力的通用要求》（GB/T 27025—2019）当客户建议的方法不适合或已过期时，应通知客户。

【2018 真题】

4. 当需要利用期间核查以保持设备校准状态的（　　）时，应建立和保持相关的程序。

A. 可信度　　　　B. 可使用　　　　C. 正确　　　　D. 可持续

解析：《检测和校准实验室能力的通用要求》（GB/T 27025—2019）6.4.10 当需要利用期间核查以保持对设备性能的信心时，应按程序进行核查。

【2018 真题】

5. 实验室应具有质量控制程序以监控数据结果的有效性，所得数据的记录方式应便于发现其（　　），如可行，应采用统计技术对结果进行核查。

A. 变化规律　　　B. 发展趋势　　　C. 研究意义　　　D. 是否科学

解析：《检测和校准实验室能力认可准则》（CNAS-CL01：2018）7.7.1，实验室应有监控结果有效性的程序。记录结果数据的方式应便于发现其发展趋势，如可行，应采用统计技术审查结果。

【2020 真题】

6. 根据《检测和校准实验室能力认可准则》（CNAS-CL01：2018）的规定，在实验室开展校准工作时，当客户要求的方法不合适或已过期时，实验室应（　　）

A. 选择适用的方法校准　　　　　　　B. 通知客户

C. 予以拒绝　　　　　　　　　　　　D. 按客户要求校准

解析：7.1.2 当客户要求的方法不合适或已过期时，实验室应通知客户。

【2021 真题】

7. 依据《检测和校准实验室能力的通用要求》（GB/T 27025—2019）的规定，关于实验方法的选择和验证，不正确的是（　　）。

A. 对应标准包含了实施实验室活动充分且简明的信息，并便于实验室操作人员使用时，不需再进行补充或改为内部程序

B. 对所有实验室活动方法的偏离，应获得授权并被客户接受

C. 对标准方法中的可选择步骤，宜指定补充文件或细则

D. 实验室不应采用设备制造商规定的方法

解析：D 选项不正确，7.2.1.4 规定：当客户未指定所用的方法时，实验室应选择适当的方法并通知客户。推荐使用国际标准、区域标准或国家标准中发布的方法，或由知名技术组织或有关科技文献或期刊中公布的方法，或设备制造商规定的方法。实验室制定或修改的方法也可使用。

【2020 真题】

8. 根据《检测和校准实验室能力的通用要求》（ISO/IEC 17025：2017）规定，实验室组织和管理结构、其在母体中的位置，以及（　　）之间的关系。

A. 管理、技术运作和质量监督　　　　B. 质量方针、技术运作和质量监督

C. 质量方针、质量目标和技术运作　　　　D. 管理、技术运作和支持服务

解析：根据《检测和校准实验室能力的通用要求》5.5，实验室应：a. 确定实验室的组织和管理结构、其在母体组织中的位置，以及管理、技术运作和支持服务间的关系；b. 规定对实验室活动结果有影响的所有管理、操作或验证人员的职责、权力和相互关系；c. 将程序形成文件，其详略程度需确保实验室活动实施的一致性和结果有效性。

【2020 真题】

9. 检验检测机构应对样品的（　　）、储存、流转和处理进行管理。
A. 制备　　　　B. 标识　　　　C. 生产　　　　D. 筛选

解析：依据《检验检测机构诚信基本要求》（GB/T 31880—2015），检验检测机构应当按照相关标准和技术规范的要求，对检验检测样品的标识、储存、流转和处理进行管理，利用有效手段识别样品的来源，保护样品安全性和完整性，并保存有关记录。

【2020 真题】

10. 关于检验检测机构设备设施配备的描述，正确的是（　　）。
A. 检验检测机构的设施包括固定和非固定设施
B. 租用仪器设备的管理可不纳入本检验检测机构的管理体系
C. 设备包括检验检测活动所必需的仪器、辅助设备等，但不包括软件
D. 对检验检测结果有显著影响的设备应定期检定或校准，辅助测量设备则不需要

解析：租用的设备也要纳入单位管理体系，故 B 错，软件也属于设备，故 C 错。辅助设备也应定期检定或校准，故 D 错。

【2023 真题】

11. 根据《检验检测机构监督管理办法》（国家市场监督管理总局令第 39 号），检验检测机构出具检验检测报告，存在（　　），属于虚假检验检测报告。
A. 违反国家有关强制性规定的检验检测规程或者方法的
B. 调换检验检测样品或者改变其原有状态进行检验检测的
C. 使用未经检定或者校准的仪器、设备、设施的
D. 样品污染、混、损毁、性状异常改变等情形的

解析：检验检测机构出具的检验检测报告存在下列情形之一的，属于虚假检验检测报告：

（一）未经检验检测的；

（二）伪造、变造原始数据、记录，或者未按照标准等规定采用原始数据、记录的；

（三）减少、遗漏或者变更标准等规定的应当检验检测的项目，或者改变关键检验检测条件的；

（四）调换检验检测样品或者改变其原有状态进行检验检测的；

（五）伪造检验检测机构公章或者检验检测专用章，或者伪造授权签字人签名或者签发时间的。

【2023 真题】

12. 根据《检测和校准实验室能力的通用要求》（GB/T 27025—2019），实验室只有（　　）才能发布相关意见和解释。

A. 行政负责人　　　　　　　　　　B. 授权人员

C. 技术负责人　　　　　　　　　　D. 报告审核人员

解析： 6.2.6 实验室应授权人员从事特定的实验室活动，包括但不限于下列活动：

a. 开发、修改、验证和确认方法；

b. 分析结果，包括符合性声明或意见和解释；

c. 报告、审查和批准结果。

【2023 真题】

13. 根据《检验检测实验室技术要求验收规范》（GB/T 37140—2018），产生粉尘物质的实验室宜布置在建筑物的（　　）。

A. 底层　　　　　B. 顶层　　　　　C. 中间层　　　　　D. 地下室

解析： 实验室功能区域划分中在垂直布局中应遵循如下原则：

1. 大型或重型设备宜布置在建筑物的底层；
2. 大型或重型测试样品对应的测试区域宜布置在建筑物的底层；
3. 较大振动或噪声较大的设备宜布置在建筑物的底层；
4. 对振动极其敏感的设备宜布置在建筑物的底层；
5. 需要做设备强化地基的实验室宜布置在建筑物的底层；
6. 产生有毒有害气体的实验室宜布置在建筑物的顶层；
7. 产生粉尘物质的实验室宜布置在建筑物的顶层。

【2023 真题】

14. 根据《检测和校准实验室能力的通用要求》（GB/T 27025—2019），实验室活动不包括（　　）。

A. 检测　　　　　B. 校准　　　　　C. 产品认证　　　　　D. 抽样

解析： 实验室从事下列一种或多种活动的机构：检测、校准、与后续检测或校准相关的抽样。

注：在本标准中，"实验室活动"指上述三种活动。

【2023 真题】

15. 根据《检验检测机构诚信基本要求》（GB/T 31880—2015），诚信是个人或组织诚实守信的行为规范，包括在从业活动中承诺与（　　）的一致性。

A. 法律要求　　　　　　　　　　　B. 管理体系规定

C. 行动　　　　　　　　　　　　　D. 客户要求

解析： 诚信：个人和（或）组织诚实守信的行为与规范，包括在从业活动中承诺与行为的一致性。

【2023 真题】

16. 根据《检验检测实验室技术要求验收规范》（GB/T 37140—2018），实验室排水系统应有防回流设计，存水弯或水封高度不得小于（　　）。

A. 20mm　　　　B. 30mm　　　　C. 50mm　　　　D. 60mm

解析：实验室排水系统应有防回流设计，存水弯或水封高度不得小于50mm。有特殊要求的实验室或防护区应根据压差要求设置存水弯和地漏水封深度；构造内无存水弯的卫生器具与排水管道连接时，应在排水口以下设存水弯。

【2023 真题】

17. 根据《实验室信息管理系统管理规范》（RB/T 028—2020），在LIMS发生故障并造成重要信息丢失、损害后，应利用（　　）进行恢复。

A. 源代码　　　　　　　　　　B. 硬盘恢复工具
C. 系统最初版本　　　　　　　D. 备份数据

解析：在LIMS发生故障并造成重要信息丢失、损害后，应利用备份数据进行系统恢复。在发生故障后，系统恢复前，需采取应急措施。

【2023 真题】

18. 根据《检测和校准结果及与规范符合性报告指南》（RB/T 197—2015），对于校准，通常情况下，进行规范符合性判定时（　　）。

A. 不需考虑测量不确定度
B. 当影响到合格判定时才需考虑不确定度
C. 均需考虑不确定度
D. 当客户有要求时需考虑不确定度

解析：5.2.7 对于校准，通常情况下，进行规范符合性判定时均需考虑测量不确定度。注：对于测量仪器示值误差的符合性评定方法可参考JJF 1094《测量仪器特性评定》。

【2023 真题】

19. 某标准要求测距仪的最大允许误差为MPE：±0.01mm，某测距仪校准证书显示"示值误差：11μm，测量不确定度为：$U=5\mu m$，$k=2$，则依据该标准，此测距仪（　　）。

A. 不合格　　　　　　　　　　B. 合格
C. 无法确定是否合格　　　　　D. 须修正后使用

解析：如果示值误差的测量不确定度不符合要求，则按以下判据进行评定。

（1）合格判据：被评定仪器设备的示值误差的绝对值小于或等于其最大允许误差的绝对值（MPEV）与示值误差的扩展不确定度之差时，可判为合格，即为合格。

（2）不合格判据：被评定仪器设备的示值误差的绝对值大于或等于其最大允许误差的绝对值（MPEV）与示值误差的扩展不确定度之和时，可判为不合格，即为不合格。

（3）待定区：当被评定仪器设备的示值误差既不符合合格判据，又不符合不合格判据时，处于待定区，这时不能下合格或不合格的结论，即为待定区。

不确定度5/最大允许误差10=1/2>1/3，需要考虑不确定度去评定符合性，11>10-5=5，不属于合格区，11<10+5=15，不符合不合格区，所以属于待定区，无法确定是否合格。

【2024真题】

20. 根据《检测和校准实验室能力的通用要求》（GB/T 27025—2019），关于实验方法的选择和验证，不正确的是（　　）。

A. 对所有实验室活动方法的偏离，应被客户接受

B. 为方便操作人员使用，可以对国家标准补充方便使用的细则

C. 实验室不应采用设备制造商要求的方法对仪器设备进行校准

D. 当客户未指定所用的方法时，实验室制定或修改的方法也可使用

解析：A. 对所有实验室活动方法的偏离，应事先将该偏离形成文件，经技术判断，获得授权并被客户接受，A 正确。

B. 如果国际、区域或国家标准，或其他公认的规范文本包含了实施实验室活动充分且简明的信息，并便于实验室操作人员使用时，则不需要再进行补充或改写为内部程序。可能有必要制定实施细则、或对方法中的可选择步骤提供补充文件。B 正确。

C. 当客户未指定所用的方法时，实验室应选择适当的方法并通知客户，推荐使用国际标准、区域标准或国家标准中发布的方法，或由知名技术组织或有关科技文献或期刊中公布的方法规定的方法。或设备制造商规定的方法，实验室制定或修改的方法也可使用。C 错误、D 正确。

【2024真题】

21. 根据《检测和校准实验室能力的通用要求》（GB/T 27025—2019），（　　）是指按照预先规定的条件，由两个或多个实验室对相同或类似的物品进行测量或检测的组织、实施和评价。

A. 测量审核　　　　　　　　　　B. 平行试验

C. 对比试验　　　　　　　　　　D. 实验室间比对

解析：实验室间比对是指按照预先规定的条件，由两个或多个实验室对相同或类似检测物品进行测量或检测的组织、实施、评价。

【2024真题】

22. 根据《市场监管总局关于印发检验检测机构资质认定评审准则释义的函》（市监检测（司）函〔2023〕37号），属于评审准则中的"其他组织"的是（　　）。

A. 机关法人　　　　　　　　　　B. 非企业法人

C. 特殊普通合伙人企业　　　　　D. 民政部门登记的民办非企业法人

解析：依据题干《〈检验检测机构资质认定评审准则〉条文释义》：

第八条 检验检测机构应当是依法成立并能够承担相应法律责任的法人或者其他组织。

【条文释义】

本条是对检验检测机构的法律地位和法律责任的规定。

（一）检验检测机构或者其所在的组织应当有明确的法律地位，对其出具的检验检测数据、结果负责，并承担法律责任。不具备独立法人资格的检验检测机构应经所在法人单位授权。

【条文释义】

依法设立的法人包括机关法人、事业单位法人、企业法人和民政部门登记的民办非企业法人，其他组织包括经核准登记的企业法人分支机构、特殊普通合伙企业。

【2024 真题】

23. 根据《市场监督总局关于印发检验检测机构资质认定评审准则释义的函》（市场检测（司）函〔2023〕37号），检验检测机构如租用、借用场地、期限不少于（　　）。

A. 1年　　　　　　B. 3年　　　　　　C. 5年　　　　　　D. 6年

解析： 检验检测活动场所性质包括：自有、上级配置、出资方调配或租赁等。工作场所不管何种性质，检验检测机构对工作场所应具有完全的使用权并能提供证明文件。如租用、借用场地，租用、借用场地的期限不少于1年。

【2024 真题】

24. 根据《检验检测机构监督管理办法》（国家市场监督管理总局令第39号），某检测机构发现某厂家生产的某一强度等级的水泥，在一个月内连续不合格，该检测机构应及时（　　）。

A. 向社会公布　　　　　　B. 通知该厂家
C. 向市场监督管理部门报告　　　　　　D. 通知该水泥的最终用户

解析： 第十六条 检验检测机构应当在其官方网站或者以其他公开方式对其遵守法定要求、独立公正从业、履行社会责任、严守诚实信用等情况进行自我声明，并对声明内容的真实性、全面性、准确性负责。

检验检测机构应当向所在地省级市场监督管理部门报告持续符合相应条件和要求、遵守从业规范、开展检验检测活动以及统计数据等信息。

检验检测机构在检验检测活动中发现普遍存在的产品质量问题的，应当及时向市场监督管理部门报告。

【2024 真题】

25. 根据《中华人民共和国认证认可条例》，取得认证资质的机构应当具有（　　）名以上相应领域的专职认证人员。

A. 2　　　　　　B. 5　　　　　　C. 10　　　　　　D. 15

解析： 第十条规定取得认证机构资质，应当符合下列条件：

(1) 取得法人资格；
(2) 有固定的场所和必要的设施；

(3) 有符合认证认可要求的管理制度；
(4) 注册资本不得少于人民币 300 万元；
(5) 有 10 名以上相应领域的专职认证人员。

从事产品认证活动的认证机构，还应当具备与从事相关产品认证活动相适应的检测、检查等技术能力。

【2024 真题】

26. 根据《测量设备校准周期的确定和调整方法指南》（RB/T 034—2020），下列仪器设备中，适合延长后续校准周期的是（　　）。

　　A. 使用频率较高的仪器
　　B. 使用过程中可能存在磨损的仪器
　　C. 车载条件下使用的数字化仪器
　　D. 历次校准结果比较稳定的实物量具

解析：历次校准结果比较稳定的实物量具适合延长后续校准周期。

【2024 真题】

27. 根据《检测和校准结果及与规范符合性的报告指南》（RB/T 197—2015），如果规范符合性（对于上限）被定义为测量值小于规范限制，当测量结果等于规范限制时，可报告（　　）。

　　A. 符合　　　　　　　　　　　　B. 不符合
　　C. 基本符合　　　　　　　　　　D. 无法判断

解析：5.2.5 如果规范符合性（对于上限）被定义为测量值小于规范限值，当测量结果等于规范限值时，可报告不符合。对于下限的情况与之类似。

【2024 真题】

28. 根据《实验室信息管理系统管理规范》（RB/T 028—2020），如果只能利用实验室信息管理系统（LIMS）的部分功能，其他部分仍需要通过非计算机化系统完成，则实验室应（　　）。

　　A. 全部采用线下流程
　　B. 暂时采用人工方式直至系统完成升级
　　C. 暂停 LIMS 的使用，并对系统进行升级
　　D. 提供保护人工记录和转录准确性的条件

解析：使用 LIMS 前，应进行线上线下并行测试运行，验证并确认 LIMS 可以正常运行。如果只能利用 LIMS 的部分功能，其他部分仍需要通过非计算机化系统完成，实验室应提供保护人工记录和转录的准确性条件。无论是手工录入或自动采集，在 LIMS 记录、计算、转移、存储的使用和维护过程中均应核对输入数据的完整性和正确性，并保存相关记录。

【2024 真题】

29. 根据《检验检测实验室技术要求验收规范》(GB/T 37140—2018)，(　　) 不宜布在建筑物底层。

A. 重型设备　　　　　　　　　　B. 噪声较大的设备
C. 振动较大的设备　　　　　　　D. 产生粉尘物质的实验室

解析：实验室功能区域划分中在垂直布局中应遵循的原则如下：

a. 大型或重型设备宜布置在建筑物的底层；

b. 大型或重型测试样品对应的测试区域宜布置在建筑物的底层；

c. 较大振动或噪声较大的设备宜布置在建筑物的底层；

d. 对振动极其敏感的设备宜布置在建筑物的底层；

e. 需要做设备强化地基的实验室宜布置在建筑物的底层；

f. 产生有毒有害气体的实验室宜布置在建筑物的顶层；

g. 产生粉尘物质的实验室宜布置在建筑物的顶层；

【2024 真题】

30. 根据《检测实验室安全 第1部分：总则》(GB/T 27476.1—2014)，(　　) 对实验室安全和安全管理体系负最终责任。

A. 安全总监　　　　　　　　　　B. 技术负责人
C. 最高管理者　　　　　　　　　D. 质量负责人

解析：实验室最高管理者对实验室安全和安全管理体系负最终责任，最高管理者应通过以下方式证实其承诺：

a) 为安全管理体系建立并保持提供必要的资源；

注：包括人力资源、设施和设备资源、技能和技术、医疗保障、财力资源。

b) 明确作用、分配职责和责任、授予权力，提供有效的安全管理，并形成文件和予以沟通。

【2024 真题】

31. 根据《检验检测机构监督管理办法》(国家市场监督管理总局令第39号)，下列属于出具不实检测报告行为的是 (　　)。

A. 未经检验检测的
B. 遗漏标准规定的检验检测项目的
C. 使用未经检定/校准的设备且结果错误的
D. 调换检验检测样品或者改变其原有状态进行检测的

解析：检验检测机构出具的检验检测报告存在下列情形之一，并且数据、结果存在错误或者无法复核的，属于不实检验检测报告：

(一) 样品的采集、标识、分发、流转、制备、保存、处置不符合标准等规定，存在样品污染、混淆、损毁、性状异常改变等情形的；

(二) 使用未经检定或者校准的仪器、设备、设施的；

（三）违反国家有关强制性规定的检验检测规程或者方法的；

（四）未按照标准等规定传输、保存原始数据和报告的。

【2024 真题】

32. 根据《检测和校准结果及与规范符合性的报告指南》（RB/T 197—2015），下列检测结果的类型不同于其他选项的是（　　）。

A. 用天平称量样品质量

B. 用通止规检测孔的直径

C. 用游标卡尺检测钢筋直径

D. 用裂缝测宽仪检测结构型缝

解析：检测和校准结果通常分为数值型结果和非数值型结果两种类型，B 选项是非数值型结果，通常表示为"通过"或"不通过"；其他为数值型结果。

【2024 真题】

33. 根据《测量设备校准周期的确定和调整方法指南》（RB/T 034—2020），对于新设备建议机构收集至少（　　）连续的校准数据以确定其性能变化的情况和趋势，在此分析的基础上重新评估校准周期的规律。

A. 1 次　　　　B. 2 次　　　　C. 3 次　　　　D. 5 次

解析：对于新设备，建议机构收集至少 3 次连续的校准数据以确定其性能变化的情况和趋势，在此分析的基础上重新评估校准周期的规律。

【2024 真题】

34. 根据《检验检测机构诚信基本要求》（GB/T 31880—2015），检验检测机构在接受客户委托时，下列行为涉嫌不诚信的是（　　）。

A. 因无法按客户要求的时间完成检测而拒绝接受委托

B. 对小型材料委托试验只填写了委托单并未签订检测合同

C. 为了赢得客户信任，按照行业标杆企业的标准宣传本机构的能力和质量管理水平

D. 偏离合同要求时，及时告知客户，配合客户分析偏离带来的影响，并取得客户书面同意

解析：检验检测机构接受委托开展检验检测时，应识别客户的需求，结合自身条件、资质范围和业务状况与客户签订合同，明确责任义务和权利。不虚假宣传，并确保合法、有能力以及按时完成合同约定的检验检测任务。

检验检测机构实施检验检测时，需要或者已经发生偏离合同要求时，应及时告知客户，配合客户分析偏离带来的影响，并取得客户的书面同意，当偏离合同带来不良后果的，检验检测机构应当承担相应责任。

二、判断题

【2021 真题】

35. 依据《检验检测机构诚信基本要求》（GB/T 31880—2015）的规定，检验检测方法的偏离经客户允许可不进行技术判断。

　　A. 正确　　　　　　　　　　　　　　B. 错误

解析： 依据 4.3.4 标准方法：检验检测机构应严格依据检验检测制度、标准、方法、程序、方案、作业指导书等从事检验检测工作，确保相关要求的有效性；检验检测方法的偏离，应有相关文件规定，且该偏离须经技术判断、获得批准和客户接受。

【2020 真题】

36. 《关于进一步推进检验检测机构资质认定改革工作的意见》鼓励检验检测机构通过自我声明，对有关质量体系的有效运行、技术能力的变更、分支机构的设立和运行等进行自我承诺，资质认定部门可以先期信任此类承诺，但必须进行现场评审。

　　A. 正确　　　　　　　　　　　　　　B. 错误

解析： 根据自我声明进行监管：鼓励检验检测机构通过自我声明，对有关质量体系的有效运行、技术能力的变更、分支机构的设立和运行等进行自我承诺，资质认定部门可以先期信任此类承诺，减少或者不进行现场评审。资质认定部门应对检验检测机构自我声明事项进行事后核查或者根据举报进行调查，杜绝虚假自我声明的行为。

【2020 真题】

37. 根据《检验检测机构诚信基本要求》（GB/T 31880—2015）的规定，检验检测人员应对原始记录的真实性负相应的法律责任。

　　A. 正确　　　　　　　　　　　　　　B. 错误

解析： 检验检测机构作为检验检测活动的第一责任人，应对其出具的检验检测数据、结果负责，并承担相应法律责任。因检验检测机构自身原因导致检验检测数据、结果出现错误、不准确或者其他后果的，应当承担相应解释、召回报告或证书的后果，并承担赔偿责任。涉及违反相关法律法规规定的，需承担相应的法律责任。

【2018 真题】

38. 检验检测机构应当在资质认定的能力范围内开展检验检测工作，不含检验检测方法的各类产品标准、限值标准若未列入检验检测机构资质认定的能力范围，在出具检验检测报告或者证书时不可作为判断依据使用。

　　A. 正确　　　　　　　　　　　　　　B. 错误

解析： 检验检测机构应当在资质认定的能力范围内开展检验检测工作，不含检验检测方法的各类产品标准、限值标准可不列入检验检测机构资质认定的能力范围，但在出具检验检测报告或者证书时可作为判定依据使用。

【2019 真题】

39. 为了确保实验室所用标准处于受控状态，应将所用规范标准集中在档案室管理，使用时借阅即可。

A. 正确　　　　　　　　　　　　B. 错误

解析： 检验检测机构存放的所有外来法律法规、规范、标准及体系文件都应加盖受控章。

【2018 真题】

40. 实验室所有记录应清晰明了，并以书面文件存放，保存在具有防止损坏、变质丢失等适宜环境的设施中，应规定记录的保存期。

A. 正确　　　　　　　　　　　　B. 错误

解析： 所有记录应清晰明了，并以便于存放的方式存放和保存在具有防止损坏、变质、丢失的适宜环境的设施中，应规定记录的保存期。

【2023 真题】

41. 根据《中华人民共和国认证认可条例》，认可机构委托他人完成与认可有关的具体评审业务的，由完成具体评审业务的被委托人对评审结论负责。

A. 正确　　　　　　　　　　　　B. 错误

解析： 第四十二条 认可机构委托他人完成与认可有关的具体评审业务的，由认可机构对评审结论负责。

【2023 真题】

42. 依法取得资质认定的检验检测机构对其出具的检验检测报告或者证书负责，并承担相应法律责任。检验检测机构因自身原因导致检验检测结果错误、偏离或者其他后果的，应当自行承担相应解释、召回或者赔偿责任。

A. 正确　　　　　　　　　　　　B. 错误

解析：《关于实施〈检验检测机构资质认定管理办法〉的若干意见》：关于检验检测报告或者证书的责任：取得检验检测机构资质认定的机构对其出具的检验检测报告或者证书负责，并承担相应法律责任。检验检测机构因自身原因导致检验检测结果错误、偏离或者其他后果的，应当自行承担相应解释、召回或者赔偿责任。涉及违反相关法律法规的，还应依法追究其相关法律责任。

【2023 真题】

43. 根据《检验检测机构监督管理办法》（国家市场监督管理总局令第 39 号），检验检测机构对委托人送检的样品进行检验时，检验检测报告需对送检样品的真实性负责。

A. 正确　　　　　　　　　　　　B. 错误

解析： 第九条 检验检测报告对样品所检项目的符合性情况负责，送检样品的代表性和真实性由委托人负责。

【2023 真题】

44. 根据《检测和校准实验室能力的通用要求》（GB/T 27025—2019），实验室应授权人员开发、修改、验证、确认方法。

A. 正确 B. 错误

解析： 6.2.6 实验室应授权人员从事特定的实验室活动，包括但不限于下列活动：

a. 开发、修改、验证和确认方法；

b. 分析结果，包括符合性声明或意见和解释；

c. 报告、审查和批准结果。

【2023 真题】

45. 根据《检验检测机构诚信基本要求》（GB/T 31880—2015），检验检测机构主要通过体系的诚信相关管理制度落实诚信要求，无须开展诚信相关培训。

A. 正确 B. 错误

解析： 4.3.1 检验检测机构应确保其管理人员、操作人员、核查人员等接受诚信相关培训，确保每位人员的能力满足工作岗位的要求。

【2023 真题】

46. 检验检测机构资质认定程序分为一般程序和告知承诺程序，检验检测机构可以自主选择资质认定程序。

A. 正确 B. 错误

解析： 检验检测机构资质认定程序分为一般程序和告知承诺程序。除法律、行政法规或者国务院规定必须采用一般程序或者告知承诺程序的外，检验检测机构可以自主选择资质认定程序。

【2023 真题】

47. 根据《检测和校准实验室能力的通用要求》（GB/T 27025—2019），实验室对服务过程中获取和产生的所有信息均应予以保密。

A. 正确 B. 错误

解析： 略。

【2023 真题】

48. 根据《检验检测机构诚信基本要求》（GB/T 31880—2015），检验检测机构须通过第三方评价验证自身诚信的状况。

A. 正确 B. 错误

解析： 检验检测机构应收集内部和外部诚信信息，开展诚信自我评价或第三方评价，以验证自身诚信的状况。

【2023 真题】

49. 根据《检验检测实验室技术要求验收规范》（GB/T 37140—2018），在进行实验室平面功能区域划分时，有毒性物质产生的实验室宜组合在一起。

  A. 正确   B. 错误

解析：略。

【2024 真题】

50. 根据《检验检测实验室技术要求验收规范》（GB/T 37140—2018），实验室废液、废气、废渣等废弃物应集中收集、存放和处理。

  A. 正确   B. 错误

解析：实验室废液、废气、废渣、废物等废弃物应分类收集、存放和集中处理，确保不扩大污染，避免交叉污染。对于较纯的溶剂废液或贵重试剂，宜在技术经济比较后回收利用。

【2024 真题】

51. 根据《检验检测实验室技术要求验收规范》（GB/T 37140—2018），实验室平面功能区域划分时，产生辐射和有毒物质的实验室宜组合在一起。

  A. 正确   B. 错误

解析：实验室平面功能区域的划分遵循的组合规划原则：

a. 同类型实验室宜组合在一起；

b. 有隔振要求的实验室宜组合在一起；

c. 有防辐射要求的实验室宜组合在一起；

d. 有毒性物质产生的实验室宜组合在一起；

e. 有相同层高要求的特殊设备宜组合在同一层。

【2024 真题】

52. 根据《市场监管总局关于发布〈检验检测机构资质认定评审准则〉的公告》（2023 年第 21 号），当检验检测标准、技术规范或者声明与规定要求的符合性有测量不确定度要求时，检验检测机构应当报告测量不确定度。

  A. 正确   B. 错误

解析：文件原文：当检验检测标准、技术规范或者声明与规定要求的符合性有测量不确定度要求时，检验检测机构应当报告测量不确定度。

【2024 真题】

53. 根据《检验检测机构资质认定管理办法》（国家市场监督管理总局令第 163 号），技术评审时间不计算在资质认定期限内，资质认定部门应当将技术评审时间告知申请人。

  A. 正确   B. 错误

解析：（三）资质认定部门自受理申请之日起，应当在 30 个工作日内，依据检验检测机构资质认定基本规范、评审准则的要求，完成对申请人的技术评审。技术评审包括书面审

查和现场评审（或者远程评审）。技术评审时间不计算在资质认定期限内，资质认定部门应当将技术评审时间告知申请人。由于申请人整改或者其他自身原因导致无法在规定时间内完成的情况除外。

【2024 真题】

54. 根据《检验检测机构监督管理办法》（国家市场监督管理总局令第 39 号），改变关键检验检测条件进行检测，且结果存在错误的报告属于不实检验检测报告。

A. 正确　　　　　　　　　　　　　　　　B. 错误

解析：题干内容属于虚假检验检测报告的情形，以下情形属于不实检验检测报告：
（1）样品的采集、标识、分发、流转、制备、保存、处置不符合标准等规定，存在样品污染、混淆、损毁、性状异常改变等情形的；
（2）使用未经检定或者校准的仪器、设备、设施的；
（3）违反国家有关强制性规定的检验检测规程或者方法的；
（4）未按照标准等规定传输、保存原始数据和报告的。

【2024 真题】

55. 根据《检验检测机构资质认定管理办法》（国家市场监督管理总局令第 163 号），资质认定部门可以根据具体情况简化技术评审程序、缩短技术评审时间。

A. 正确　　　　　　　　　　　　　　　　B. 错误

解析：第十七条 检验检测机构依法设立的从事检验检测活动的分支机构，应当依法取得资质认定后，方可从事相关检验检测活动。资质认定部门可以根据具体情况简化技术评审程序、缩短技术评审时间。

【2024 真题】

56. 根据《检测和校准结果及与规范符合性的报告指南》（RB/T 197—2015），当作出规范符合性的报告时，需明确地向客户说明扩展不确定度的包含概率。

A. 正确　　　　　　　　　　　　　　　　B. 错误

解析：当作出规范符合性的报告时，需明确的向客户说明扩展不确定度的包含概率。一般采用包含概率为 95% 的扩展不确定度，并在报告中包含诸如"符合性报告基于包含概率为 95% 的扩展不确定度"的说明。如果使用其他包含概率的扩展不确定度，需与客户达成一致。鼓励使用高于 95% 的包含概率，避免使用低于 95% 的包含概率。

【2024 真题】

57. 根据《检验检测机构诚信基本要求》（GB/T 31880—2015），检验检测机构应严格依据检验检测制度、标准等从事检验检测工作，检验检测方法不应与标准方法存在偏离。

A. 正确　　　　　　　　　　　　　　　　B. 错误

解析：检验检测机构应严格依据检验检测制度、标准、方法、程序、方案、作业指导书等从事检验检测工作，确保相关要求的有效性；检验检测方法的偏离，应有相关文件规定，且该偏离须经技术判断、获得批准和客户接受。

【2024 真题】

58. 根据《检验检测机构监督管理办法》(国家市场监督管理总局令第 39 号),检验检测机构应当在其检验检测报告上加盖检验检测机构公章和检验检测专用章。

A. 正确　　　　　　　　　　　　　　B. 错误

解析:第十一条 检验检测机构应当在其检验检测报告上加盖检验检测机构公章或者检验检测专用章,由授权签字人在其技术能力范围内签发。

【2024 真题】

59. 根据《检验检测机构诚信基本要求》(GB/T 31880—2015),检验检测机构由于未预料的原因或持续性的原因,可将工作分包给有能力的分包方实施,并及时告知客户。

A. 正确　　　　　　　　　　　　　　B. 错误

解析:分包管理:检验检测机构由于未预料的原因(如工作量、需要更多专业技术或暂时不具备能力)或持续性的原因(如通过长期分包、代理或特殊协议)需将工作分包时,应依据有关规定或者标准的要求,分包给有能力的分包方,并应事先获得客户书面准许。未事先征求客户意见或者客户不同意分包的,不应进行分包。检验检测报告应清晰标明分包方出具的检验检测结果。

【2024 真题】

60. 根据《市场监管总局关于发布〈检验检测机构资质认定评审准则〉的公告》(2023年第 21 号),检验检测机构使用的方法中不包括非标准方法。

A. 正确　　　　　　　　　　　　　　B. 错误

解析:检验检测机构能正确使用有效的方法开展检验检测活动。检验检测方法包括标准方法和非标准方法,应当优先使用标准方法。使用标准方法前应当进行验证;使用非标准方法前,应当先对方法进行确认,再验证。

【2024 真题】

61. 根据《检测实验室安全第 1 部分:总则》(GB/T 27476.1—2014),危险源辨识和风险评价应包括分包出去的工作。

A. 正确　　　　　　　　　　　　　　B. 错误

解析:分包:危险源辨识和风险评价应包括分包出去的工作。对于分包出去的工作中已识别的安全风险,应告知分包方。宜将工作分包给已建立和实施完善的安全管理体系、安全绩效良好的分包方。分包协议应明确分包方需要承担的安全责任。

应与分包方就影响安全的事项及其变更进行沟通和协商,并形成文件。

【2024 真题】

62. 根据《检验检测机构资质认定管理办法》(国家市场监督管理总局令第 163 号),法律、行政法规规定应当取得资质认定的事项清单,由市场监管总局制定并公布。

A. 正确　　　　　　　　　　　　　　B. 错误

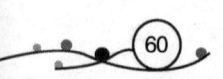

解析：第五条 法律、行政法规规定应当取得资质认定的事项清单，由市场监管总局制定并公布，并根据法律、行政法规的调整实行动态管理。

参考物质是指具有足够准确性的特性物质，其特性被证实适用于测量中或标称特性检验中的预期用途。

三、多项选择题

【2021 真题】

63. 依据《公路水运工程试验检测等级管理要求》（JT/T 1181—2018）的规定，仪器设备使用记录信息应包括但不限于（　　）。

A. 检测样品来源　　　　　　　　B. 检测样品编号
C. 试验前后状况　　　　　　　　D. 使用人

解析：7.3.8.2 检查主要仪器设备的使用记录信息是否完善，记录信息应包含但不限于检测样品编号、使用时间、试验前后状况、使用人等。

【2021 真题】

64. 依据《检测和校准实验室能力的通用要求》（GB/T 27025—2019）的规定，实验室开展实验活动所需的可能影响结果的设备包括（　　）。

A. 测量仪器　　　　　　　　　　B. 标准物质
C. 软件　　　　　　　　　　　　D. 参考数据

解析：6.4.1 实验室应获得正确开展实验室活动所需的并影响结果的设备，包括但不限于：测量仪器、软件、测量标准、标准物质、参考数据、试剂消耗品或辅助装置。

【2019 真题】

65. 公路水运工程试验检测机构管理体系覆盖的场所包括（　　）。

A. 固定设施内的场所
B. 离开其固定设施的场所
C. 开展检验检测工作的移动设施
D. 机构在其资质认定能力范围内设立的分场所

解析：检验检测机构具有符合标准或者技术规范要求的检验检测场所，包括固定的、临时的、可移动的或者多个地点的场所。

【2018 真题】

66. 检验检测机构应开展以诚信为核心的文化建设，树立诚信理念，参与内部和外部诚信文化传播活动。诚信文化建设应包括：（　　）。

A. 质量意识　　　　　　　　　　B. 诚信理念
C. 品牌效应　　　　　　　　　　D. 社会承诺

解析：《检验检测机构诚信基本要求》（GB/T 31880—2015）明确规定检验检测机构应

开展以诚信为核心的文化建设，树立诚信理念，参与内部和外部诚信文化传播活动。诚信文化建设包括：质量意识、诚信理念、品牌效应、社会承诺。

【2021 真题】

67. 依据《检验检测机构资质认定 能力评价 检验检测机构通用要求》（RB/T 214—2017）的规定，以下符合检验检测机构授权签字人基本要求的有（　　）。

　　A. 具有中级及以上技术职称或者同等能力
　　B. 博士研究生毕业，且已从事相关专业检验检测工作满 1 年
　　C. 硕士研究生毕业，且已从事相关专业检验检测工作满 3 年
　　D. 大学本科毕业，且已从事相关专业检验检测工作满 4 年

解析： 题干的通用要求 2025 版教材和大纲已经删减，依据《〈检验检测机构资质认定评审准则〉条文释义》，检验检测机构授权签字人应具有中级及以上相关专业技术职称或者同等能力。同等能力是指人员的教育背景、工作经历具备以下条件：博士研究生毕业，且从事相关专业检验检测活动 1 年及以上；硕士研究生毕业，且从事相关专业检验检测活动 3 年及以上；大学本科毕业，且从事相关专业检验检测活动 5 年及以上；大学专科毕业，且从事相关专业检验检测活动 8 年及以上。

【2020 真题】

68. 根据《中华人民共和国认证认可条例》的规定，未经批准从事认证活动的，作如下处罚（　　）。

　　A. 予以取缔　　　　　　　　　　B. 没收违法所得
　　C. 处 3 万元以上 10 万元以下的罚款　　D. 处 10 万元以上 50 万元以下的罚款

解析：《中华人民共和国认证认可条例》第五十七条规定：未经批准擅自从事认证活动的，予以取缔，处 10 万元以上 50 万元以下的罚款，有违法所得的，没收违法所得。

【2023 真题】

69. 根据《检测和校准实验室能力的通用要求》（GB/T 27025—2019），检测和校准工作开始后修改合同应（　　）。

　　A. 报资质认定部门备案　　　　　B. 立即纠正对合同的偏离
　　C. 重新进行合同评审　　　　　　D. 通知所有受到影响的人员

解析： 如果在工作开始后修改合同，应重新进行合同评审，并将修改内容通知所有受到影响的人员。

【2023 真题】

70. 根据检验检测机构分类结果，资质认定部门可以采取（　　）作为监管措施实施分类监管。

　　A. 机构自我声明　　　　　　　　B. 年度监督检查
　　C. 日常监督检查　　　　　　　　D. 投诉调查

解析： 依据《检验检测机构资质认定分类监管实施意见》原文。

根据检验检测机构分类结果，资质认定部门可以采取如下监管措施实施分类监管。

(1) 年度监督检查。由国家认监委统一组织，由资质认定部门对获证检验检测机构进行现场检查，每年组织一次。

(2) 日常监督检查。由资质认定部门组织，按照分类监管类别对应的检查频次，由县级以上质量技术监督部门（市场监督管理部门）实施。每次检查应由2名以上监管人员执行，必要时可以聘请技术专家参加。可采用"双随机"方式抽查。

(3) 投诉调查。根据对检验检测机构的举报和投诉，由资质认定部门自行或者委托县级以上质量技术监督部门对检验检测机构进行调查。调查注重对投诉举报及其他渠道线索的查证落实，并据此实施对检验检测机构的行政处理或处罚。

【2023 真题】

71. 根据《检验检测机构资质认定管理办法》，对于需要延续资质认定证书的，资质认定部门根据检验检测机构的申请事项、信用信息、分类监管等情况，采取（　　）方式进行技术评审，并作出是否准予延续的决定。

A. 现场评审　　　　　　　　　B. 书面审查
C. 告知承诺　　　　　　　　　D. 远程评审

解析： 资质认定部门根据检验检测机构的申请事项、信用信息、分类监管等情况，采取书面审查、现场评审（或者远程评审）的方式进行技术评审，并作出是否准予延续的决定。

【2023 真题】

72. 根据《检验检测实验室技术要求验收规范》（GB/T 37140—2018），新建检验检测实验室的设计应满足主体建筑的（　　）等方面的要求。

A. 安全评价　　　　　　　　　B. 环境评价
C. 职业卫生评价　　　　　　　D. 节能评价

解析： 新建检验检测实验室的设计应满足主体建筑的安全评价、环境评价、职业卫生评价及节能评价等方面的要求。原有建筑改为实验功能的变更、实验建筑内各单体的实验功能变更都应征得相关主管部门同意，变更不得对生命和财产构成危害。

【2023 真题】

73. 根据《实验室信息管理系统管理规范》（RB/T 028—2020），LIMS 系统的功能包括实现（　　）的电子化管理。

A. 检验检测过程和结果
B. 质量监督评价过程和结果
C. 资源和行政活动过程和结果
D. 有关过程的数据和结果的查询、分析、统计、报告

解析： （1）确保 LIMS 实现从客户需求到出具数据、报告等技术过程和结果的电子化管

理（记录、限制、自动评价、退回、预警等）功能。

（2）确保LIMS实现质量监控和评价过程及其结果的电子化管理（记录、限制、自动评价、退回、预警等）功能。

（3）确保LIMS实现资源和行政活动过程及其结果的电子化管理（记录、限制、自动评价、退回、预警等）功能。

（4）确保LIMS实现（1）~（3）所规定的所有过程数据和结果的查询、分析、统计、报告功能。

【2024真题】

74. 已知某工程中要求钢筋直径为（20.0±0.6）mm，对一批样品进行检测时的不确定度为 $U=0.2$mm，$k=2$。根据《检测和校准结果及与规范符合性的报告指南》（RB/T 197—2015），下列样品的检测结果中，可判定为合格的是（　　）。

A. 19.5mm　　　　　　B. 19.6mm　　　　　　C. 20.0mm　　　　　　D. 20.4mm

解析：题干（20.0±0.6）mm 代表从 19.4~20.6mm 是符合要求的。

A 选项 19.5±0.2＝19.3~19.7mm，不合格。

B 选项 19.6±0.2＝19.4~19.8mm，合格。

C 选项 20.0±0.2＝19.8~20.2mm，合格。

D 选项 20.4±0.2＝20.2~20.6mm，合格。

【2024真题】

75. 根据《检验检测实验室技术要求验收规程》（GB/T 37140—2018），关于实验室化学危害防护，说法正确的是（　　）。

A. 化学品存储间应具有足够的通风能力

B. 腐蚀性材料与其他样品一起存放时，应设置标识

C. 有爆炸、有毒有害样品的实验室应有防爆、排气的措施

D. 有化学品烧伤危险的实验室，应就近设置应急喷淋器及应急眼睛冲洗器

解析：化学危害防护措施有以下几项。

（1）腐蚀性材料宜有单独的存放区。存放区应能防止化学品泄漏或溢出，如有泄漏或溢出应及时进行控制，并设置警告牌。B错误。

（2）凡经常使用强酸、强碱、有化学品烧伤危险的实验室，就近设置应急喷淋器及应急眼睛冲洗器。D正确。

（3）对试验中有爆炸，有毒有害危险的样品应有防爆，排气的措施，以确保工作环境的安全。凡进行对人体有害的气体、烟雾、挥发物质等实验工作的实验区域，应设置通风装置。实验室试剂存储柜、化学品存储间等应具有足够的通风能力。存储易挥发、有毒、易腐蚀的物质的场所应进行有效的通风。A、C正确。

（4）实验室的通风能力应与当前实验室运行情况相适应，应符合 GB 50736 的规定。

【2024 真题】

76. 根据《检测和校准结果及与规范符合性的报告指南》（RB/T 197—2015），检测或校准结果及其不确定度的详尽程度根据（　　）确定

A. 客户的要求　　　　　　　　　　B. 规范的要求
C. 结果的用途　　　　　　　　　　D. 检测的难易程度

解析：检测或校准结果及其不确定度报告的详尽程度需根据客户的要求、规范的要求及结果的用途确定。检测或校准报告或记录中需包含结果的计算方法，适用时，还需包括评定测量不确定度的方法。

【2024 真题】

77. 根据《检测和校准实验室能力的通用要求》（GB/T 27025—2019），实验室应通过（　　）确保测量结果溯源到国际单位制（SI）。

A. 实验室间的比对
B. 具备能力的实验室提供的校准
C. SI 单位的直接复现，并通过直接或间接与国家或国际比对来保证
D. 具备能力的标准物质生产者提供并声明计量溯源至 SI 的有证标准物质的标准值

解析：实验室应通过以下方式确保测量结果溯源到国际单位制（SI）：
a）具备能力的实验室提供的校准；
注 1：满足本标准要求的实验室被视为具备能力。
b）由具备能力的标准物质生产者提供并声明计量溯源至 SI 的有证标准物质的标准值；
注 2：满足 ISO 17034 要求的标准物质生产者被视为是有能力的。
c）SI 单位的直接复现，并通过直接或间接与国家或国际标准比对来保证。
注 3：SI 手册给出了一些重要单位定义的实际复现的详细信息。

【2024 真题】

78. 根据《检测试验室安全第 1 部分：总则》（GB/T 27476.1—2014），适宜作为实验操作人员工作服制作材料的有（　　）。

A. 棉质制品
B. 尼龙制品
C. 棉质/聚酯制品
D. 合成纤维制品

解析：一般的实验操作中，建议穿长袖棉质或棉质/聚酯的工作服、外披型长袍褂或其他实验服。外披型长袍褂建议采用能快速解开的纺织物系带方式。尼龙制品在热或酸环境下容易被破坏，建议不要选用许多合成纤维的防渗透性较差，液体可完全透过而极少量被吸收或不被吸收。同样，在火灾中，合成纺织品易熔化而烧伤人体。同时，还宜考虑到合成材料服装产生的静电危害。

防护服不宜放在室内洗涤。

【2024 真题】

79. 根据《检验检测机构监督管理办法》（国家市场监督管理总局令第 39 号），检验检测机构对委托人送检的样品进行检验的，委托人应对（ ）负责。

A. 送检样品的代表性　　　　　　　　B. 送检样品的真实性
C. 样品所检项目的符合性　　　　　　D. 样品不与同类其他样品混淆

解析： 第九条 检验检测机构对委托人送检的样品进行检验的，检验检测报告对样品所检项目的符合性情况负责，送检样品的代表性和真实性由委托人负责。

【2024 真题】

80. 已知某工程中要求钢筋直径为（20.0±0.6）mm（不含+0.6mm），对一批样品进行检测时的不确定度为 $U=0.2$mm，$k=2$，则根据《检测和校准结果及与规范符合性的报告指南》（RB/T 197—2015），下列样品的检测结果中，可判定为合格的是（ ）。

A. 19.5mm　　　　　　　　　　　　B. 19.6mm
C. 20.0mm　　　　　　　　　　　　D. 20.5mm

解析： 题干的（20.0±0.6）mm（不含+0.6mm）是指从 19.4mm 到接近但不足 20.6mm 的范围内合格。

A 选项 19.5±0.2＝19.3～19.7mm，不合格；
B 选项 19.6±0.2＝19.4～19.8mm，合格；
C 选项 20.0±0.2＝19.8～20.2mm，合格；
D 选项 20.5±0.2＝20.3～20.7mm，不合格。

【2024 真题】

81. 根据《检测和校准结果及与规范符合性的报告指南》（RB/T 197—2015），（ ）时，可不考虑不确定度。

A. 对检测所用仪器进行校准
B. 采用通止规检验孔径是否合格
C. 对钢筋直径测量结果进行符合性判定
D. 依据检定规程进行仪器检定后，进行符合性判定

解析： B 选项属于非数值型结果，当检测或校准所依据的规范，以及客户提出的规范或操作规程中明确规定了测量方法，且客户未提出其他要求时，则可以假定测量不确定度已经在测量方法中予以考虑，实验室不需要再评定，可仅报告非数值结果。

D 选项依据计量检定规程对测量仪器进行评定，由于规程对评定方法、计量标准环境条件等已作出规定，并满足检定系统表量值传递的要求，当被评定测量仪器处于正常状态时，对示值误差评定的测量不确定度将处于一个合理的范围内，所以当规程要求的各个检定点的示值误差不超出某一级别的最大允许误差的要求时，测量仪器的示值误差判为符合该准确度级别的要求，不需要考虑对示值误差评定的测是不确定度影响。

答案: 1. D 2. D 3. A 4. A 5. B 6. B 7. D 8. D 9. B 10. A 11. B 12. B 13. B 14. C 15. C 16. C 17. D 18. C 19. C 20. C 21. D 22. C 23. A 24. C 25. C 26. D 27. B 28. D 29. D 30. C 31. C 32. B 33. C 34. C 35. B 36. B 37. A 38. B 39. B 40. B 41. B 42. A 43. B 44. A 45. B 46. B 47. A 48. B 49. A 50. B 51. B 52. A 53. A 54. B 55. A 56. A 57. B 58. B 59. B 60. B 61. A 62. A 63. B、C、D 64. A、B、C、D 65. A、C、D 66. A、B、C、D 67. A、B、C 68. A、B、D 69. C、D 70. B、C、D 71. A、B、D 72. A、B、C、D 73. A、B、C、D 74. B、C、D 75. A、C、D 76. A、B、C 77. B、C、D 78. A、C 79. A、B 80. B、C 81. B、D

第六章 试验检测常用术语和定义

一、单项选择题

【2020 真题】

1. 已知某仪器对某测量对象的测量结果和该测量对象的标准值,则示值误差可以用( )来估计。

A. 标准值与测量结果之差
B. 标准值与测量结果之差的绝对值
C. 约定真值与测量结果之差
D. 测量结果与标准值之差

解析:示值误差是指测量仪器示值与对应输入量的参考量值之差。

【2021 真题】

2. 一组测量中的 9 次测得分别为 2.0mm、4.0mm、6.0mm、4.0mm、4.0mm、4.0mm、4.0mm、4.0mm、4.0mm,则单次测量的实验标准偏差为( )。

A. 0.33mm
B. 0.94mm
C. 1.00mm
D. 1.33mm

解析:首先,将这组数据的平均值 $\bar{x}$ 计算出来:

$$\bar{x} = \frac{2.0+4.0+6.0+4.0+4.0+4.0+4.0+4.0+4.0}{9} = 4.0$$

然后,计算每个测量值与平均值的偏差,并将它们的平方和求和:

$$\sum_{i=1}^{9}(x_i - \bar{x})^2 = (2.0-4.0)^2 + (4.0-4.0)^2 + (6.0-4.0)^2 + (4.0-4.0)^2 + (4.0-4.0)^2 + (4.0-4.0)^2 + (4.0-4.0)^2 + (4.0-4.0)^2 + (4.0-4.0)^2 = 8.0$$

因为这是一个样本数据,所以将这个偏差平方和除以自由度 $n-1=9-1=8$,并对结果求平方根以得到标准差:

$$s = \sqrt{\frac{\sum_{i=1}^{9}(x_i - \bar{x})^2}{n-1}} = \sqrt{\frac{8.0}{8}} = 1.0$$

因此,这组测量结果的实验标准偏差为 1.0mm。注意,标准偏差的单位与数据的单位相同,即毫米。

【2019 真题】

3. 仪器设备的示值是 2.9，修正因子是 1.2，则仪器设备的测量值应为（　　）。

A. 2.9　　　　B. 3.5　　　　C. 4.1　　　　D. 1.2

解析：修正因子是为补偿系统误差而与未修正测量结果相乘的数字因子。2.9×1.2≈3.5。

【2018 真题】

4. 测量不确定度是根据所用到的信息，表征赋予被测量值分散性的（　　）参数。

A. 正值　　　　B. 值　　　　C. 非负　　　　D. 负值

解析：测量不确定度的定义：是根据所用到的信息，表征赋予被测量值分散性的非负参数。

【2018 真题】

5. 示值误差是指（　　）。

A. 测量仪器示值与对应输入量的参考量值之差

B. 测量仪器示值与多次测量示值的平均值之差

C. 单次测量结果与无穷多次测量结果平均值之差

D. 单次测量结果与被测量真值之差

解析：示值误差是指测量仪器示值与对应输入量的参考量值之差。

【2021 真题】

6. （　　）是指在规定条件下，对同一或类似被测对象重复测量所得示值或测得值间的一致程度。

A. 测量准确度　　　　　　　　B. 测量正确度

C. 测量精密度　　　　　　　　D. 测量不确定度

解析：测量精密度简称精密度，是在规定的条件下，对同一或类似被测量对象重复测量所得示值或测得量值之间的一致程度。精密度表示测量结果的重演程度，精密度高表示随机误差小。通常用不精密程度以数字形式表示，如标准差、方差或变异系数。规定条件可以是重复性测量条件、期间精密度测量条件或复现性测量条件。测量精密度用于定义测量重复性、期间测量精密度或测量重复性。

【2021 真题】

7. 在测量不确定度评定时，合成标准不确定度是 0.9，取包含因子 $k=2$，则扩展不确定度为（　　）。

A. 0.9　　　　B. 0.45　　　　C. 1.8　　　　D. 2±0.9

解析：扩展不确定度是合成标准不确定度与一个大于 1 的数字因子的乘积。0.9×2=1.8。

【2018 真题】

8. 重复性测量条件简称重复性条件，可以不包括（　　）。

A. 相同的测量程序　　　　　　　　B. 同一操作者

C. 相同的操作条件　　　　　　　　D. 同一仪器设备

解析：重复性测量条件包括相同的测量程序、相同的操作者、相同的操作条件和相同的地点，并在短时间内对同一或相类似被测对象重复测量的一组测量条件。

【2020 真题】

9. 对某参数进行多次独立重复测量，测量的重复性常用（　　）来评价。

A. 最大值　　　　　　　　　　　　B. 试验标准偏差

C. 方差　　　　　　　　　　　　　D. 算术平均值

解析：实验标准差是对同一被测量做 n 次测量，表征结果分散性的量。

【2023 真题】

10. 对某样品进行了 5 次独立称量，得到以下称量值：20.06g、20.05g、20.04g、20.05g、20.05g，则该样品质量的最佳估计值为（　　）。

A. 20.00g　　　　B. 20.04g　　　　C. 20.05g　　　　D. 20.06g

解析：在相同条件下对被测量对象进行有限次独立重复测量的算术平均值是被测量的最佳估计值。

【2023 真题】

11. 在重复性条件下，对某一被测对象进行了 4 次测量，其结果分别为：9.98mm、10.04mm、10.01mm、10.03mm，用极差法计算得到的实验标准偏差为（　　）。（注：测量次数为 4 时，极差系数近似为 2）

A. 0.015mm　　　　B. 0.02mm　　　　C. 0.03mm　　　　D. 0.06mm

解析：测量结果的实验标准差 $s(x_i)$ 可近似地表示为：

$s(x_i) = R/C = u(x_i)$，式中系数 C 为极差系数。

$R = 10.04 - 9.98$，$s = R/C = 0.06/2 = 0.03$

【2024 真题】

12. 采用一组实验结果的标准偏差，可以表征该组试验结果的（　　）。

A. 正确度　　　　B. 准确度　　　　C. 精密度　　　　D. 精确度

解析：测量精密度简称精密度，是在规定的条件下，对同一或类似被测对象重复测量所得示值或测得值间的一致程度。

（1）测量精密度通常用不精密程度以数字形式表示，如，在规定的测量条件下的标准差、方差或变异系数。

（2）测量精密度用于定义测量重复性、期间测量精密度或测量复现性。

【2024 真题】

13. 表示被测量的测得值与其真值间的一致程度的是（　　）。

A. 测量正确度　　　　　　　　　　B. 测量准确度

C. 测量精密度　　　　　　　　　　D. 测量重复性

解析：测量准确度简称准确度，指被测量的测得值与其真值间的一致程度。

（1）测量正确度：测量正确度简称正确度，指无穷多次重复测量所得量值的平均值与一个参考量值之间的一致程度。

（2）测量精密度：测量精密度简称精密度，是在规定的条件下，对同一或类似被测对象重复测量所得示值或测得值间的一致程度。

（3）测量重复性：测量重复性简称重复性，在一组重复性测量条件下的测量精密度。

【2024 真题】

14. 可通过在测量结果上加减修正值进行补偿的是（　　）。

A. 随机误差　　　　　　　　　　B. 过失误差

C. 系统误差　　　　　　　　　　D. 粗大误差

解析：系统误差可以通过加减修正值或乘修正因子进行补偿；随机误差不可预测且具有抵偿性，可以通过增加试验次数减少其对测量结果的影响；过失误差指在试验过程中，人为因素所引起的差错，这类错误是不允许产生。

二、判断题

【2018 真题】

15. 比对是在规定的条件下，对相同准确度等级的同类计量基准、标准或工作计量器具之间的量值所进行的比较，其目的是考核量值的误差。

A. 正确　　　　　　　　　　　　B. 错误

解析：比对是在规定的条件下，对相同准确度等级或指定不确定度范围的同种测量仪器复现的量值之间比较的过程。

【2021 真题】

16. 量值既包括特定量的大小，也包括其所用的单位。

A. 正确　　　　　　　　　　　　B. 错误

解析：量值全称量的值，简称量值。用数和参照对象一起表示的量的大小。一般由一个数乘以测量单位所表示的特定量的大小。例：5.34m、15kg、10s，-40℃。

【2020 真题】

17. 增加测量次数，并用平均值表示测量结果，可减小测量过程的随机影响。

A. 正确　　　　　　　　　　　　B. 错误

解析：增加测量次数可以降低随机误差大小，但不能降低随机影响。

【2021 真题】

18. 修正值是用代数方法与未修正测量结果相加，以补偿其随机测量误差的值。

A. 正确　　　　　　　　　　　　B. 错误

解析： 修正值是用代数方法与未修正测量结果相加，以补偿其系统误差的值。修正值等于负的系统误差估计值。

【2019 真题】

19. 系统误差虽然可以利用修正值进行补偿，但这种补偿是不完全的。

A. 正确　　　　　　　　　　　　B. 错误

解析： 由于系统误差不能完全知道，因此这种补偿并不完全。

【2020 真题】

20. 系统测量误差的参考量值是真值，或是测量不确定度可忽略不计的测量标准的测得值。

A. 正确　　　　　　　　　　　　B. 错误

解析： 系统测量误差的参考值是真值，或是测量不确定度可忽略不计的测量标准的测得值，或是约定量值。

【2019 真题】

21. 利用原始测量数据进行数值计算时，应当尽可能保留较多位数，以确保不损失测量准确度，因此，测量结果数值计算的准确度应当高于测量的准确度。

A. 正确　　　　　　　　　　　　B. 错误

解析： 测量结果数值计算的准确度不应该超过测量的准确度，如果任意地将近似值保留过多的位数，反而会歪曲测量结果的真实性。

【2018 真题】

22. 系统测量误差的参考值是真值，或是测量不确定度可忽略不计的测量标准的测得值，或是约定量值。

A. 正确　　　　　　　　　　　　B. 错误

解析： 系统测量误差的参考值是真值，或是测量不确定度可忽略不计的测量标准的测得值，或是约定量值。

【2018 真题】

23. 修正因子是为补偿系统误差而与未修正测量结果相乘的数字因子。

A. 正确　　　　　　　　　　　　B. 错误

解析： 修正因子是为补偿系统误差而与未修正测量结果相乘的数字因子。

【2019 真题】

24. 扩展不确定度是合成标准不确定度与一个大于1的数字因子的乘积。

A. 正确 B. 错误

解析：扩展不确定度：是合成标准不确定度与一个大于1的数字因子的乘积。

【2019 真题】

25. 工地试验室授权负责人是指由业主授权，代表母体试验检测机构在工地现场从事工地试验室管理的负责人。

A. 正确 B. 错误

解析：工地试验室授权负责人：是指由母体检测机构授权，代表母体检测机构在工地现场从事工地试验室管理的负责人。

【2020 真题】

26. 修正不可能消除系统误差，只能在一定程度上减小系统误差，因此这种补偿是不完全的。

A. 正确 B. 错误

解析：系统误差由于不可能完全被知道，故补偿不完全。

【2020 真题】

27. 测量精密度有时可用于表示测量准确度。

A. 正确 B. 错误

解析：为了表示误差，工程上引入了精密度，准确度和精确度的概念；精密度表示测量结果的重演程度，精密度高表示随机误差小；准确度指测量结果的正确性，准确度高表示系统误差小；精确度（又称精度）包含精密度和准确度两者的含义，精确度高表示测量结果既精密又可靠。

【2020 真题】

28. 测量精密度反映了测量的随机误差，可用一个量值定量表示。

A. 正确 B. 错误

解析：测量精密度通常用不精密程度以数字形式表示，所以可以定量表示。

【2021 真题】

29. 量的真值，是指对于给定目的，由协议赋予某量的量值。

A. 正确 B. 错误

解析：量的真值简称真值，与量的定义一致的量值。

【2020 真题】

30. 随机测量误差的参考量值是真值，或是测量不确定度可忽略不计的测量标准的测得值。

A. 正确　　　　　　　　　　　　B. 错误

解析：系统测量误差的参考值是真值，或是测量不确定度可忽略不计的测量标准的测得值，或是约定量值。

【2021 真题】

31. 通过修正可以消除系统误差和随机误差。

A. 正确　　　　　　　　　　　　B. 错误

解析：修正：是对估计的系统误差的补偿。补偿可取不同的形式，诸如加一个修正值或乘以一个修正因子，或从修正值表或修正曲线上得到。修正值是用代数方法与未修正测量结果相加，以补偿其系统误差的值。修正值等于负的系统误差估计值。修正因子是为补偿系统误差而与未修正测量结果相乘的数字因子。由于系统误差不能完全知道，因此这种补偿并不完全。

【2021 真题】

32. 相对标准不确定度是指用 B 类不确定度评定得到的测量不确定度。

A. 正确　　　　　　　　　　　　B. 错误

解析：相对标准不确定度全称为相对标准测量不确定度，是指标准不确定度除以测得值的绝对值。

【2023 真题】

33. 修正因子是为补偿系统测量误差而与未修正测量结果相乘的数字因子。

A. 正确　　　　　　　　　　　　B. 错误

解析：暂无解析

【2023 真题】

34. 测量正确度反映了测量的随机误差，可用一个量值定量表示。

A. 正确　　　　　　　　　　　　B. 错误

解析：测量正确度与测量系统误差有关，与随机测量误差无关，测量正确度不是一个量，不能用数值表示。

【2023 真题】

35. 测量精密度常用于定义测量误差。

A. 正确　　　　　　　　　　　　B. 错误

解析：测量精密度用于定义测量重复性、期间测量精密度、测量复现性。

【2024 真题】

36. 根据《检测和校准实验室能力通用要求》（GB/T 27025—2019），实验室对于从客户以外的渠道（如投诉人，监管机构）所获取的有关客户信息，不必承担保密义务。

A. 正确　　　　　　　　　　　　　　　B. 错误

解析： 实验室对于从客户以外的渠道（如投诉人、监管机构）所获取的有关客户的信息，应在客户和实验室间保密。除非信息的提供方同意，实验室应为信息提供方（来源）保密，且不应告知客户。

三、多项选择题

【2018 真题】

37. 下列有关试验检测技术术语的描述正确的有（　　）。

A. 测量正确度是无穷多次重复测量所得量值的平均值与一个参考量值之间的程度，一般用非负数值表示

B. 测量准确度是被测量的测得值与其真值间的一致程度

C. 测量正确度与测量系统误差有关，与随机测量误差无关

D. 测量精密度是随机误差对测量结果的影响，精密度高表示随机误差小

解析： A 选项应为"测量准确度简称正确度，指无穷多次重复测量所得量值的平均值与一个参考量值之间的一致程度。（测量正确度不是一个量，不能用数值表示）"。

【2021 真题】

38. 质量管理是指确定质量方针、目标和责任，并通过质量体系中的（　　）来使其实现所有管理职能的全部活动。

A. 质量策划　　　B. 质量控制　　　C. 质量保证　　　D. 质量统计

解析： 质量管理是指确定质量方针、目标和职责，并在管理体系中通过诸如质量策划、质量控制、质量保证和质量改进使其实施全部管理职能的所有活动。

【2020 真题】

39. 以下术语中可以定量表示的是（　　）。

A. 测量准确度　　　　　　　　　　　B. 测量正确度

C. 测量精密度　　　　　　　　　　　D. 测量不确定度

解析：（1）测量精密度通常用不精密程度以数字形式表示，如在规定的测量条件下的标准差、方差或变异系数。可以定量表示。

（2）测量正确度不是一个量，不能用数值表示。不可以定量表示。

（3）测量不确定度简称不确定度，是根据所用到的信息，表征赋予被测量量值分散性的非负参数。不确定度可以定量表示。

（4）概念"测量准确度"不是一个量，不给出有数字的量值。当测量提供较小的测量误差时就说该测量是较准确的。准确度是定性的概念。

【2019 真题】

40. 下列有关测量准确度和测量正确度的描述正确的有（   ）。

A. 测量准确度是测得值与其真值间的一致程度

B. 测量准确度是无穷多次重复测量所得量值的平均值与一个参考量值间的一致程度

C. 测量正确度是在规定条件下，对同一或类似被测对象重复测量所得示值或测得值之间的一致程度

D. 测量正确度不是一个量，不能用数值表示

解析：测量准确度：简称准确度，指被测量的测得值与其真值间的一致程度。测量正确度简称正确度，指无穷多次重复测量所得量值的平均值与一个参考量值之间的一致程度。

注：（1）测量正确度不是一个量，不能用数值表示。

（2）测量正确度与测量系统误差有关，与随机测量误差无关。

（3）测量正确度不能用测量准确度表示。反之亦然。

【2020 真题】

41. 对测量结果或测量仪器示值的修正可以采取（   ）措施。

A. 加修正值　　　　　　　　　　B. 乘修正因子

C. 给出中位值　　　　　　　　　D. 给出修正曲线或修正值表

解析：修正是对估计的系统误差的补偿。补偿可取不同的形式，诸如加一个修正值或乘以修正因子，或从修正值表或修正曲线上得到。

【2018 真题】

42. 修正是对估计的系统性误差的补偿，下列说法不正确的有（   ）。

A. 补偿是加一个修正值或乘一个修正因子

B. 修正值等于系统误差估计值

C. 补偿可以从修正值表或修正曲线上得到

D. 只要经过修正，系统误差就可以完全消除

解析：修正是对估计的系统误差的补偿。

注：（1）补偿可取不同的形式，诸如加一个修正值或乘以修正因子，或从修正值表或修正曲线上得到。

（2）修正值是用代数方法与未修正测量结果相加，以补偿其系统误差的值。修正值等于负的系统误差估计值。

（3）修正因子是为补偿系统误差而与未修正测量结果相乘的数字因子。

（4）由于系统误差不能完全知道，因此这种补偿并不完全。

【2019 真题】

43. 下列有关系统测量误差的描述正确的有（   ）。

A. 测得量值与参考量值之差称系统测量误差

B. 在重复测量中保持不变或按可预见方式变化的测量误差的分量称系统测量误差

C. 系统测量误差及来源已知时，可以采用修正值进行补偿

D. 系统测量误差包括样品制备不当产生的误差

解析：A选项计算的是测量误差，不是系统测量误差，错误。B选项正确，系统测量误差是指在重复测量中保持不变或按可预见方式变化的测量误差的分量；C选项正确，系统测量误差及其来源可以是已知的或未知的，对于已知的系统测量误差可用修整补偿；D选项错误，样品制备的不当属于过失误差，在试验检测过程中不允许存在。

【2018真题】

44. 复现性测量条件是（　　），对同一或相类似被测对象重复测量的一组测量条件。

A. 不同地点　　　　　　　　　　B. 不同操作者
C. 不同数据处理方法　　　　　　D. 不同测量系统

解析：复现性测量条件是指不同地点、不同操作者、不同测量系统，对同一或相类似被测对象重复测量的一组测量条件。

【2023真题】

45. 以下术语属于测量精密度范畴的有（　　）。

A. 测量准确度　　　　　　　　　B. 测量正确度
C. 测量重复性　　　　　　　　　D. 测量复现性

解析：（1）测量精密度通常用不精密程度以数字形式表示，如，在规定的测量条件下的标准差、方差或变异系数。

（2）规定条件可以是重复性测量条件、期间精密度测量条件或复现性测量条件。

（3）测量精密度用于定义测量重复性、期间测量精密度或测量复现性。

【2024真题】

46. 复现性条件是指（　　）对同一或相类似被测对象重复测量的一组测量条件。

A. 不同地点　　　　　　　　　　B. 不同方法
C. 不同操作者　　　　　　　　　D. 不同测量系统

解析：复现性测量条件：复现性测量条件简称复现性条件，是指不同地点、不同操作者、不同测量系统，对同一或相类似被测对象重复测量的一组测量条件。

答案：1. D　2. C　3. B　4. C　5. A　6. C　7. C　8. D　9. B　10. C　11. C　12. C　13. B　14. C　15. B　16. A　17. B　18. B　19. A　20. A　21. A　22. A　23. A　24. A　25. B　26. A　27. B　28. A　29. B　30. B　31. B　32. B　33. A　34. B　35. B　36. B　37. B、C、D　38. A、B、C　39. C、D　40. A、D　41. A、D　42. B、D　43. C　44. A、B、D　45. C、D　46. A、C、D

第七章 法定计量单位

一、单项选择题

【2020 真题】

1. 下列单位符号中,属于国际单位制基本单位符号的是（   ）。

   A. km   B. g   C. s   D. Pa

解析:

量的名称	单位名称	单位符号
长度	米	m
质量	千克（公斤）	kg
时间	秒	s
电流	安［培］	A
热力学温度	开［尔文］	K
物质的量	摩［尔］	mol
发光的强度	坎［德拉］	cd

注:1. （ ）中的名称,是它前面名称的同义词,下同。
2. ［ ］中的字是在不致混淆的情况下,可以省略的字,下同。
3. 本标准所称的符号,除特殊指明者外,均指我国法定计量单位中所规定的符号,下同。

【2018 真题】

2. 下列属于具有专门名称 SI 导出单位的是（   ）。

   A. 牛［顿］   B. 米
   C. 开［尔文］   D. 千克

解析:

量的名称	SI 导出单位		其他表示式	
	名称	符号	用 SI 单位示例	用 SI 基本单位
频率	赫［兹］	Hz	—	s^{-1}
力,重力	牛［顿］	N	—	$m \cdot kg \cdot s^{-2}$

续表

量的名称	SI 导出单位			
	名称	符号	其他表示式	
			用 SI 单位示例	用 SI 基本单位
压力,压强,应力	帕[斯卡]	Pa	N/m²	$m^{-1} \cdot kg \cdot s^{-2}$
能[量],功,热量	焦[耳]	J	N·m	$m^2 \cdot kg \cdot s^{-2}$
功率,辐[射能]通量	瓦[特]	W	J/s	$m^2 \cdot kg \cdot s^{-3}$
电荷[量]	库[仑]	C	—	A·s
电压,电动势,电位,(电势)	伏[特]	V	W/A	$m^2 \cdot kg \cdot s^{-3} \cdot A^{-1}$
电容	法[拉]	F	C/V	$m^{-2} \cdot kg^{-1} \cdot s^4 \cdot A^2$
电阻	欧[姆]	Ω	V/A	$m^2 \cdot kg \cdot s^{-3} \cdot A^{-2}$
电导	西[门子]	S	A/V	$m^{-2} \cdot kg^{-1} \cdot s^3 \cdot A^2$
磁通[量]	韦[伯]	Wb	V·s	$m^2 \cdot kg \cdot s^{-2} \cdot A^{-1}$
磁通[量]密度,磁感应强度	特[斯拉]	T	Wb/m²	$kg \cdot s^{-2} \cdot A^{-1}$
电感	亨[利]	H	Wh/A	$m^2 \cdot kg \cdot s^{-2}$
摄氏温度	摄氏度	℃	—	K
光通量	流[明]	lm	—	cd·sr
(光)照度	勒[克斯]	lx	lm/m²	$m^{-2} \cdot cd \cdot sr$

【2018 真题】

3. 国家法定计量单位的名称、符号由（　　）公布。

A. 国务院 B. 人民代表大会委员会

C. 司法部门 D. 技术监督部门

解析：国家法定计量单位的名称、符号由国务院公布。

【2019 真题】

4. 10^{12} 的 SI 倍数单位词头符号是（　　）。

A. G B. M C. T D. P

解析：10^{12} 的词头名称为太[拉]，词头符号为 T。

【2020 真题】

5. 下列单位符号中，不属于国际单位制的符号是（　　）。

A. ms B. t C. g D. A

解析：我国计量法规定国际单位制计量单位和国家选定的其他计量单位，为国家法定计量单位。B 选项 t 属于可与国际单位制单位并用的其他计量单位，不属于国际单位制。A、C 选项属于十进制倍数单位的应用，属于国际单位制。D 选项属于国际单位制的基本单位。

量的名称	单位名称	单位符号	与 SI 单位的关系
时间	分	min	1min＝60s
	［小］时	h	1h＝60min＝3600s
	日，（天）	d	1d＝24h＝86400s
平面（角）	度	(°)	1°＝(π/180) rad
	［角］分	(′)	1′＝(1/60)′＝(π/10800) rad
	（角）秒	(″)	1″＝(1/60)′＝(π/648000) rad
体积，容积	升	L (l)	$1L=1dm^3=10^{-3}m^3$
质量	吨	t	$1t=10^3 kg$
	原子质量单位	μ	$1μ=1.6605655×10^{-27}kg$
旋转速度	转每分	r/min	$1r/min=(1/60)s^{-1}$
长度	海里	n mile	1n mile＝1852m（只用于航程）
速度	节	kn	1kn＝1n mile/h＝$\left(\frac{1852}{3600}\right)$ m/s（只用于航海）
能	电子伏	eV	$1eV=1.6021892×10^{-19}J$
级差	分贝	dB	
线密度	特［克斯］	tex	$1tex=10^{-6}kg/m$

注：1. 平面角单位度、分、秒的符号，在组合单位中应采用（°）、（′）、（″）的形式。例如，不用°/s 而用（°）/s 表示。

2. 升的两个符号属同等地位，可任意选用。今后是否取消其中之一，待国际上有新规定后再行修改。根据习惯，在某些情况下，表中的单位可以与国际单位制的单位构成组合单位，例如，kg/L，km/h。

【2018 真题】

6. 下列不属于 SI 基本单位的是（　　）。

A．m   B．kg   C．N   D．s

解析：SI 基本单位为 m、kg、s、A、K、mol、cd。

【2021 真题】

7. 以下属于 SI 基本单位的是（　　）。

A．N   B．Hz   C．s   D．W

解析：

量的名称	单位名称	单位符号
长度	米	m
质量	千克（公斤）	kg
时间	秒	s
电流	安［培］	A

续表

量的名称	单位名称	单位符号
热力学温度	开［尔文］	K
物质的量	摩［尔］	mol
发光的强度	坎［德拉］	cd

注：1.（ ）中的名称，是它前面名称的同义词，下同。

2.［ ］中的字是在不致混淆的情况下，可以省略的字，下同。

3. 本标准所称的符号，除特殊指明者外，均指我国法定计量单位中所规定的符号，下同。

【2018 真题】

8. 国际单位制计量单位包括基本单位、导出单位和（　　）。

A. 法定单位　　　　　　　　　　B. 倍数单位

C. 组合单位　　　　　　　　　　D. 辅助单位

解析：国际单位制组成如下：

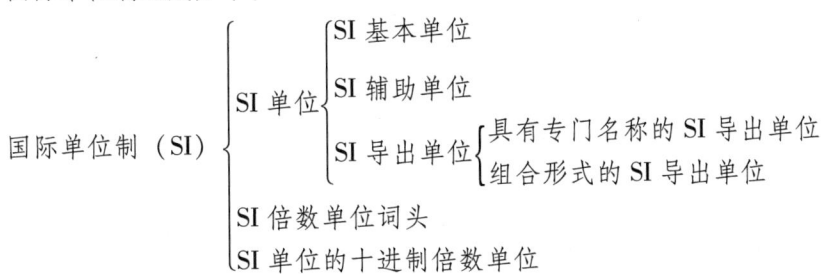

【2019 真题】

9. 10^{-9} 的 SI 倍数单位词头符号是（　　）。

A. d　　　　　B. P　　　　　C. f　　　　　D. n

解析：10^{-9} 的词头名称为纳［诺］，词头符号为 n。

【2021 真题】

10. 以下属于 SI 辅助单位的是（　　）。

A. 帕斯卡　　　　　　　　　　　B. 优特

C. 球面度　　　　　　　　　　　D. 开尔文

解析：SI 辅助单位有：弧度（rad）和球面度（sr）两个。

【2023 真题】

11. 以下量和量的单位符号，对应正确的是（　　）。

A. 电位，V　　　　　　　　　　B. 应力，N

C. 照度，lm　　　　　　　　　　D. 物质的量，kg

解析：基本量和基本单位的名称和符号如下：

量的名称	单位名称	单位符号
长度	米	m
质量	千克（公斤）	kg
时间	秒	s
电流	安［培］	A
热力学温度	开［尔文］	K
物质的量	摩［尔］	mol
发光的强度	坎［德拉］	cd

具有专门名称的 SI 导出单位如下：

量的名称	SI 导出单位			
	名称	符号	其他表示式	
			用 SI 单位示例	用 SI 基本单位
频率	赫［兹］	Hz	—	s^{-1}
力，重力	牛［顿］	N	—	$m \cdot kg \cdot s^{-2}$
压力，压强，应力	帕［斯卡］	Pa	N/m^2	$m^{-1} \cdot kg \cdot s^{-2}$
能［量］，功，热量	焦［耳］	J	$N \cdot m$	$m^2 \cdot kg \cdot s^{-2}$
功率，辐［射能］通量	瓦［特］	W	J/s	$m^2 \cdot kg \cdot s^{-3}$
电荷［量］	库［仑］	C	—	$A \cdot s$
电压，电动势，电位，（电势）	伏［特］	V	W/A	$m^2 \cdot kg \cdot s^{-3} \cdot A^{-1}$
电容	法［拉］	F	C/V	$m^{-2} \cdot kg^{-1} \cdot s^4 \cdot A^2$
电阻	欧［姆］	Ω	V/A	$m^2 \cdot kg \cdot s^{-3} \cdot A^{-2}$
电导	西［门子］	S	A/V	$m^{-2} \cdot kg^{-1} \cdot s^3 \cdot A^2$
磁通［量］	韦［伯］	Wb	$V \cdot s$	$m^2 \cdot kg \cdot s^{-2} \cdot A^{-1}$
磁通［量］密度，磁感应强度	特［斯拉］	T	Wb/m^2	$kg \cdot s^{-2} \cdot A^{-1}$
电感	亨［利］	H	Wb/A	$m^2 \cdot kg \cdot s^{-2} \cdot A^{-2}$
摄氏温度	摄氏度	℃	—	K
光通量	流［明］	lm	—	$cd \cdot sr$
（光）照度	勒［克斯］	lx	lm/m^2	$m^{-2} \cdot cd \cdot sr$

【2024 真题】

12. SI 单位是指国际单位制中与（　　）构成一贯单位制的单位。
A. 基本单位　　　　　　　　　　B. 辅助单位
C. 导出单位　　　　　　　　　　D. 十进制倍数单位

解析：SI 单位是指国际单位制中与基本单位构成一贯单位制的单位。

【2024 真题】

13. 不属于我国法定计量单位的是（   ）。

A. 升　　　　　　　　B. 节　　　　　　　　C. 斤　　　　　　　　D. 球面度

解析：国际单位制计量单位和国家选定的其他计量单位，为国家法定计量单位。A、B 属于其他单位，D 属于国际单位制的 SI 辅助单位。

二、判断题

【2020 真题】

14. 我国的国家法定计量单位与国际单位制计量单位完全一致。

A. 正确　　　　　　　　　　　　　　B. 错误

解析：国家法定计量单位还包含国家选用的其他计量单位。

【2018 真题】

15. SI 是国际单位的通用符号，目前国际单位制为 7 个基本单位，即长度、质量、时间、电流、热力学温度、物质的量、发光强度。其单位符号分别为 m、kg、s、a、k、mol、cd。

A. 正确　　　　　　　　　　　　　　B. 错误

解析：电流和热力学温度的正确符号应为大写 A、K。

【2020 真题】

16. 量的符号用大写字母表示，而单位符号则用正体小写字母表示。

A. 正确　　　　　　　　　　　　　　B. 错误

解析：单位和词头符号的书写规则：单位符号一律用正体字母。除来源于人名的单位符号第一个字母要大写外，其余均为小写字母（升的符号 L 和天文单位距离的符号 A 例外）。例如：米（m）；秒（s）；坎德拉（cd）。而来源于人名的，单位符号应写在全部数值之后，并与数值间留半个数字的空隙。例如：安培（A）；帕斯卡（Pa）；韦伯（Wb）等。

【2021 真题】

17. 在国际单位制的基本单位中，物质的量的单位符号是 moL。

A. 正确　　　　　　　　　　　　　　B. 错误

解析：

基本量和基本单位的名称和符号如下：

量的名称	单位名称	单位符号
长度	米	m
质量	千克（公斤）	kg
时间	秒	s
电流	安［培］	A

续表

量的名称	单位名称	单位符号
热力学温度	开［尔文］	K
物质的量	摩［尔］	mol
发光的强度	坎［德拉］	cd

注：1. （ ）中的名称，是它前面名称的同义词，下同。
2. ［ ］中的字是在不致混淆的情况下，可以省略的字，下同。
3. 本标准所称的符号，除特殊指明者外，均指我国法定计量单位中所规定的符号，下同。

【2021 真题】

18. 米每秒（m/s）属于 SI 基本单位。

A. 正确　　　　　　　　　　　　　　B. 错误

解析：米每秒（m/s）属于 SI 导出单位，SI 导出单位是基本单位和（或）辅助单位以代数形式所表示的单位。这种单位符号中的乘和除使用数学符号。如速度的 SI 单位为米每秒（m/s），角速度的 SI 单位为弧度每秒（rad/s）。属于这种形式单位成为组合单位。

【2024 真题】

19. 在出具报告时，旋转速度的单位可写成：千秒$^{-1}$。

A. 正确　　　　　　　　　　　　　　B. 错误

解析：题目的是旋转速率的单位，旋转速度的单位是 r/min。

【2024 真题】

20. 用于表示温度的"5℃"，可以写成或读成"摄氏 5 度"。

A. 正确　　　　　　　　　　　　　　B. 错误

解析：不能写成或读成"摄氏 5 度"。

【2024 真题】

21. 国际单位制单位和国家选定的非国际单位制单位为国家法定计量单位。

A. 正确　　　　　　　　　　　　　　B. 错误

解析：国际单位制计量单位和国家选定的其他计量单位，为国家法定计量单位。

三、多项选择题

【2019 真题】

22. 以下属于 SI 基本单位的是（　　）。

A. 米　　　　B. 安（培）　　　　C. 秒　　　　D. 牛（顿）

解析：D 选项属于 SI 导出单位。

【2020 真题】

23. 以下单位符号的写法正确的有（　　）。

A. 千克：Kg
B. 毫米：MM
C. 赫兹：Hz
D. 勒克斯：lx

解析：SI 是国际单位的统一符号，目前国际单位制为 7 个基本单位，即长度、质量、时间、电流、热力学温度、物质的量、发光强度。其单位符号分别为 m、kg、s、A、K、mol、cd。

【2021 真题】

24. 以下量的单位符号书写准确的有（　　）。

A. 质量，KG
B. 长度，m
C. 容积，mL
D. 温度，℃

解析：BCD 正确；A 错误，质量的基本单位是千克，符号为小写字母 kg。

【2018 真题】

25. SI 单位包括（　　）。

A. SI 基本单位
B. SI 辅助单位
C. SI 换算单位
D. SI 导出单位

解析：SI 单位包括：SI 基本单位、SI 辅助单位、SI 导出单位。

【2019 真题】

26. 以下关于计量单位书写的描述正确的有（　　）。

A. 计量单位及词头的名称不得在叙述性文学中使用
B. 计量单位名称及其符号应各作为一个整体使用，不得拆开
C. 当需要使用计量单位的复数时，可在其符号加 s，以示区别
D. 可以使用汉字与计量单位的符号构成组合形式的计量单位

解析：单位符号的使用规则如下。

（1）单位与词头的名称，一般只宜在叙述性文学中使用。单位和词头的符号，在公式、数据表、曲线图、刻度盘和产品品牌等需要简单明了的地方使用，也用于叙述性文字中。

（2）单位名称和单位符号都必须各作为一个整体使用，不得拆开。如摄氏度的单位符号为℃，20 摄氏度不得写成或读成摄氏 20 度，也不得写成 20。C，只能写成 20℃。

（3）单位符号后不得加省略点，也无复数形式。

（4）可用汉字与单位的符号构成组合形式的单位，例如：元/d，万 t·km。

（5）优先采用本章各表中给出的符号。

【2023 真题】

27. 关于量值范围的表示方式，恰当的有（　　）。

A. 20×（1±0.1）℃
B. 18℃～22℃

C. 20±2℃   D. 20℃±2℃

解析：C 选项 20 后面应加℃符号。

【2023 真题】

28. 在技术文件中标注额定电压和电流时，下列表示恰当的有（   ）。

A. 180~240V，5~10A

B. 180V~240V，5A~10A

C. （180~240）V，（5~10）A

D. （180~240）伏［特］，（5~10）安［培］

解析：A 选项，180 和 5 的后面都应该有符号，D 选项中文符号中不应有单位的全称。

单位的中文符号：单位名称的简称可作为这个单位的中文符号使用，并可用以代替本标准各个表中所给出的符号构成组合单位的中文符号。中文符号中不应含有单位的全称。

由两个或两个以上单位相乘所构成的组合单位，其符号形式为两个单位符号之间加居中圆点，如牛·米。单位相除构成的组合单位，其符号可采用下列形式之一：米/秒；米·秒$^{-1}$。

【2024 真题】

29. 下列单位中，属于国际单位制单位的有（   ）。

A. 分贝，dB   B. 弧度，rad

C. 球面度，Sr   D. 毫升，mL

解析：A 和 D 选项属于可与国际单位制单位并用的其他单位，但题目为多选题，至少两个正确答案，所以选 BC。（C 选项正确写法为小写 sr）。

【2024 真题】

30. 属于国际单位制（SI）基本单位，且书写规范的有（   ）。

A. 米，m   B. 安培，A

C. 千克，KG   D. 摄氏度，℃

解析：C 应该是小写 kg，D 属于导出单位。

【2024 真题】

31. 属于国际单位制辅助单位的有（   ）。

A. 赫兹   B. 弧度   C. 焦耳   D. 球面度

解析：国际单位制辅助单位有两个，平面角的单位弧度 rad、立体角的单位球面度 sr。

【2024 真题】

32. SI 单位的组成包括（   ）。

A. SI 基本单位   B. SI 辅助单位

C. SI 导出单位   D. 国家选定的计量单位

解析：SI 单位的组成（SI 单位包括 SI 基本单位、SI 辅助单位、SI 导出单位）。

答案：1. C　2. A　3. A　4. C　5. B　6. C　7. C　8. D　9. D　10. C　11. A　12. A　13. C　14. B　15. B　16. B　17. B　18. B　19. B　20. B　21. A　22. A、B、C　23. C、D　24. B、C、D　25. A、B、D　26. B、D　27. A、B、D　28. B、C　29. B、C　30. A、B　31. B、D　32. A、B、C

第八章 数值修约规则与极限数值的表示和判定、测量误差与测量不确定度

一、单项选择题

【2020 真题】

1. 数字 0.01010 的有效数字位数是（　　）。

A. 3 位　　　　　　　B. 4 位　　　　　　　C. 5 位　　　　　　　D. 6 位

解析： 有效数字是指在一个数中，从该数的第一个非零数字起，直到末尾数字止的数字称为有效数字，如 0.618 的有效数字有三个，分别是 6、1、8。

【2020 真题】

2. 将 0.37499、0.34501、0.36500 修约到 2 位有效数字，正确的是（　　）。

A. 0.37，0.34，0.37　　　　　　　　B. 0.38，0.34，0.36
C. 0.37，0.35，0.36　　　　　　　　D. 0.37，0.35，0.37

解析： 进舍规则如下。

（1）拟舍弃数字的最左一位数字小于 5，则舍去，保留其余各位数不变。

（2）拟舍弃数字的最左一位数字大于 5，则进一，即保留数字的末位数字加 1。

（3）拟舍弃数字的最左一位数字是 5，且其后有非 0 数字时进一，即保留数字的末位数字加 1。

（4）拟舍弃数字的最左一位数字为 5，且其后无数字或皆为 0 时，若所保留的末位数字为奇数（1、3、5、7、9）则进一，即保留数字的末位数字加 1；若所保留的末位数字为偶数（0、2、4、6、8），则舍去。即"奇进偶不进"。

（5）负数修约时，先将它的绝对值按上述的规定进行修约，然后在所得值前面加上负号。

【2018 真题】

3. 下列导出单位书写不正确的是（　　）。

A. Hz　　　　　　　B. Pa　　　　　　　C. Lx　　　　　　　D. lm

解析： C 选项正确书写因为 lx，名称：勒［克斯］。

【2018 真题】

4. 下列数字中有效数字位数最少的是（　　）。
A. 0.2350　　　　B. 2.0350　　　　C. 0.0235　　　　D. 2350.0

解析：有效数字为从一个数的左边第一个非 0 数字起到末位数字止，所有的数字都是这个数的有效数字。

【2018 真题】

5. 下列按照 4 位有效数字进行修约，结果不正确的是（　　）。
A. 5.25749→5.258　　　　　　　　B. 5.25750→5.258
C. 5.25751→5.258　　　　　　　　D. 5.25850→5.258

解析：修约法则为四舍六入五考虑，五后非零应进一，五后皆零视奇偶，五前为偶应舍去，五前为奇则进一。

【2021 真题】

6. 由不能预料、不能控制的原因造成的误差属于（　　）。
A. 系统误差　　　　　　　　　　　B. 过失误差
C. 随机误差　　　　　　　　　　　D. 绝对误差

解析：随机误差是由不能预料、不能控制的原因造成的。

【2021 真题】

7. 由合成标准不确定度乘以一定的倍数（一般为 2~3 倍）得到的不确定度为（　　）。
A. 总不确定度　　　　　　　　　　B. 扩展不确定度
C. A 类不确定度　　　　　　　　　D. B 类不确定度

解析：用合成不确定度的倍数表示的测量不确定度称扩展不确定度。

【2019 真题】

8. 根据误差产生的原因，按照误差的性质，下列不属于测量误差分类的是（　　）。
A. 系统误差　　　　　　　　　　　B. 过失误差
C. 随机误差　　　　　　　　　　　D. 环境误差

解析：测量误差的分类：根据误差产生原因，按照误差的性质，测量误差分为系统误差（恒定误差）、过失误差（错误）、随机误差（偶然误差）。

【2018 真题】

9. 测量精密度通常用不精密程度以数字形式表示，下列可用于表征测量的是（　　）。
A. 系统误差　　　　　　　　　　　B. 平均值
C. 最大值　　　　　　　　　　　　D. 变异系数

解析：测量精密度通常用不精密程度以数字形式表示，如，在规定的测量条件下的标准差、方差或变异系数。

【2020 真题】

10. 一组测量值分别为 502N、506N、510N、510N、512N，则本次试验的极差是（　　）。

A. 508N　　　　　　　　　　　　　B. (508±2) N

C. (507±3) N　　　　　　　　　　　D. 10N

解析：极差是指测量最大值与最小值之差。512N−502N=10N

【2021 真题】

11. 不属于 B 类不确定度评定依据的是（　　）。

A. 被测量的观察列

B. 仪器设备说明书

C. 检定/校准证书

D. 方法标准中给出的复现性限或重复性限

解析：B 类不确定度评定的依据可以是可靠的说明书、检定书或校验证书，测试报告等相关技术资料，也可以是测试人员的个人技术经验和知识。获得 B 类不确定度的信息来源一般有：a. 以前的观测数据。b. 对有关技术资料和测量仪器特性的了解和经验。c. 生产部门提供的技术说明文件。d. 核准证书、鉴定证书或其他文件提供的数据准确度的级别。e. 手册或某些资料给出的参考数据及其不确定度等。f. 规定的试验方法和国家标准或行业标准中给出的复现性限 R 或重复性限 r 情况。

【2021 真题】

12. 当重复测量的结果受大量、微小、独立因素影响时，其概率分布近似为（　　）。

A. 均匀分布　　　　　　　　　　　B. 正态分布

C. 泊松分布　　　　　　　　　　　D. U 形分布

解析：当进行很多次重复测定时，就会发现，误差偶然（随机误差，不定误差）具有统计规律性，即服从于正态分布。

【2021 真题】

13. 用一只标称值为 10.000g 的标准砝码校准一台量程为 1000.00g 的天平，天平示值为 98%，则本次测量的绝对误差是（　　）。

A. 2%　　　　　B. −2%　　　　　C. 0.20g　　　　　D. −0.20g

解析：绝对误差是指测量值与真值间的差异，$\Delta X_i = x_i - x_0$；则绝对误差 = 10.00×98% − 10.00 = −0.20。

【2020 真题】

14. 测量不确定度用于测量结果的（　　）。

A. 分散性　　　　B. 准确性　　　　C. 波动性　　　　D. 随机性

解析：测量不确定度：根据所用到的信息，表征赋予被测量量值分散性的非负参数。

【2018 真题】

15. 数据中最大值和最小值之差是（　　）。

A. 标准差 　　　　　　　　　　　　B. 极差

C. 偏差系数 　　　　　　　　　　　D. 相对误差

解析：极差是指测量最大值与最小值之差，$R = X_{\max} - X_{\min}$。

【2018 真题】

16. 四个数字 12.80、3.25、2.153、0.0284 相加，其计算结果为（　　）。

A. 18.2314 　　　　　　　　　　　　B. 18.231

C. 18.23 　　　　　　　　　　　　　D. 18.2

解析：当几个数据相加或相减时，他们的小数点后的数字位数及其和或差的有效数字的保留，应以小数点后尾数最小（绝对误差最大）的数据为依据。12.80+3.25+2.153+0.0284 = 12.80+3.25+2.15+0.03 = 18.23。

【2020 真题】

17. 根据有效数字修约规则，0.035×26.488×3.5486，其结果为（　　）。

A. 3.290 　　　　　　　　　　　　　B. 3.3

C. 3.2 　　　　　　　　　　　　　　D. 3.29

解析：几个数据相乘相除时，各参加运算数据所保留的位数，以有效数字位数最少的为标准，其积或商的有效数字也依此为准。0.035 有效位数最少，则以 0.035 为标准，修约成两位有效数字；则 0.035×26×3.5 = 3.185，最后数值也修约成两位有效数字，则 3.2，所以选择 C 选项。

【2020 真题】

18. 以下数值修约到小数点后两位，最恰当的是（　　）。

A. 2.3050001→2.31 　　　　　　　　B. 0.5450→0.55

C. 2.64501→2.64 　　　　　　　　　D. 1.555→1.55

解析：四舍六入五考虑，五后非零则进一，五后为零视奇偶，奇进偶舍不连续，负数修约绝对值。

【2021 真题】

19. 用钢直尺测量某标称值为 10.000mm 的量块，得 3 次测得值分别为 9.8mm，9.7mm 和 9.6mm，则测量结果的相对误差为（　　）。

A. 3.0% 　　　　　　　　　　　　　B. -3.0%

C. 3.1% 　　　　　　　　　　　　　D. -3.1%

解析：相对误差是指绝对误差与真值的比值一般用百分数表示，而绝对误差是指测量值与真值间的差异。先计算测量值的平均值为 9.7mm。此次测量结果的相对误差 = (9.7-10)/10 = -3.0%。

【2018 真题】

20. 修约 18.63，修约间隔为 1，正确的是（ ）。

A. 19　　　　　　B. 18.0　　　　　　C. 18　　　　　　D. 19.0

解析：指定修约间隔为 1，或指明将数值修约到"个"数位。

【2018 真题】

21. 以下不属于测量不确定度来源的是（ ）。

A. 被测量的定义不完整　　　　　　B. 检测人员违规操作仪器

C. 测量仪器计量性能的局限性　　　D. 取样的代表不够

解析：测量中，可能导致测量不确定度的因素很多，主要来源如下。

(1) 被测量的定义不完整。

(2) 复现被测量的测量方法不理想。

(3) 取样的代表不够，即被测样本不能完全代表所定义的被测量。

(4) 对测量过程受环境影响的认识不恰如其分，或对环境参数的测量与控制不完善。

(5) 对测量仪表的读数存在人为的偏倚。

(6) 测量仪器的计量性能的局限性。

(7) 测量标准或标准物质的不确定度。

(8) 引用的数据或参数的不确定度。

(9) 测量方法和测量程序的近似和假设。

(10) 在相同条件下被测量在复现观测中的变化。

【2021 真题】

22. 下列关于随机误差说法正确的是（ ）。

A. 随机误差是可以修正的

B. 随机误差在实验过程中是不允许的

C. 随机误差的原因是可以预测的、控制的

D. 随机误差通常服从正态分布

解析：随机误差是由不能预料、不能控制的原因造成的。随机误差的出现完全是偶然的，无规律性，所以有时称为偶然误差。但当进行很多次重复测定时，就会发现，误差偶然（随机误差、不定误差）具有统计规律性，即服从于正态分布。

【2019 真题】

23. 将 3.61、4.781 分别按 0.5 的间隔进行修约结果正确的是（ ）。

A. 3.5、5.0　　　　　　　　　　　B. 4.0、4.5

C. 3.5、4.5　　　　　　　　　　　D. 4.0、5.0

解析：0.5 单位修约方法如下：将拟修约数值 X 乘以 2，按指定修约间隔对 $2X$ 依进舍规则的规定修约，所得数值（$2X$ 修约值）再除以 2。$3.61 \rightarrow 3.61 \times 2 = 7.22 \rightarrow 7 \rightarrow 7/2 = 3.5$；$4.781 \rightarrow 4.781 \times 2 = 9.562 \rightarrow 10 \rightarrow 10/2 = 5.0$。

【2021 真题】

24. 将 3.5000 修约到个位数的结果是（　　）。
A. 3 B. 4 C. 3.0 D. 4.0

解析：四舍六入五考虑，五后非零则进一，五后为零视奇偶，奇进偶舍不连续，负数修约绝对值。

【2021 真题】

25. 属于系统误差的是（　　）。
A. 由于测量方法中的理论缺陷引起的误差
B. 试验人员每次读数产生的差异
C. 气压波动引起的误差
D. 计算错误引起的误差

解析：根据误差产生的原因，按照误差的性质，可以把测量误差分为系统误差、过失误差和随机误差。BC 属于随机误差，D 属于过失误差。

【2019 真题】

26. 按有效数字乘除运算的计算规则，计算 25.0、0.1436、76.5 的乘积为（　　）。
A. 270 B. 275.4 C. 275 D. 275.0

解析：几个数据相乘相除时，各参加运算数据所保留的位数，以有效数字位数最少的为标准，其积或商的有效数字也依此为准。25.0 和 76.5 有效数字最少均是三位，所以 0.1436 应修约成 0.144 与之相乘，即 25.0×0.144×76.5＝275。

【2018 真题】

27. 某中碳钢抗拉强度测定值为 1351（MPa），其标准规定极限数值为 ≥14×100（MPa），按全数值比较法判定是否符合标准要求，其结果是（　　）。
A. 符合 B. 测定值有误
C. 不符合 D. 不确定

解析：将测试所得的测定值或计算值不经修约处理（或虽经修约处理，但应标明它是经舍、进或未进未舍而得），用该数值与规定的极限数值作比较，只要超出极限数值规定的范围（不论超出程度大小），都判定为不符合要求。如允许修约后的结果进行比较的话本题目则应该选择 A。

【2021 真题】

28. 以下数值修约到小数点后一位，最恰当的是（　　）。
A. 26.55→26.5 B. 32.4501→32.4
C. 15.450→15.5 D. 14.05001→14.1

解析：四舍六入五考虑，五后非零则进一，五后为零视奇偶，奇进偶舍不连续，负数修约绝对值。

【2020 真题】

29. 一台准确度等级为 2.5 级的电流表,其满量程值为 100A,某次测量中对其输入 50A 的标准电流,其示值为 52A,则此次测量中电流表的相对误差为（　　）。

A. -0.025　　　　B. 2%　　　　C. 2.5%　　　　D. 4%

解析：相对误差是指绝对误差与真值的比值,一般用百分数表示;绝对误差是指测量值与真值间的差异。(52-50)/50＝4%。

【2023 真题】

30. 下列不确定度的表示形式最恰当的是（　　）。

A. $U_{95}=2g$ 　　　　　　　　　　　　　B. $U=1\mu m$（$k=2$）

C. $U_r=0.5\%$ 　　　　　　　　　　　　D. $U_r=0.2g$,$k=2$

解析：A 选项,应给出自由度 v_{eff}；C 选项应给出 k；D 选项相对扩展不确定度 U_r 是指标准不确定度除以测得值的绝对值,是没有单位的。

【2023 真题】

31. 关于系统误差和随机误差关系的表述正确的是（　　）。

A. 测量误差为系统误差减去随机误差
B. 测量误差由系统误差和随机误差组成
C. 系统误差>随机误差
D. 测量误差>系统误差

解析：系统测量误差等于测量误差减去随机误差。

【2023 真题】

32. 一台电压表的满量程为 500V,在 200V 处的示值误差为-2V,且为各处示值误差中最大者,则该电压表的相对示值误差为（　　）。

A. -1%　　　　B. -0.4%　　　　C. 0.4%　　　　D. 1%

解析：-2/200×100%＝-1%

【2023 真题】

33. 在重复性条件下,用温度计对某实验室的温度重复测量了 9 次,通过计算得到其实验标准偏差 $s=0.3℃$,若以 9 次测量的平均值作为测量结果,则由重复性引入的标准不确定度分量为（　　）。

A. (0.1/3)℃　　　　B. 0.1℃　　　　C. 0.2℃　　　　D. 0.6℃

解析：$0.3/\sqrt{9}=0.1℃$

【2023 真题】

34. 对特定的考核指标 X,关于极限值范围的表述与相应的符号表示一致的是（　　）。

A. 不大于 A,$X<A$　　　　　　　　　　B. 大于或等于 A,$X>A$

C. 大于 A 且小于 B，$X>A<B$　　　　　D. 从 A 到 B，$A\leqslant X\leqslant B$

解析：

对特定的考核指标 X，允许采用的表达极限数值的组合用语及符号如下：

组合基本用语	组合允许用语	符号		
		表示方式Ⅰ	表示方式Ⅱ	表示方式Ⅲ
大于或等于 A 且小于或等于 B	从 A 到 B	$A\leqslant X\leqslant B$	$A\leqslant\cdot\leqslant B$	$A-B$
大于 A 且小于或等于 B	超过 A 到 B	$A<X\leqslant B$	$A<\cdot\leqslant B$	$>A-B$
大于或等于 A 且小于 B	至少 A 不足 B	$A\leqslant X<B$	$A\leqslant\cdot<B$	$A-<B$
大于 A 且小于 B	超过 A 不足 B	$A<X<B$	$A<\cdot<B$	

【2023 真题】

35. 某项目中所需钢筋直径要求为（10.0±0.1）mm（不含+0.1），在不考虑测量不确定度的情况下，按修约值比较法，以下所测结果不符合要求的是（　　）。

A. 9.94mm　　　　　　　　　　　　B. 9.98mm
C. 10.06mm　　　　　　　　　　　 D. 10.05mm

解析： C 选项修约后 10.1mm，不符合要求。

【2023 真题】

36. 根据有效数字运算规则，在计算 0.00211×40.34×3.03687×44.351 时，各参加运算数据所保留的有效数字位数，以（　　）为标准。

A. 44.351　　　　　　　　　　　　B. 3.03687
C. 40.34　　　　　　　　　　　　　D. 0.00211

解析： 几个数据相乘相除时，各参加运算数据所保留的位数，以有效数字位数最少的为标准，其积或商的有效数字也以此为准。

【2024 真题】

37. 将 -70.25 修约到"个"位数的 0.5 单位，得（　　）。

A. -70　　　　　　　　　　　　　　B. -70.5
C. -70.0　　　　　　　　　　　　　D. 70.5

解析： 70.25×2=140.5，修约为 140，140/2=70.0，加上负号为 -70.0。

【2024 真题】

38. 测量不确定度是根据所用到的信息，表征赋予被测量量值（　　）的非负参数。

A. 准确性　　　　　　　　　　　　B. 正确性
C. 分散性　　　　　　　　　　　　D. 不确定性

解析： 测量不确定度简称不确定度，是根据所用到的信息，表征赋予被测量量值分散性的非负参数。

【2024 真题】

39. 下列符合测量误差定义的是（　　）。

A. 测得的量值减去参考量值

B. 参考量值减去测得的量值

C. 测得值与参考量值的比值

D. 测得值与参考值之差的绝对值

解析：测量误差：测量误差简称误差，其值为测得的量值减去参考量值。

【2024 真题】

40. 对某试件的长度进行 9 次测量，计算得单次测量的实际标准偏差为 1.8mm，以 9 次测量结果的平均值作为测量结果，则测量结果的 A 类标准不确定度为（　　）。

A. 0.2mm　　　　　　　　　　　　B. 0.6mm

C. $1.8\sqrt{3}$ mm　　　　　　　　　　D. 1.8mm

解析：A 类标准不确定度为 $S/\sqrt{n} = 1.8/\sqrt{9} = 0.6$ mm。

【2024 真题】

41. 下列表述符合极限数值 40^{+1}_{-2} mm 要求的是（　　）。

A. 从 38mm 到 41mm

B. 从 38mm 到 41mm（不含 38mm）

C. 从 38mm 到 41mm（不含 41mm）

D. 从 38mm 到 41mm（不含 38mm 和 41mm）

解析：基本数值 A 带有绝对极限上偏差值 $+b_1$ 和绝对极限下偏差值 $-b_2$，指从 $A-b_2$ 到 $A+b_1$ 符合要求，记为 $A^{+b_1}_{-b_2}$。

注：当 $b_1 = b_2 = b$ 时，$A^{+b_1}_{-b_2}$ 可简记为 $A\pm b$。40^{+1}_{-2} mm 是指从 38mm 到 41mm，符合要求。

【2024 真题】

42. 合成标准不确定度乘以一个大于 1 的数字因子，得到（　　）。

A. 扩展不确定度　　　　　　　　　B. 相对标准不确定度

C. A 类标准不确定度　　　　　　　D. B 类标准不确定度

解析：合成标准不确定度乘以一个大于 1 的数字因子，得到扩展不确定度。

【2024 真题】

43. 极差是指测量结果的（　　）之差。

A. 最大值与平均值　　　　　　　　B. 最大值与真值

C. 最大值与中位值　　　　　　　　D. 最大值与最小值

解析：极差是指测量结果的最大值与最小值之差。

【2024 真题】

44. 测量不确定度 A 类评定是对在规定测量条件下测得的量值采用统计分析的方法进行的测量不确定度分量的评定，其标准不确定度用（　　）表征。

A. 方差　　　　　　　　　　　　　　　　B. 极差
C. 平均偏差　　　　　　　　　　　　　　D. 实验标准差

解析：标准不确定度全称为标准测量不确定度，是以标准差表示的测量不确定度。

【2024 真题】

45. 按照数值修约规则，将 70.25 修约到"个"数位的 0.5 单位，结果是（　　）。

A. 70　　　　　B. 71　　　　　C. 70.0　　　　　D. 70.52

解析：70.25×2＝140.5，修约为 140，140.0/2＝70.0。

二、判断题

【2019 真题】

46. 测量标准或标准物质同样具有不确定度，会直接影响测量结果。

A. 正确　　　　　　　　　　　　　　　　B. 错误

解析：测量标准或标准物质的不确定度。通常的测量是将被测量与测量标准或标准物质所提供的标准测量值进行比较而实现的，因此测量标准或标准物质所提供标准量值的不确定度将直接影响测量结果。

【2021 真题】

47. 测量结果的误差与测量结果的不确定度在数值上没有确定关系。

A. 正确　　　　　　　　　　　　　　　　B. 错误

解析：测量误差与测量不确定度的主要区别（9 个）。

（1）误差表示测量结果对真值的偏离量，在数轴上表示为一个点。而测量不确定度表示被测量之值的分散性，在数轴上表示一个区间。

（2）在测量结果中我们只能得到随机误差和系统误差的估计值；而不确定度则是根据对标准不确定度的评定方法不同而分成 A 类评定和 B 类评定两类。

（3）误差的概念和真值相联系，是无法测得的；而不确定度可根据实验、资料、经验等信息进行评定，是可定量操作的。

（4）测量不确定度仅与测量方法有关，而与具体测量的数值大小无关。测量结果的误差仅与测量结果以及与真值有关，而与测量方法无关；测量方法包括：测量原理、测量仪器、测量环境条件、测量程序、测量人员以及数据处理方法等。

（5）测量结果的误差与测量结果的不确定度两者在数值上没有确定的关系。

（6）误差和不确定度是两个不同的概念，测量得到的误差肯定会有不确定度。反之也一样，评定得到的不确定度可能存在误差。

（7）对观测列进行统计分析得到的实验标准差表示该观测列中任一个被测估计值的标

准不确定度，而并不表示被测量估计值的随机误差。

（8）自由度是表示测量不确定度评定可靠程度的指标，它与评定得到的不确定度的相对标准不确定度有关，而误差则没有自由度的概念。

（9）当了解被测量的分布时，可以根据置信概率求出置信区间，而置信区间的半宽度则可以用来表示不确定度，而误差则不存在置信概率的概念。

【2021 真题】

48. 仪器的不确定度与仪器本身有关，因此不管它应用于什么测量条件，不确定度都不变。

A. 正确　　　　　　　　　　　　　　B. 错误

解析：测量不确定度仅与测量方法有关，而与具体测量的数值大小无关。测量方法应包括测量原理、测量仪器、测量环境条件、测量程序、测量人员以及数据处理方法等。

【2019 真题】

49. 无论 A 类还是 B 类不确定度，最后均用标准差来表示标准不确定度，但合成不确定度时两者的合成方法不同。

A. 正确　　　　　　　　　　　　　　B. 错误

解析：无论采用 A 类评定还是 B 类评定，最后均用标准偏差来表示标准不确定度，并且合成不确定度时，两者的合成方法相同。

【2018 真题】

50. 测量误差和不确定度都是可根据实验、资料、经验等信息进行评定，是可以定量操作的。

A. 正确　　　　　　　　　　　　　　B. 错误

解析：误差的概念和真值相联系，是无法测得的，测量不确定度可根据实验、资料、经验等信息进行评定，是可以定量操作的。

【2019 真题】

51. 置信区间的半宽度既可以用来表示测量不确定度也可以用来表示测量误差。

A. 正确　　　　　　　　　　　　　　B. 错误

解析：当了解被测量的分布时，可以根据置信概率求出置信区间，而置信区间的半宽度则可以用来表示不确定度，而误差则不存在置信概率的概念。

【2019 真题】

52. 测量误差没有置信概率。

A. 正确　　　　　　　　　　　　　　B. 错误

解析：当了解被测量的分布时，可以根据置信概率求出置信区间，而置信区间的半宽度则可以用来表示不确定度，而误差则不存在置信概率的概念。

【2018 真题】

53. 测量结果的合格与否与不确定度有关。

A. 正确　　　　　　　　　　　　　　B. 错误

解析： 简单的判定测量结果是否合格是不完善的，还必须考虑测量结果不确定性的存在，可以说，合格与否的判定与不确定度的情况有关。

【2021 真题】

54. 测量不确定度是表征测量结果分散性的参数，测量不确定度小并不能说明测量结果越准确。

A. 正确　　　　　　　　　　　　　　B. 错误

解析： 不确定度是近真值的可能误差的量度，不确定度越小，测量结果越准确。

【2021 真题】

55. 系统误差是指在重复测量中保持不变或按可预见方式变化的测量误差分量。

A. 正确　　　　　　　　　　　　　　B. 错误

解析： 系统误差是指人机系统产生的误差，是由一定原因引起的，在相同条件下多次重复测量同一物理量时，使测量结果总是朝一个方向偏离、其绝对值大小和符号保持恒定，或按一定规律变化，因此有时称之为恒定误差。

【2020 真题】

56. 测量误差是由测量中存在的错误或过失引起的。

A. 正确　　　　　　　　　　　　　　B. 错误

解析： 根据误差产生的原因，按照误差的性质，可以把测量误差分为系统误差、过失误差和随机误差。过失误差，也叫错误，是一种与事实不符的显然误差。这种误差是由于实验者粗心，不正确的操作或测量条件突然变化所引起的。例如：仪器放置不稳，受外力冲击产生毛病；测量时读错数据、记错数据；数据处理时单位搞错、计算出错等。显然，过失误差在实验过程中是不允许的。

【2019 真题】

57. 全数值比较法比修约值比较法相对严格，所以全数值比较判定为不合格的，修约值比较可能判定为合格，全数值比较判定为合格的，修约值比较肯定判定为合格。

A. 正确　　　　　　　　　　　　　　B. 错误

解析： 两种判定方法的比较：对同样的极限数值，若它本身符合要求，则全数值比较法比修约值比较法相对较严格。对测定值或其计算值与规定的极限数值在不同情形用全数值比较法和修约值比较法的比较结果见下表，表中存在全数值比较法结果符合要求而修约值比较法却不符合要求的情况，所以答案为 B。

项目	极限数值	测定值或其计算值	按全数值比较是否符合要求	修约值	按修约值比较是否符合要求
中碳钢抗拉强度/MPa	≥14×100	1349	不符合	13×100	不符合
		1351	不符合	14×100	符合
		1400	符合	14×100	符合
		1402	符合	14×100	符合
NaOH 的质量分数（%）	≥97.0	97.01	符合	97.0	符合
		97.00	符合	97.0	符合
		96.96	不符合	97.0	符合
		96.94	不符合	96.9	不符合
中碳钢的硅的质量分数（%）	≤0.5	0.452	符合	0.5	符合
		0.500	符合	0.5	符合
		0.549	不符合	0.5	符合
		0.551	不符合	0.6	不符合
中碳钢的锰的质量分数（%）	1.2~1.6	1.151	不符合	1.2	符合
		1.200	符合	1.2	符合
		1.649	不符合	1.6	符合
		1.651	不符合	1.7	不符合
盘条直径/mm	10.0±0.1	9.89	不符合	9.9	符合
		9.85	不符合	9.8	不符合
		10.10	符合	10.1	符合
		10.16	不符合	10.2	不符合
盘条直径/mm	10.0±0.1（不含0.1）	9.94	符合	9.9	不符合
		9.96	符合	10.0	符合
		10.06	不符合	10.1	不符合
		10.05	符合	10.0	符合
盘条直径/mm	10.0±0.1（不含±0.1）	9.94	符合	9.9	符合
		9.86	不符合	9.9	符合
		10.06	符合	10.1	不符合
		10.05	符合	10.0	符合
盘条直径/mm	10.0±0.1（不含-0.1）	9.94	符合	9.9	不符合
		9.86	不符合	9.9	不符合
		10.06	符合	10.1	符合
		10.05	符合	10.0	符合

注：表中的例子并不表明这类极限数值都应采用全数值比较法或修约值比较法。

第八章 数值修约规则与极限数值的表示和判定、测量误差与测量不确定度

【2018 真题】

58. 计算 4.231、0.02、1.5672 三个数字的乘积时,按照数字修约规则,结果应为 0.13262。

A. 正确　　　　　　　　　　　　B. 错误

解析：乘除运算：几个数据相乘相除时,各参加运算数据所保留的位数,以有效数字位数最少的为标准,其积或商的有效数字也以此为准。所以本题计算过程应为 4×0.02×2 ≈0.2。

【2020 真题】

59. 多次重复测量求平均值的方法,可以减少测量结果的系统误差影响。

A. 正确　　　　　　　　　　　　B. 错误

解析：随机测量误差的参考量值是对同一被测量由无穷多次重复测量得到的平均值。所以多次重复测量求平均值的方法,可以减少测量结果的随机误差影响。

【2019 真题】

60. B 类不确定度的依据是可靠的说明书、校检证书、测试报告等技术资料,不可以依靠个人的技术经验和知识。

A. 正确　　　　　　　　　　　　B. 错误

解析：对于 B 类评定的不确定度,给出其标准不确定度的主要信息来源为各种标准和规程等技术性文件对产品和材料性能的规定以及生产部门提供的技术文件,有时还来源于测量人员对有关技术资料和测量仪器特性的了解和经验。因此在测量不确定度的 B 类评定中,往往会在一定程度上带有某种主观的因素,如何恰当并合理地给出 B 类评定的标准不确定度是不确定度的关键问题之一。

【2019 真题】

61. 测量精密度越高,测量准确度越高。

A. 正确　　　　　　　　　　　　B. 错误

解析：在实验测量中应当注意到,虽然用同一仪表对同一物质进行重复测量时,测量的可重复性越高就越精密,但不能肯定准确度一定高,还要考虑到是否有系统误差存在（如仪表未经校正等）；否则,虽然测量很精密也可能不准确。因此,在实验测量中要获得很高的精确度,必须有高的精密度和高的准确度来保证。

【2018 真题】

62. 根据数值修约规则,将 22.1450 修约到两位小数,应为 22.14。

A. 正确　　　　　　　　　　　　B. 错误

解析：拟舍弃数字的最左一位数字为 5,且其后无数字或皆为 0 时,若所保留的末位数字为奇数（1、3、5、7、9）则进一,即保留数字的末位数字加 1；若所保留的末位数字为偶数（0、2、4、6、8）,则舍去。即"奇进偶不进"。

【2019 真题】

63. 大量的实践证明一切测量结果都存在误差。

A. 正确　　　　　　　　　　　　　　B. 错误

解析：大量实践表明，一切实验测量结果都具有这种误差。

【2021 真题】

64. 拟修约的数字应在确定修约间隔或指定修约数位后连续修约获得结果。

A. 正确　　　　　　　　　　　　　　B. 错误

解析：拟修约数字应在确定修约间隔或指定修约数位后一次修约获得结果，不得多次连续修约。

【2018 真题】

65. 系统误差的出现是有规律的，其产生原因往往可知或可掌握，通过仔细观察和研究各种系统误差的来源，是可以设法消除或降低其影响。

A. 正确　　　　　　　　　　　　　　B. 错误

解析：一般地说，系统误差的出现是有规律的，其产生原因往往是可知的或可掌握的。只要仔细观察和研究各种系统误差的具体来源，就可设法消除或降低其影响。

【2018 真题】

66. 当标准对极限数值（包括带有极限偏差值的数值）无特殊规定时，应采用全数值比较法进行判定。

A. 正确　　　　　　　　　　　　　　B. 错误

解析：当标准或有关文件对极限值（包括带有极限偏差值的数值）无特殊规定时，均应使用全数值比较法。如规定采用修约值比较法，应在标准中加以说明。

【2018 真题】

67. 当测量结果全部处于规范区的合格区时，判定为合格，当测量结果处于扩展不确定度区域的外侧时，判定为不合格。

A. 正确　　　　　　　　　　　　　　B. 错误

解析：由于测量结果具有不确定度，当测量结果位于规范限两侧以扩展不确定为半宽的区域时，就无法判定其是否合格。当测量结果全部处于扩展不确定度区域的外侧时，才能判定其测量结果为不合格。

【2018 真题】

68. 测量不确定度是表征赋予被测量值分散性的非负参数。

A. 正确　　　　　　　　　　　　　　B. 错误

解析：测量不确定度：根据所用到的信息，表征赋予被测量量值分散性的非负参数。

【2019 真题】

69. 当测量结果全部处于扩展不确定区域外侧时，就无法判断其是否合格。

A. 正确　　　　　　　　　　　　　　B. 错误

解析：当测量结果全部处于扩展不确定度区域的外侧时，才能判定其测量结果为不合格。

【2023 真题】

70. 一台仪器的示值误差为满量程的 0.5%，则该仪器的准确度为 0.5%。

A. 正确　　　　　　　　　　　　　　B. 错误

解析：准确度与示值误差无关。

【2023 真题】

71. 随机测量误差的参考量值是真值，或是测量不确定度可忽略不计的测量标准的测得值。

A. 正确　　　　　　　　　　　　　　B. 错误

解析：随机测量误差的参考量值是对同一被测量由无穷多次重复测量得到的平均值。

【2024 真题】

72. 某测量仪器的最大允许误差为 ±1mm，并经计量部门检定合格，则评定不确定度时，由该仪器引入的标准不确定度分量为 1mm。

A. 正确　　　　　　　　　　　　　　B. 错误

解析：默认为均匀分布 $\sqrt{3}$，不确定度分量为 $1/\sqrt{3}$。

【2024 真题】

73. 由于测量结果具有不确定度，因此当测量结果位于规范限两侧以扩展不确定度为半宽的区域内时，无法判断其是否合格。

A. 正确　　　　　　　　　　　　　　B. 错误

解析：由于测量结果具有不确定度，当测量结果位于规范限两侧以扩展不确定为半宽的区域内时，就无法判断其是否合格。只有当测量结果全部处于扩展不确定度区域的外侧时，才能判定其测量结果为不合格。

【2024 真题】

74. 在判断测定值是否符合标准限值要求时，修约值比较法相对于全数值比较法更严格。

A. 正确　　　　　　　　　　　　　　B. 错误

解析：对同样的极限数值，若它本身符合要求，则全数值比较法比修约值比较法相对较严格。

【2024 真题】

75. 按照数值修约规则，可以在确定的修约间隔进行多次连续修约。

A. 正确　　　　　　　　　　　　　　B. 错误

解析： 不允许连续修约。

【2024 真题】

76. 根据数值修约规则，可对检测结果进行连续修约。

A. 正确　　　　　　　　　　　　　　B. 错误

解析： 不允许连续修约。

三、多项选择题

【2020 真题】

77. 关于测量误差和测量不确定度，以下说法正确的是（　　）。

A. 测量结果的误差与其测量不确定度在数值上没有确定关系
B. 测量误差可以为负值，而测量不确定度为非负值
C. 测量误差和不确定度均可以用于测量结果的修正
D. 测量误差是个具体的值，而测量不确定度表示一个区间

解析： 选项 C 修正是对估计的系统误差的补偿。不确定度不能修正。

【2018 真题】

78. 假设极限数值为≥87.0，采用修约值比较法，下列测定值中（　　）可判定为合格。

A. 87.00　　　　B. 87.01　　　　C. 86.96　　　　D. 86.94

解析： A 修约＝87.0；B 修约＝87.0；C 修约＝87.0；D 修约＝86.9，所以 D 为不合格。

【2021 真题】

79. 以下数值修约为三位有效数字，恰当的有（　　）。

A. 0.45550→0.46　　　　　　　　　　B. 0.74050→0.740
C. 1.62051→1.63　　　　　　　　　　D. 2.3050→2.30

解析： 有效数字：从个数的左边第一个非 0 数字起，到末尾数字止，所有的数字都是这个数的有效数字。A 错误，A 选项修约后的结果只有两位有效数字。C 错误，1.62051 修约为三位有效数字结果正确为 1.62。四舍六入五考虑，五后非零则进一，五后为零视奇偶，奇进偶舍不连续，负数修约绝对值。

【2018 真题】

80. （　　）是可以消除的。

A. 系统误差　　　　B. 随机误差　　　　C. 过失误差　　　　D. 偶然误差

解析： 一般地说，系统误差的出现是有规律的，其产生原因往往是可知的或可掌握的。只要仔细观察和研究各种系统误差的具体来源，就可设法消除或降低其影响。过失误差，也叫错误，是一种与事实不符的显然误差。这种误差是由于实验者粗心，不正确的操作或测量条件突然变化所引起的。例如：仪器放置不稳，受外力冲击产生毛病；测量时读错数据、记错数据；数据处理时单位搞错、计算出错等。显然，过失误差在实验过程中是不允许的。

【2018 真题】

81. 为了表示误差，工作上引入了精密度、准确度和精确度的概念，根据这些概念，误差的表示方法有（　　）。

　　A. 极差　　　　　　B. 绝对误差　　　　　C. 相对误差　　　　　D. 随机误差

解析： 为了表示误差，工作上引入了精密度、准确度和精确度的概念，根据这些概念，误差的表示方法有三种：极差、绝对误差、相对误差。

【2018 真题】

82. 下列措施中，有助于降低测量误差的有（　　）。

　　A. 进行多次重复测量取平均值　　　　　B. 改进或选用适宜的测量方法
　　C. 用修正值　　　　　　　　　　　　　D. 进行严格的实验环境条件控制

解析： 进行多次重复测量取平均值，可降低随机误差。A 正确。改进或选用适宜的测量方法，可以降低系统误差，B 正确。修正是对估计的系统误差的补偿，所有用修正值可以降低系统误差，C 正确。温湿度也可以产生系统误差，进行严格的实验环境条件控制，可以降低系统误差。D 正确。

【2020 真题】

83. 用游标卡尺对一个标称值为 x 的量块进行测量，测得值为 x_Q，则对测量误差的表示正确的有（　　）。

　　A. $x_Q - x$　　　　　　　　　　　　　B. $|x_Q - x|$
　　C. $(x_Q - x)/x$　　　　　　　　　　　D. $|x_Q - x|/x$

解析： 测得值为 x_Q（即测量值），标称值为 x（真值），绝对误差是指测量值与真值间的差异，$\Delta X_i = x_Q - x$；相对误差是指绝对误差与真值的比值，即 $x_Q - x/x$，正确为 AC。

【2019 真题】

84. 以下关于数值修约的描述，正确的有（　　）。

A. 将 12.500 修约到个位数，结果是 12

B. 0.001230 的有效数字位数为 3 位

C. 对 97.46 进行间隔为 1 的修约，结果应为 98

D. 对小数位不相同的两个数字进行加减运算，结果的小数点保留位数应以小数位少的数字为依据

解析： B 选项正确有效数字为 4 位，C 选项正确结果应为 97。

【2018 真题】

85. 测量不确定度与测量方法有关，测量方法应包括：（　　）。
   A. 测量原理　　　　　　　　　　B. 测量仪器
   C. 被测量值的大小　　　　　　　D. 测量程序
   E. 数据处理方法

解析：测量结果的不确定度表示在重复性或复现性条件下被测量之值的分散性，因此，测量不确定度仅与测量方法有关，而与具体测量的数值大小无关。测量方法应包括测量原理、测量仪器、测量环境条件、测量程序、测量人员以及数据处理方法等。测量结果的误差仅与测量结果以及真值有关，而与测量方法无关。

【2018 真题】

86. 表示数据离散程度的特征量有（　　）。
   A. 平均值　　　　　　　　　　　B. 极差
   C. 标准偏差　　　　　　　　　　D. 变异系数

解析：极差可以粗略地说明数据的离散程度，既可以表征精密度，也可以用来估算标准偏差，所以 B 正确；标准差是对同一被测量进行 n 次测量，表征结果分散性的量，所以 C 正确；变异系数又称离散系数，是概率分布离散程度的一个归一化的量度，所以 D 正确。

【2018 真题】

87. 测量不确定度是按照评定方法分（　　）。
   A. A 类不确定度　　　　　　　　B. B 类不确定度
   C. 标准不确定度　　　　　　　　D. 扩展不确定度

解析：测量不确定度按照评定方法分为标准不确定度和扩展不确定度。标准不确定度又分为 A、B 及合成标准不确定度。

【2021 真题】

88. 下列不确定度的表示中，形式正确的是（　　）。
   A. $U_{95} = 1\%$（$v_{\text{eff}} = 9$）　　　B. $U = 1\text{mm}$（$k = 2$）
   C. $u_c = 0.5\%$　　　　　　　　D. $U = \pm 0.5\%$（$k = 1$）

解析：测量不确定度：根据所用到的信息，表征赋予被测量量值分散性的非负参数。D 选项错误。

【2020 真题】

89. 测量误差按照性质分为（　　）。
   A. 绝对测量误差　　　　　　　　B. 最大允许测量误差
   C. 系统测量误差　　　　　　　　D. 随机测量误差

解析：根据误差产生的原因，按照误差的性质，可以把测量误差分为系统误差、过失误差和随机误差。

【2021 真题】

90. 检测得到的测定值或其计算值要与给定的极限数值进行比较，常用的比较方法有（ ）。

A. 直接比较法
B. 计算比较法
C. 全数值比较法
D. 修约值比较法

解析：在判定测定值或计算值是否符合标准要求时，应将测试所得的测定值或其计算值与标准规定的极限数值作比较，比较的方法可采用全数值比较法、修约值比较法。

【2019 真题】

91. 下列有关测量不确定度应用的描述，正确的有（ ）。

A. 测量不确定度用于表征测量结果的分散性，可直接用于测量结果的修正
B. 测量不确定度影响测量结果的合格判断
C. 测量不确定度越大表明测量结果偏离真值越远
D. 测量不确定度可根据试验、资料、经验等信息进行评定，是可以定量操作的

解析：A 选项错误，不确定度不能直接用于修正。C 选项错误，误差代表偏离，不确定代表分散性。

【2019 真题】

92. 测定值或其计算值与规定的极限数值的比较方法有（ ）。

A. 全数值比较法 B. 修约值比较法 C. 平均值比较法 D. 差值比较法

解析：极限数值比较的方法：全数值比较法和修约值比较法。

【2020 真题】

93. 以下属于 B 类测量不确定度的信息来源的是（ ）。

A. 仪器厂家提供的技术说明文件
B. 校准证书、检定证书或其他文件提供的测量仪器计量性能信息
C. 由试验得到的被测量的观测列统计分析的结果
D. 手册或某些资料给出的参考数据及其不确定度

解析：B 类评定依据：可靠的说明书、检定书（检验证书）、测试报告等技术资料，测试人员的个人技术经验和知识。

【2023 真题】

94. 关于测量误差和测量不确定度，说法正确的有（ ）。

A. 测量误差与测量不确定度在数值上没有确定关系
B. 测量误差可以为负值，而测量不确定度为非负值
C. 测量误差和测量不确定度均可以用于测量结果的修正
D. 测量误差是个具体的值，而测量不确定度表示一个区间

解析：测量误差可以用于测量结果的修正，测量不确定度不可用于测量结果的修正

【2023 真题】

95. 对某样品质量 m_s 进行多次重复测量得到的平均值为 30.0124g，若测量过程的合成标准不确定度 $u_c(m_s) = 0.3$mg，取包含因子 $k=2$，则以下表示的测量结果中正确的有（　　）。

A. $m_s = 30.0124$g；$U = 0.6$mg，$k = 2$

B. $m_s = (30.0124 \pm 0.0006)$ g，$k = 2$

C. $m_s = 30.0124$g；$u_c(m_s) = 0.3$mg

D. $m = 30.0124$g；$u_c(m_s) = 0.3$mg，$k = 1$

解析： 用合成不确定度表示，不需要给出 k 值，D 选项错误。

【2024 真题】

96. 某标准中给出的极限数值为 500Ω（1±5%）（不含 5%），下列检测结果中满足该标准的是（　　）。

A. 475Ω　　　　B. 476Ω　　　　C. 524Ω　　　　D. 525Ω

解析： 题干中 500Ω（1±5%）（不含 5%），指实测或其计算值 R（Ω）对于 500Ω 的相对偏差值（$R-500$）/500] 从 -5% 到接近但不足 +5% 符合要求。经过计算只有 D 选项不符合要求。

【2024 真题】

97. 下列因素中，可能产生测量误差的有（　　）。

A. 测量仪器不准确　　　　　　　　B. 测量方法不完善

C. 环境条件不稳定　　　　　　　　D. 操作人员水平不高

解析： 以上选项都可能产生测量误差。

【2024 真题】

98. 对误差概念理解正确的是（　　）。

A. 误差是测得值与参考值的差

B. 误差包括系统误差和随机误差等

C. 误差由测量过程的误操作引起

D. 误差既可以为正值也可以为负值

解析： 误差的产生原因较多，C 选项说法不全面。

【2024 真题】

99. 测量不确定度的来源包括（　　）等。

A. 被测量的定义不完善

B. 复现被测量的测量方法不理想

C. 测量仪器的计量性能的局限性

D. 对环境参数的测量与控制不完善

解析： 测量中，可能导致测量不确定度的因素很多，主要来源如下：

(1) 被测量的定义不完整。如测量烘箱的温度，不同位置烘箱的温度是不同的，当要求测温的准确度较高时，需给出明确定义。

(2) 复现被测量的测量方法不理想。

(3) 取样的代表不够，即被测样本不能完全代表所定义的被测量。

(4) 对测量过程受环境影响的认识不恰如其分，或对环境参数的测量与控制不完善。

(5) 对测量仪表的读数存在人为的偏倚。由于观测者的读数习惯和位置的不同，也会引入与观测者有关的不确定分量。

(6) 测量仪器的计量性能（如灵敏度、鉴别力阈、分辨力、死区及稳定性等）的局限性。

(7) 测量标准或标准物质的不确定度。通常的测量是将被测量与测量标准或标准物质所提供的标准测量值进行比较而实现的，因此测量标准或标准物质所提供标准测量值的不确定度将直接影响测量结果。

(8) 引用的数据或参数的不确定度。物理学常数，以及某些材料的特性参数，例如密度线膨胀系数等均可由各种手册得到，这些数值的不确定度同样是测量不确定度的来源之一。

(9) 测量方法和测量程序的近似和假设。例如：用于计算测量结果的计算公式的近似程度等所引入的不确定度。

(10) 在相同条件下被测量在复现观测中的变化。

答案： 1. B 2. C 3. C 4. C 5. A 6. C 7. B 8. D 9. D 10. D 11. A 12. B 13. D 14. A 15. B 16. C 17. C 18. A 19. B 20. A 21. B 22. D 23. A 24. B 25. A 26. C 27. C 28. D 29. D 30. B 31. B 32. A 33. B 34. D 35. C 36. D 37. C 38. C 39. A 40. B 41. A 42. A 43. D 44. D 45. C 46. A 47. A 48. B 49. B 50. B 51. B 52. A 53. A 54. B 55. A 56. B 57. B 58. B 59. B 60. B 61. B 62. A 63. A 64. B 65. A 66. A 67. A 68. A 69. B 70. B 71. B 72. B 73. A 74. B 75. B 76. B 77. A、B、D 78. A、C 79. A、D 80. A、C 81. A、B、C 82. A、B、D 83. A、C 84. A、D 85. A、B、D、E 86. B、C、D 87. C、D 88. A、B、C 89. C、D 90. C、D 91. B、D 92. A、B 93. A、B、D 94. A、B、D 95. A、C 96. A、B、C 97. A、B、C、D 98. A、B、D 99. A、B、C、D

第九章　能力验证

一、单项选择题

【2020 真题】

1. （　　）是指依据预先制定的准则，采用检验检测机构间比对的方式，评价参加者的能力。

   A. 比对试验　　　　B. 测量审核　　　　C. 能力验证　　　　D. 计量检定

   解析：能力验证是指利用实验室间比对，按照预先制定的准则评价参加者的能力。

【2021 真题】

2. （　　）是指按照预先规定的条件，由两个或多个实验室对相同或类似的物品进行测量或检测的组织、实施和评价。

   A. 测量审核　　　　　　　　　　　B. 实验室内比对
   C. 校准　　　　　　　　　　　　　D. 实验室间比对

   解析：实验室间比对是按照预先规定的条件，由两个或多个实验室对相同或类似检测物品进行检测的组织、实施、评价。

【2019 真题】

3. 下列关于能力验证离群结果的说法不正确的是（　　）。

   A. 离群结果也就是不满意结果
   B. 结果离群不能直接判定该机构此项能力不具备
   C. 结果离群证明误差超过了对应标准允许的范围
   D. 单次比对试验离群只能表明试验室偶尔偏离了正常的能力状态

   解析：
   第一类，离群值是明显错误的结果，如单位错误、小数点错误或错报为其他能力验证结果，应予剔除，单独处理。这些结果不再计入离群值检验或稳健统计分析。

【2018 真题】

4. 能力验证是指利用（　　），按照预先制定的准则评价参加者能力的活动。

   A. 实验室间比对　　B. 人员比对　　　　C. 监督检查　　　　D. 仪器设备比对

解析：能力验证是指利用实验室间比对，按照预先制定的准则评价参加者能力的活动，实际上它是为确保实验室维持较高的校准和检测水平而对其能力进行考核、监督和确认的一种验证活动。

【2019 真题】

5. 当利用测量审核对实验室的能力进行判定时，可利用 E_n 值进行判定，下列说法正确的是（　　）。

　　A. $|E_n| \leq 1.0$ 为满意结果　　　　　　B. $|E_n| \leq 2.0$ 为不满意结果

　　C. $|E_n| \geq 1.0$ 为不满意结果　　　　　　D. $|E_n| \geq 2.0$ 为满意结果

解析：$|E_n| \leq 1$ 满意结果；$|E_n| > 1$ 不满意结果。

【2023 真题】

6. 根据《合格评定 能力验证的通用要求》（GB/T 27043—2012），实验室参加能力验证计划结果 z 比分数为 2.6，表明其能力为（　　）。

　　A. 满意　　　　　　　　　　　　　B. 有问题

　　C. 可疑　　　　　　　　　　　　　D. 不满意

解析：能力验证结果评价。

（1）专家公议：是评价性检测结果的主要途径。

（2）数值统计判定：

$|z| \leq 2$ 满意；

$2.0 |z| \geq 3$ 不满意或离群；

$|E_n| \leq 1.0$ 满意；$|E_n| > 1.0$ 不满意；

利用参加能力验证计划的结果来对实验室的能力进行判定时，通常不做出合格与否的结论，而是使用"满意""不满意"或"离群"的概念。

【2023 真题】

7. 根据《合格评定 能力验证的通用要求》（GB/T 27043—2012），通常情况下，由于参加者逐渐熟悉能力验证计划或者方法得到改进，实验室间标准差会随时间而（　　）。

　　A. 增大　　　　　　　　　　　　　B. 保持稳定

　　C. 减小　　　　　　　　　　　　　D. 明显波动

解析：略。

【2023 真题】

8. 在进行能力验证时，按以下方法确定的指定值中，不确定度相对最小的是（　　）。

　　A. 已知值　　　　　　　　　　　　B. 有证参考值

　　C. 由专家参加者确定的公议值　　　　D. 由参加者确定的公议值

解析：已知值不确定度最小，由参加者确定的公议值不确定度值最大。

【2023 真题】

9. 在进行能力验证时，若采用 E_n 值作为统计量，则以下结果可判定为满意的是（　　）。

A. $E_n = -2$　　　　B. $E_n = -1$　　　　C. $E_n = 3$　　　　D. $E_n = 2$

解析：$|E_n| \leq 1.0$ 满意；$|E_n| > 1.0$ 不满意。

【2024 真题】

10. 根据《合格评定　能力验证的通用要求》（GB/T 27043—2012），下列指定值的确定方法中，不确定度最大的是（　　）。

A. 已知值　　　　　　　　　　　　　　B. 有证参考值

C. 由参加者确定的公议值　　　　　　　D. 由专家参加者确定的公议值

解析：已知值不确定度最小，由参加者确定的公议值不确定度值最大。

【2024 真题】

11. 在一轮能力验证活动中，实验室 A 的检测值为 3.2mm，能力评估的指定值为 2.0mm，能力评定标准差为 0.6mm，若利用 z 比分数法进行判定，则实验室 A 的能力验证结果为（　　）。

A. 满意　　　　B. 离群　　　　C. 不满意　　　　D. 有问题

解析：(3.2−2.0) /0.6＝2，$|z| \leq 2$，满意。

二、判断题

【2019 真题】

12. 能力验证是用于特定目的的实验室内部比对。

A. 正确　　　　　　　　　　　　B. 错误

解析：能力验证是用于特定目的的实验室间比对。

【2019 真题】

13. 能力验证用的样品应进行均匀性和稳定性分析。

A. 正确　　　　　　　　　　　　B. 错误

解析：对于能力验证物品，应建立合适的均匀性和稳定性判定准则。

【2021 真题】

14. 测量审核是能力验证的一种特殊方式，不能作为测量仪器量值溯源的依据。

A. 正确　　　　　　　　　　　　B. 错误

解析：测量审核是能力验证的一种特殊形式。它是将一个参加实验室对被测物品（材料或制品）的测量结果与参考值进行比较，并按预定准则进行评价的活动。测量审核有时也称一对一能力验证计划。不能作为量值溯源的依据。

第九章 能力验证

【2023 真题】

15. 根据《合格评定能力验证的通用要求》（GBV/T 27043—2012），能力验证提供者可向顾问、专家或指导小组寻求建议和帮助，也可将能力验证计划的策划工作分包。

　　A. 正确　　　　　　　　　　　　B. 错误

　　解析：前半句正确，但能力验证提供者不应将能力验证计划的策划工作分包。

【2024 真题】

16. 根据《合格评定 能力验证的通用要求》（GB/T 27043—2012），能力验证提供者可向顾问、专家或指导小组寻求建议和帮助，但不可将能力验证计划的策划工作分包。

　　A. 正确　　　　　　　　　　　　B. 错误

　　解析：能力验证提供者不应将能力验证计划的策划工作分包；能力验证提供者可向顾问、专家或指导小组寻求建议和帮助。

【2024 真题】

17. 一轮能力验证计划中，用 z 比分数评定实验室的能力，当 $2.0 \leqslant |z| \leqslant 3.0$ 时，实验室结果为有问题。

　　A. 正确　　　　　　　　　　　　B. 错误

　　解析：数值的统计判定：

　　$|z| \leqslant 2.0$ 满意结果

　　$2.0 < |z| < 3.0$ 有问题

　　$|z| \geqslant 3.0$ 不满意或离群的结果

【2024 真题】

18. 根据《合格评定 能力验证的通用要求》（GB/T 27043—2012），应基于不均匀性和不稳定性对参加者能力评定可能产生的影响，建立合适的均匀性和稳定性判定准则。

　　A. 正确　　　　　　　　　　　　B. 错误

　　解析：能力验证计划实施步骤中：均匀性和稳定性，给予不均匀性和不稳定性对参加者能力评定可能产生的影响。建立合适的均匀性和稳定性判定准则。均匀性评定通常应在能力验证物品被包装成最终形式之后、分发给参加者之前进行，除非不可行，例如稳定性研究表明必须以散装的方式来保存。

【2024 真题】

19. 有时某些实验室出具的数据，在能力验证计划结果评价时可评定为不满意结果，但可能仍在其相关标准规定的允许误差范围内。

　　A. 正确　　　　　　　　　　　　B. 错误

　　解析：有时，某些实验室出具的数据，在能力验证计划中为离群结果，但可能仍在其相关标准规定的允差范围之内，鉴于此，利用参加能力验证计划的结果来对实验室的能力进行判定时，通常不作出"合格"与否的结论，而是使用"满意/不满意"或"离群"的概念。

三、多项选择题

【2020 真题】

20. 关于能力验证，以下说法正确的有（   ）。
   A. 能力验证按照参加者上报的测量数据分布情况制定评价准则
   B. 能力验证的目的是验证实验室从事特定测试活动的技术能力
   C. 能力验证结果离群是指参加者的测量结果明显大于标准值
   D. 测量审核是能力验证的一种形式

   解析：能力验证是指利用实验室间比对，按照预先制定的准则评价参加者能力的活动，实际上它是为确保实验室维持较高的校准和检测水平而对其能力进行考核、监督和确认的一种验证活动。故 A 错。离群值是明显错误的结果，如单位错误、小数点错误或错报为其他能力验证结果，应予剔除，单独处理。这些结果不再计入离群值检验或稳健统计分析。故 C 错。

【2021 真题】

21. 能力验证计划应包括对验证物品（   ）的要求。
   A. 生产   B. 质量控制
   C. 储存   D. 分发

   解析：实验室能力验证计划包括以下内容：
   （1）能力验证提供者的名称和地址。
   （2）协调者以及参与设计和实施验证计划的这些专家的姓名和地址。
   （3）验证计划的性质和目的。
   （4）参加计划应满足的条件。
   （5）能力验证计划预期的参加者数量和类型。
   （6）所选定的被测量或特性包括参加者需要鉴别、测量或检测的有关信息。
   （7）对能力验证物品预期的量值范围或特性的描述。
   （8）所提供能力验证领域中设计的潜在的主要错误来源。
   （9）对能力验证物品生产、质量控制、存储、分发的要求。
   （10）合理防范参加者串通或伪造结果的措施，以及当怀疑串通或伪造时可执行的程序。
   （11）参将提供给参加者的信息描述，以及能力验证计划各阶段时间表。
   （12）参加者准备检测材料以及进行检测或测量所采用的方法或程序的有关信息。
   （13）用于能力验证物品均匀性和稳定性检验的检测或测量方法的程序，必要时确定其生物活性。
   （14）为参加者准备的所有标准化的结果报告格式。
   （15）所有指定值的来源、计量溯源性和测量不确定度。
   （16）所用统计分析的详细描述。
   （17）参加者能力评价的准则。

(18) 返回给参加者的数据、中期报告或信息的描述。

(19) 参加者结果和根据能力验证计划结果所做结论的公布范围描述。

(20) 能力验证物品丢失或损坏时应采取的措施。

【2018 真题】

22. 能力验证是指利用实验室间比对来确认实验室检测/校准能力的活动，实验室维持较高的检测/校准水平而对其能力进行（　　）的一种验证活动。

A. 考核　　　　　　B. 认证　　　　　　C. 监督　　　　　　D. 确认

解析：能力验证是指利用实验室间比对，按照预先制定的准则评价参加者能力的活动，实际上它是为确保实验室维持较高的校准和校测水平而对其能力进行考核、监督和确认的一种验证活动。

【2019 真题】

23. 采用 z 比分数进行能力验证结果的评价时，下列描述正确的有（　　）。

A. $|z|<2.0$ 满意结果　　　　　　　　B. $|z|\leq 2.0$ 满意结果

C. $|z|\geq 3.0$ 不满意或离群的结果　　D. $|z|>3.0$ 不满意或离群的结果

解析：$|z|\leq 2.0$ 满意结果；$2.0<|z|<3.0$ 有问题；$|z|\geq 3.0$ 不满意或离群的结果。

【2020 真题】

24. 关于能力验证，以下说法正确的有（　　）。

A. 能力验证以实验室间指定检测数据的比对结果为主要依据

B. 能力验证的目的是验证实验室从事特定测试活动的技术能力

C. 能力验证结果离群是指参加者的测量结果明显大于标准值

D. 测量审核是能力验证的一种形式

解析：离群值是明显错误的结果，如单位错误、小数点错误或错报为其他能力验证结果，应予剔除，单独处理。这些结果不再计入离群值检验或稳健统计分析。故 C 错。

【2019 真题】

25. 能力验证活动的基本类型有（　　）。

A. 定性的　　　　　　　　　　　　　B. 定量的

C. 解释性的　　　　　　　　　　　　D. 复现性的

解析：能力验证活动的基本类型有定性的、定量的和解释性的。

【2024 真题】

26. 根据《合格判定 能力验证的通用要求》（GB/T 27043—2012）在能力验证中，采用统计方法进行能力评定，下列结果表面能力"满意"的是（　　）。

A. $|z|\leq 2.0$　　　　　　　　　　　B. $|E_n|\leq 1.0$

C. $|z|\geq 3.0$　　　　　　　　　　　D. $|E_n|>1.0$

解析：数值的统计判定：

$|z| \leq 2.0$ 满意结果

$2.0 < |z| < 3.0$ 有问题

$|z| \geq 3.0$ 不满意或离群的结果

利用测量审核对实验室的能力进行判定时，可利用 E_n：$|E_n| \leq 1.0$ 满意结果；$|E_n| > 1.0$ 不满意结果。

【2024 真题】

27. 根据《合格评定 能力验证的通用要求》（GB/T 27043—2012），能力验证的主要目的包括（　　）。

A. 识别实验室间的差异

B. 增加实验室客户的信心

C. 识别实验室存在的问题并启动改进措施

D. 评定实验室从事特定检测或测量的能力

解析：（1）评定实验室从事特定检测或测量的能力及监视实验室的持续能力。

（2）识别实验室存在的问题并启动改进措施，这些问题可能与诸如不适当的检测或测量程序、人员培训和监督的有效性、设备校准等因素有关。

（3）建立检测或测量方法的有效性和可比性。

（4）增加实验室用户的信心。

（5）识别实验室间的差异。

（6）根据比对的结果，帮助参加实验室提高能力。

（7）确认实验室声称的不确定度。

（8）评估某种方法的性能特征——通常称为协作试验。

（9）用于标准物质/标准样品赋值，以及评定其应用于特定检测或测量程序中使用时的适用性。

（10）支持由国际计量局（BIPM）及其相关区域计量组织，通过"关键比对"及辅助比对所达成的国家计量院间测量等效性的声明。能力验证包含以上10类活动，通常不从事最后（8）、（9）、（10）三种活动。

【2024 真题】

28. 根据《合格评定 能力验证的通用要求》（GB/T 27043—2012），能力验证中能力评定标准差的确定方法包括（　　）。

A. 由某个实验室报告的结果确定

B. 由精密度试验得到的结果确定

C. 由同一轮能力验证计划参加者报告的结果确定

D. 根据能力验证的目标和目的，由专家判定或法规规定

解析：在 ISO 13528 中，能力评定标准差可以采取下列方法确定：根据能力验证的目标和目的，有专家判定或法规规定（规定值）；根据以前能力验证得到的估计值或由经验得到

的预期值（经验值）；统计模型得到的估计值（一般模型）；由精密度试验得到的结果；由参加者结果得到的传统标准差或稳健标准差。在报告中列表给出计算的 z 比分数，并依据这些 z 比分数来评定实验室的能力。

答案： 1. C 2. D 3. A 4. A 5. A 6. B 7. C 8. A 9. B 10. C 11. A 12. B 13. A 14. A 15. B 16. A 17. B 18. A 19. B 20. B、D 21. A、B、C、D 22. A、C、D 23. B、C 24. A、B、D 25. A、B、C 26. A、B 27. A、B、C、D 28. B、D

第十章 统计技术和抽样技术

一、单项选择题

【2018 真题】

1. 当生产量较大时,检查批量生产的产品一般用( )方法。
   A. 全数检查　　　　　　　　B. 统计检查
   C. 抽样检查　　　　　　　　D. 随机抽查

解析:检验可分为全数检验和抽样检验两大类。全数检验是对一批产品中的每一个产品进行检验,从而判断该批产品质量状况;抽样检验是从一批产品中抽出少量的单个产品进行检验,从而推断该批产品质量状况。全数检验较抽样检验可靠性好,但检验工作量非常大,往往难以实现;抽样检验方法以数理统计学为理论依据,具有很强的科学性和经济性,工程中的大部分检测,只能采用抽样检验方法。

【2018 真题】

2. 以下不属于常见随机变量的概率分布类型的是( )。
   A. 均匀分布　　B. 正态分布　　C. N 分布　　D. t 分布

解析:常见随机变量的概率分布:均匀分布、正态分布、t 分布。

【2018 真题】

3. 直方图从分布类型上可分出正常型和( )。
   A. 标准型　　B. 异常性　　C. 平顶型　　D. 折齿型

解析:作完频数直方图后,可以从图形判断工程质量是否正常,直方图从分布类型上可以分为正常型和异常型。

【2020 真题】

4. 由 100 个测量人员在同一测量环境下、用同一测量器具测量同一样品,其频率分布可近似为( )
   A. 泊松分布　　B. 均匀分布　　C. 梯形分布　　D. 正态分布

解析:略。

【2020 真题】

5. 在 N 次重复试验中，若随机事件 A 出现的次数为 N_x，则随机事件 A 出现的概率 P_x 为（　　）。

A. N_x/N　　　　　　　　　　　B. N/n_x

C. $\lim(n_x/N)$　　　　　　　　D. $(n_x/X) \times 100\%$

解析：在 N 次的重复试验中，若随机事件 A 出现了 N_x 次，则随机事件 A 出现的频率为 N_x/N。实践证明，当试验次数逐渐增大时，频率 在某一定值 P 附近摆动。这一性质为频率的稳定性。摆动中心 P 值的大小就是衡量事件 A 出现可能性大小的量。由于频率的稳定性，因此可把频率的摆动中心 P 作为事件 A 的概率 P_x 的值。这种方法定义的概率称为统计概率。所以概率也为 N_A/N。

【2018 真题】

6. 一批 10000 件的样本中，任意抽取 100 件，这种抽样方式属于（　　）。

A. 分层抽样　　　　　　　　　　B. 简单随机抽样

C. 系统抽样　　　　　　　　　　D. 整群抽样

解析：简单随机抽样也称纯随机抽样，对于大小为 N 的总体，抽样样本量为 n 的样本，若全部可能的样本被抽中的概率都相等，则称这样的抽样为简单随机抽样。

【2019 真题】

7. 常用的简单随机抽样的两种方法是（　　）。

A. 重复抽样和不重复抽样　　　　B. 系统抽样和分层抽样

C. 交叉抽样和成对抽样　　　　　D. 抽签法和随机数法

解析：简单随机抽样抽取，通常有两种方法：抽签法和随机数法。

【2018 真题】

8. 随机抽样的基本要求是严格遵守（　　）。

A. 准确性原则　　B. 随机性原则　　C. 代表性原则　　D. 可靠性原则

解析：简单随机抽样也称纯随机抽样对于大小为 N 的总体，抽样样本量为 a 的样本，若全部可能的样本被抽中的概率都相等，则称这样的抽样为简单随机抽样。具体抽样时，根据抽样单位是否放回可分为重复抽样和不重复抽样。

【2021 真题】

9. 系统抽样的抽选方法通常有等距抽样和（　　）两种。

A. 抽签法抽样　　　　　　　　　B. 随机数法抽样

C. 定位系统抽样　　　　　　　　D. 调查抽样

解析：将总体中的抽样单元按一定顺序排列，在规定的范围内随机抽取一个或一组初始单元，然后按照一定规则确定其他样本单元的抽样叫系统抽样。系统抽样分为等距抽样和定位系统抽样。

【2018 真题】

10. 两道单项选择题各有 A、B、C、D 四个选项，全部答对的概率是（　　）。

A. 1/4　　　　　B. 1/8　　　　　C. 1/2　　　　　D. 1/16

解析：设 A=第一道单选答对，B=第二道单选答对，2 道题没有直接联系，所以 A 和 B 为互相独立，因为每道题有 4 个选项，所以单道题而言答对的概率为 1/4，根据公式 $P(AB) = P(A) \cdot P(B) = (1/4) \times (1/4) = 1/16$。

【2020 真题】

11. 在一个 10 次的重复实验中，若随机事件 A 出现了 5 次，则随机事件 A 出现的频率为（　　）。

A. 0.5　　　　　B. 1/5　　　　　C. 1/10　　　　　D. 0.2

解析：频率即各组频数与总体单位总和之比，它反映了各组频数的大小对总体所起的作用的相对强度。在 n 次试验中，事件 A 出现 n_A 次，则称值 n_A/n 为事件 A 在这次试验中出现的频率，记以 $f_n(A)$，即：$f_n(A) = n_A/n$。式中：n_A 为频数。

【2021 真题】

12. 对被测量对象进行了 5 次独立重复测量，得到以下测量值：0.31mm、0.32mm、0.30mm、0.35mm、0.32mm，被测量的最佳估计值是（　　）。

A. 0.31mm　　　　B. 0.32mm　　　　C. 0.33mm　　　　D. 0.34mm

解析：依据《测量不确定度评定和表示》（GB/T 27418—2017）4.2.1 规定在大多数情况下，随机变量的期望值的最佳估计值是 n 次独立观测值的算术平均值或均值，其中 n 个独立观测值是在相同测量条件下得到。经计算，算术平均值=0.32。

【2020 真题】

13. （　　）是通过对数据的加工处理，从而分析和掌握质量数据的分布和估算工序不合格品率的一种数理统计方法。

A. 调查表　　　　B. 分层法　　　　C. 因果图　　　　D. 直方图

解析：直方图是通过对数据的加工处理，从而分析和掌握质量数据的分布和估算工序不合格品率的一种方法。直方图有频数直方图和频率直方图两种，其中以频数直方图使用较多。

【2020 真题】

14. 将总体中的抽样单元按一定顺序排列，在规定范围内随机抽取一个或一组初始单元，然后按照一定规则确定其他样本单元的抽样叫（　　）。

A. 简单随机抽样　　　　　　　　B. 系统抽样
C. 多阶段抽样　　　　　　　　　D. 整群抽样

解析：系统抽样：将总体中的抽样单元按一定顺序排列，在规定的范围内随机抽取一个或一组初始单元，然后按照一定规则确定其他样本单元的抽样。

【2019 真题】

15. A 和 B 为互斥事件，A 发生的概率是 0.3，B 发生的概率是 0.5，则 A+B 发生的概率是（　　）。

A. 0.8　　　　　　B. 0.3　　　　　　C. 0.15　　　　　　D. 0.5

解析：若事件 A 发生，事件 B 一定不发生；反之，事件 B 发生，事件 A 一定不发生，即 A、B 两事件不同时发生，称 A 与 B 不相容，也成为互斥事件。对于互斥事件 A 与 B，它们和的概率等于 A、B 两事件的和，即：$P(A+B) = P(A) + P(B) = 0.3+0.5 = 0.8$。

【2021 真题】

16. A 和 B 为两个独立事件，A 单独发生的概率是 0.6，B 单独发生的概率是 0.3，则 A 和 B 同时发生的概率是（　　）。

A. 0.18　　　　　　B. 0.3　　　　　　C. 0.9　　　　　　D. 0.45

解析：对于两个独立事件 A 与 B 之和的概率（同时发生的概率），等于 A、B 单独发生的概率的乘积，即：$P(AB) = P(A) \times P(B) = 0.6 \times 0.3 = 0.18$。

【2018 真题】

17. 从 10 个编号为 1~10 的球中任意抽取一个，取得的编号值能被 2 或 3 整除的概率为（　　）。

A. 1/2　　　　　　B. 3/10　　　　　　C. 7/10　　　　　　D. 1/10

解析：能被 2 或 3 整除的数字为 2、3、4、6、8、9、10，共 7 个，概率为 7/10。

【2023 真题】

18. 若事件 A 的发生不影响事件 B 的发生，关于概率的等式，成立的是（　　）。

A. $P(A+B) = P(A) + P(B)$　　　　　　B. $P(AB) = P(A) + P(B)$

C. $P(AB) = P(A)P(B)$　　　　　　D. $P(AB) = 0$

解析：若事件 A 的发生不影响 B 的发生，则称事件 A 与 B 相互独立。$P(AB) = P(A) \cdot P(B)$。

【2023 真题】

19. 在 N 次的重复试验中，若随机事件 A 出现了 n_A 次，则随机事件 A 出现的概率为（　　）。

A. n_A/N　　　　　　B. N/n_A

C. $\lim (n_A/N)\ N \to \infty$　　　　　　D. $(n_A/N) \times 100\%$

解析：在 N 次的重复试验中，若随机事件 A 出现了 n_A 次，则随机事件 A 出现的频率为 n_A/N。实践证明，当试验次数逐渐增大时，频率在某一定值 P 附近摆动。这一性质为频率的稳定性。摆动中心 P 值的大小就是衡量事件 A 出现可能性大小的量。由于频率的稳定性，因此可把频率的摆动中心 P 作为事件 A 的概率 $P(A)$ 的值。这种方法定义的概率称为统计概率。所以概率也为 n_A/N。

【2024 真题】

20. 批是指按照抽样的目的，在（　　）条件下组成总体的一个确定部分。

A. 特定　　　　　　　　　　　　　B. 完全不同

C. 基本相同　　　　　　　　　　　D. 基本不同

解析：批是指按照抽样的目的，在基本相同条件下组成总体的一个确定部分；例如：抽样目的可以是判定批的可接受性，或是估计某特定特性的均值。

【2024 真题】

21. 如果事件 A 和事件 B 互相独立，事件 A 发生的概率为 $P(A)=0.2$，事件 B 发生的概率为 $P(B)=0.4$，则事件 A 和事件 B 同时发生的概率 $P(AB)$ 为（　　）。

A. 0.08　　　　B. 0.2　　　　C. 0.3　　　　D. 0.6

解析：独立事件 $P(AB)=P(A) \cdot P(B)=0.2 \times 0.4=0.08$。

【2024 真题】

22. 从样本数据频数直方图的图形可以判断工程质量是否正常，出现孤岛型频数直方图的原因主要是（　　）。

A. 数据分组太多　　　　　　　　　B. 收集数据不正常

C. 质量特性在某区间中均匀变化　　D. 材料发生变化，测试有误差

解析：判断质量分布状态，分为正常型和异常性。

（1）正常型：中间高，两边低，左右对称，呈正态分布。

（2）异常型直方图有以下几种类型。

a. 孤岛型，直方图两边出现孤立小岛。造成原因如材料发生变化，测试有误差等。

b. 双峰型，直方图中出现两个峰，数据采自两个不同分布的总体，此时应加以分层。

c. 折齿型，出现凹凸不平的形状。数据分组太多，测量仪器误差过大等造成，此时应重新收集和整理数据。

d. 陡壁型，直方图向一边倾斜，这是由收集数据不正常所致。

e. 偏态型，当受上、下限的限制时，多发生偏态型。下限受限制时，多发生左偏，上限受限制时，多发生右偏。

f. 平顶型，没有突出的顶峰，呈平顶型，可能由于数据源于多个不同分布的总体，也可能是由于质量特性在某区间中均匀变化所致。

【2024 真题】

23. 对于大小为 N 的总体，抽取 n 个样本，若全部可能的样本被抽中的概率都相等，则此抽样过程称为（　　）。

A. 系统抽样　　　　　　　　　　　B. 整群抽样

C. 等比例抽样　　　　　　　　　　D. 简单随机抽样

解析：简单随机抽样也称纯随机抽样。对于大小为 N 的总体，抽样样本量为 n 的样本，若全部可能的样本被抽中的概率都相等，则称这样的抽样为简单随机抽样。

二、判断题

【2018 真题】

24. 数学期望的均值不是简单的算术平均值,而是以概率为权的加权平均值。

A. 正确　　　　　　　　　　　　　　B. 错误

解析：数学期望是均值这一概念在随机变量上的推广,并不是简单的算术平均值,而是以概率为权的加权平均值。

【2021 真题】

25. 当样本数量 $n \to \infty$ 时,t 分布趋近于均匀分布。

A. 正确　　　　　　　　　　　　　　B. 错误

解析：自由度 $n=\infty$ 时,t 分布曲线为标准正态分布曲线。

【2021 真题】

26. 简单随机抽样的抽选方法包括抽签法和随机数法。

A. 正确　　　　　　　　　　　　　　B. 错误

解析：简单随机抽样具体抽样时,根据抽样单位是否放回分为重复抽样和不重复抽样。简单随机抽样的抽选,通常有两种方法：抽签法和随机数法。

【2021 真题】

27. 随机变量的数学期望即为其算术平均值。

A. 正确　　　　　　　　　　　　　　B. 错误

解析：数学期望是均值这一概念在随机变量上的推广,并不是简单的算数平均值,而是以概率为权的加权平均值。

【2018 真题】

28. 简单随机抽样可以进行重复抽样。

A. 正确　　　　　　　　　　　　　　B. 错误

解析：简单随机抽样也称纯随机抽样。对大小为 N 的总体,抽样样本量为 n 的样本,若全部可能的样本被抽中的概率都相等,则称这样的抽样为简单随机抽样。具体抽样时,根据抽样单位是否放回可分为重复抽样和不重复抽样。

【2020 真题】

29. 随机变量 X 的大小用它的算术平均值来表示,X 的分散程度用方差表示。

A. 正确　　　　　　　　　　　　　　B. 错误

解析：利用分布函数或分布密度函数可以完全确定一个随机变量,但在实际问题中求分布函数或分布密度函数不仅十分困难,而且常常没有必要。例如：测量零件长度得到了一系列的观测值,人们往往只需要知道零件长度这个随机变量的一些特征量就够了。长度的平均值（近似地代表长度的真值）及测量标准（偏）差（观测值对平均值的分散程度）。数学期望是均值这一概念在随机变量上的推广，并不是简单的算数平均值，而是以概率为权的加权平均值。但在许多问题中单用数学期望通常是不够的，往往还要涉及另一类数字特征，它刻化随机变量的取值与其中心位置的偏离程度这一特征。其中最重要的是方差。

【2020 真题】

30. 随机变量的数学期望表示对该随机变量进行无限多次测量所得结果的平均值。

A. 正确　　　　　　　　　　　　　　　B. 错误

解析：数学期望是均值这一概念在随机变量上的推广，并不是简单的算数平均值，而是以概率为权的加权平均值。

【2021 真题】

31. 直方图是一种逐步深入研究和讨论质量问题的图示方法。

A. 正确　　　　　　　　　　　　　　　B. 错误

解析：因果图是一种逐步深入研究和讨论质量问题的图示方法。直方图是分析掌握质量数据分布和估算工序不合格品率的一种方法；分频数和频率直方图两种，频数直方图使用较多。

【2023 真题】

32. 正态分布的标准差越大，其概率密度函数曲线的峰越平缓。

A. 正确　　　　　　　　　　　　　　　B. 错误

解析：从右图以及简单的计算可知，正态分布图形具有下列性质：

(1) $f(x)$ 处处大于零，且具有各阶连续的导数。

(2) $f(x)$ 在 $(-\infty, \mu)$ 区间严格上升，在 $x=\mu$ 处达到最大值 $1/(\sigma\sqrt{2\pi})$，且其大小只取决于标准差 σ。标准差越大，观测值落在 μ 附近的概率越小，意味着测定精度差，观察值也越分散；标准差越小，观测值落在 μ 附近的概率越大，表示观测的精度好，观测值集中；在 $(\mu, +\infty)$ 区间严格下降；在 $x=\mu$ 处有极值点。

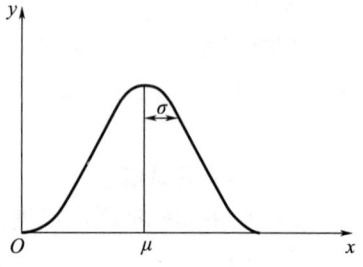

【2024 真题】

33. 通过工程某个技术指标样本的数据频数直方图，可以判断该技术指标质量是否正常。

A. 正确　　　　　　　　　　　　　　　B. 错误

解析：直方图是通过对数据的加工处理，从而分析和掌握质量数据的分布和估算工序不合格品率的一种方法，有频数直方图和频率直方图两种，其中以频数直方图使用较多。

【2024 真题】

34. 正态分布有两个参数：μ 和 σ，决定了正态分布的位置和形态，对于标准正态分布，$\mu = 1$，$\sigma = 0$。

　　A. 正确　　　　　　　　　　　　B. 错误

解析：标准正态分布：$\mu = 0$，$\sigma = 1$。

【2024 真题】

35. 简单随机抽样中的不重复抽样特点是任何一个总体单位不可能在同一样本中重复出现，并且样本构造的估计量的概率分布不相同。

　　A. 正确　　　　　　　　　　　　B. 错误

解析：不重复抽样是每次从总体中随机抽取一个样本单位，经调查观测后，不再将该单位放回总体中参加下一个抽样，然后再在剩下的总体单位中随机抽取下一个样本单位进行调查观测，依次重复这样的步骤，直到从总体中随机抽取 n 个样本单位为止。其特点是任何一个总体单位不可能在同一样本中重复出现，并且样本构造的估计量的概率分布相同。

三、多项选择题

【2018 真题】

36. 标准正态分布图的形状特征有（　　）。

　　A. 中间高　　　B. 两边低　　　C. 对称性　　　D. 均匀态

解析：当 $\mu = 0$，$\sigma = 1$ 时，称为标准正态分布。特征为中间高、两边低、对称性。

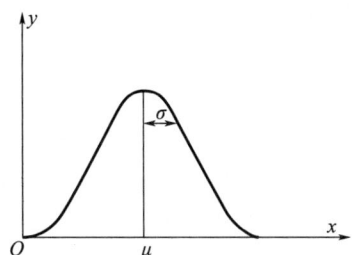

【2018 真题】

37. 质量检验的可靠性与（　　）等因素有关。

　　A. 检验检测手段的科学性　　　　B. 抽样方法的科学性
　　C. 抽样方案的科学性　　　　　　D. 报告编制的科学性

解析：检验的可靠性与以下因素有关：
（1）质量检验手段的可靠性；
（2）抽样检验方法的科学性；
（3）抽样检验方案的科学性。

【2021 真题】

38. 以下关于统计直方图在试验数据分析中的应用，说法正确的有（　　）。

A. 可以从频数直方图的形状判断工程质量是否正常

B. 正常的频数直方图没有突出的顶峰，分布均匀

C. 若直方图出现孤立小岛，可能存在明显的测试误差

D. 若直方图出现凹凸不平形状，应考虑重新收集或整理数据

解析： 作完频数直方图后，可以从图形判断工程质量是否正常，直方图从分布类型上可以分为正常型和异常型。直方图判断质量分布状态：正常型，即中间高两边低，对称，正态分布。

异常型：孤岛型：两边出现孤立小岛，如材料发生变化、测试有误差。

双峰型：数据来自两个不同分布的总体。

折齿型：凹凸不平，数据分组太多、测量仪器误差过大。此时应重新收集和整理数据。

陡壁型：一边倾斜，搜集数据不正常。

偏态型：受界限限制，下限限制左偏，反之右偏。

平顶型：数据源自多个分布的总体；或质量在某区间均匀变化。

【2023 真题】

39. 关于抽样检验的特点，表述正确的有（　　）。

A. 以部分推断总体

B. 检验工作量较全数检验小

C. 以数理统计学为理论依据

D. 抽样方法不影响检验结果的可靠性

解析： 检验可分为全数检验和抽样检验两大类。

全数检验是对一批产品中的每一个产品进行检验，从而判断该批产品质量状况。

抽样检验是从一批产品中抽出少量的单个产品进行检验，从而推断该批产品质量状况。

全数检验较抽样检验可靠性好，但检验工作量非常大，往往难以实现；抽样检验方法以数理统计学为理论依据，具有很强的科学性和经济性，工程中的大部分检测，只能采用抽样检验方法。

【2024 真题】

40. 统计学中，随机变量的数字特征包括（　　）。

A. 方差　　　　　　　　　　　　B. 协方差

C. 数学期望　　　　　　　　　　D. 测量不确定度

解析： 用一些数字来描述随机变量的主要特征，显然十分方便、直观、实用，在概率论和数理统计中就称他们为随机变量的数字特征。这些特征量有数学期望、方差、矩、协方差等。

【2024 真题】

41. 常用数理统计工具有（　　）。

A. 调查表　　　　　B. 分层法　　　　　C. 因果图　　　　　D. 直方图

解析： 常用数理统计工具有：调查表、分层法、因果图、直方图。

答案： 1. C　2. C　3. B　4. B　5. A　6. B　7. D　8. B　9. C　10. D　11. A　12. B　
13. D　14. B　15. A　16. A　17. C　18. C　19. A　20. C　21. A　22. D　23. D　24. A　25. B　
26. A　27. B　28. A　29. B　30. B　31. B　32. A　33. A　34. B　35. B　36. A、B、C　
37. B、C　38. A、C、D　39. A、B、C　40. A、B、C　41. A、B、C、D

第十一章　仪器设备使用管理

一、单项选择题

【2020 真题】

1. "查明和确认测量仪器符合法定要求的活动"属于（　　）。

A. 鉴定　　　　　　　　　　　　B. 标定

C. 校准　　　　　　　　　　　　D. 检定

解析：检定是查明和确认测量仪器是否符合法定要求的程序，它包括检查、加标记和（或）出具检定证书。

【2019 真题】

2. 需要重点开展期间核查的仪器设备一般不包括（　　）。

A. 使用非常频繁的仪器设备

B. 经常携带到现场检测的仪器设备

C. 在恶劣环境下使用的仪器设备

D. 性能稳定的仪器设备

解析：期间核查的重点测量设备有：

（1）仪器设备性能不稳定，漂移率大的。

（2）使用非常频繁的。

（3）经常携带到现场检测的。

（4）在恶劣环境下使用的仪器设备。

（5）曾经过载或怀疑有质量问题的等。

（6）因设备使用频率较低，校准周期长于校准规范规定的时间。

【2019 真题】

3. 对试验检测用仪器设备自校准的理解正确的是（　　）。

A. 自校准是一种有效的量值溯源活动

B. 自校准也就是内部校准

C. 一般情况下自校准不是一种有效的量值溯源活动

D. 自校准合格的就可以贴合格设备标签

解析：自校准：一般是利用测量设备自带的校准程序或功能或设备厂商提供的没有溯源证书的标准样品进行的校准活动，通常情况下，自校准不是有效的量值溯源活动，但特殊领域另有规定除外。内部校准和自校准是不同的术语。

【2020 真题】

4. 关于仪器检定和校准，以下说法正确的是（ ）。
A. 检定不一定要依据计量检定规程，也可采用其他方法
B. 校准证书不会给出仪器合格或达到什么级别的结论
C. 经检定合格的仪器可以直接在检测工作中使用，无须确认
D. 仪器取得了第三方计量机构的校准证书，表明仪器是合格的

解析：计量检定的依据是检定规程。故 A 错。检定合格应进行计量确认，故 C 错，校准并不给出合格与否的结论，故 D 错。B 正确。

【2021 真题】

5. 从某型号烘箱的校准证书上可以查到标称温度为100℃时，温度偏差为-2.2℃，该烘箱要达到100℃的工作温度设定值应为（ ）℃。
A. 100   B. 102.2   C. 97.8   D. 101.1

解析：标称温度为100℃时，温度偏差为-2.2℃，实际温度为100-2.2=97.8℃。要达到100℃的工作温度设定值应为 100+2.2=102.2℃。

【2021 真题】

6. 用人体秤测量人的体重使用的是（ ）。
A. 比较测量法   B. 直接测量法
C. 间接测量法   D. 动态测量法

解析：略。

【2019 真题】

7. 下列不属于仪器设备使用状态标识的是（ ）。
A. 合格   B. 不合格   C. 准用   D. 停用

解析：仪器设备的状态标识分为"合格绿""准用黄""停用红"三种。

【2020 真题】

8. 某标准中要求测距仪的最大允许误差为 MPE：±1mm，仪器校准证差为：0.5mm，测量不确定度为：$U=0.3$mm，$k=2$，则依据该标准是否合格？（ ）。
A. 合格   B. 不合格
C. 不确定   D. 判定信息不充足

解析：由于示值误差 0.5mm<（最大允许误差的绝对值1mm-扩展不确定度0.3mm）=0.7mm，所以判定为合格。

【2019 真题】

9. 以下属于仪器设备计量溯源常见方式的是（　　）。

A. 检测　　　　　　　　　　　　B. 校准
C. 相关性试验　　　　　　　　　D. 核查

解析：常见的溯源方式有：检定、校准、验证。

【2018 真题】

10. 下列不属于仪器设备计量溯源方式的是（　　）。

A. 检定　　　　　　　　　　　　B. 校准
C. 验证　　　　　　　　　　　　D. 期间核查

解析：常见的溯源方式有检定、校准、验证。

【2021 真题】

11. 关于仪器设备检定和校准，以下说法正确的是（　　）。

A. 校准证书会给出仪器设备是否合格的结论
B. 经检定合格的仪器设备可以不经确认直接使用
C. 校准只能依据校准规范，不能依据检定规程
D. 经校准的仪器设备应根据使用条件进行确认后使用

解析：检定和校准的区别：A 错误，校准证书没有合格的结论；B 错误，经检定合格的仪器设备也需要确认后使用；C 错误，校准的依据是校准规范、校准方法，可作统一规定，也可自行制定；检定的依据是检定规程。

【2019 真题】

12. 一台烘箱的校准证书显示其温度示值与标准温度的偏差为−1.5℃，当需要在110℃下进行试验时，该烘箱设定温度为（　　）。

A. 108.5℃　　　　B. 111.5℃　　　　C. 110℃　　　　D. 113℃

解析：依据偏差的定义，偏差等于实际值减去标称值。本题的数据带入公式，−1.5=110−标称值，标称值就是设定值，计算出来标称值等于111.5。答案应该是 B。

【2020 真题】

13. 关于仪器设备的计量溯源，以下说法正确的有（　　）。

A. 检测机构不能对自有仪器进行自校准
B. 校准结果的确认主要是为了验证所校准参数是否符合检定规程的要求
C. 仪器无法溯源到国家测量标准时，可以溯源至有证标准物质
D. 经校准的仪器设备需经确认，满足使用要求时方可使用，检定合格的仪器设备无须确认

解析：检测机构可以对自有仪器进行自校准，A 选项错误；无论检定、校准都要对其证书的结果进行计量确认，判定是否满足试验规程的要求；B、D 选项错误。

【2018 真题】

14. 两个变量的线性相关性显著说明,可以用(　　)来表示他们的相关关系。

A. 二次函数　　　B. 三角函数　　　C. 幂函数　　　D. 直线方程

解析: 当两个变量 x 与 y 之间用若干组数据表明其关联,每组数据在平面坐标系中,大致分布在一条线附近时,说明 x 与 y 之间存在线性关系,用直线方程表示 x 与 y 的关系。

【2018 真题】

15. 检验检测机构所用仪器设备是否需要进行期间核查,是由(　　)。

A. 标准规定　　　　　　　　　　B. 检验检测机构自行识别规定

C. 客户约定　　　　　　　　　　D. 法律法规规定

解析: 检验检测机构应根据设备的稳定性和使用情况来确定是否需要进行期间核查。判断设备是否需要期间核查至少需考虑以下因素。

(1) 设备校准周期。因设备使用频率较低,校准周期长于校准规范规定的时间。

(2) 历次校准结果。历次校准结果的数值相差较大,设备稳定性较差。

(3) 质量控制结果。用于质量控制活动的设备如参加能力验证、试验室间比对,其结果不稳定或误差较大。

(4) 设备使用频率。

(5) 设备维护情况。

(6) 设备操作人员及环境的变化。

(7) 设备使用范围的变化。

【2018 真题】

16. 所用仪器设备的量程应(　　)。

A. 足够大　　　　　　　　　　　B. 范围宽

C. 与被测参数的技术指标范围相适应　　D. 只要不小于最大被测量量值即可

解析: 检验检测机构应正确配备检验检测所需的仪器设备,包括抽样工具、物品制备、数据处理与分析。所用仪器设备的技术指标和功能应满足要求,量程应与被测参数的技术指标范围相适应。

【2018 真题】

17. 仪器设备的校准证书一般不包括(　　)。

A. 校准结果　　　　　　　　　　B. 被校准仪器设备合格与否

C. 校准结果测量不确定度　　　　D. 校准所依据的技术方法

解析: 检定/校准证书至少包括以下内容:

(1) 被检定或校准的设备名称、型号;

(2) 检定或校准的依据;

(3) 检定或校准所用设备、精度或测量不确定度;

(4) 被检定/校准设备参数及测量不确定度或误差;

(5) 测试环境温度、相对湿度；

(6) 检定证书下结论、校准证书（测试报告）无结论。

【2020 真题】

18. （　　）是在规定条件下，为确定计量仪器或测量系统的示值，或实物量具或标准物质所代表的值，与相对应的被测量的已知值之间关系的一组操作。

　　A. 检定　　　　　B. 检测　　　　　C. 校准　　　　　D. 测试

解析：校准是在规定条件下的一组操作，其第一步是确定由测量标准提供的量值与相应示值之间的关系，第二步是用此信息确定由示值获得测量结果的关系，这里测量标准提供的量值与相应示值都具有测量不确定度。

【2020 真题】

19. 《检测和校准实验室能力的通用要求》（ISO/IEC 17025：2017）关于实验方法的选择和验证，以下说法不正确的是（　　）。

　　A. 实验室引入的方法可直接使用，不需验证

　　B. 为方便操作人员使用，可以对国家标准进行细化或进一步说明

　　C. 对所有实验室活动方法的偏离，应获得授权并被客户接受

　　D. 当客户未指定所用的方法时，实验室制定或修改的方法可作为备选方法

解析：7.2.1.5 实验室在引入方法前，应验证能够正确地运用该方法，以确保实现所需的方法性能。应保存验证记录。如果发布机构修订了方法，应依据方法变化的内容重新进行验证。

【2019 真题】

20. 下列不属于仪器设备期间核查方法的是（　　）。

　　A. 留样再测法　　　　　　　　　　B. 标准物质法

　　C. 实物标样检查法　　　　　　　　D. 维护保养法

解析：期间核查的方法：仪器间的比对、标准物质法、留样再测法、实物样件检查法、自带标样核查法、直接测量法。

【2019 真题】

21. 以下关于试验检测仪器设备内部校准方法描述错误的是（　　）。

　　A. 应优先采用标准方法

　　B. 可以直接使用自编的方法

　　C. 经确认可使用设备制造商推荐的方法

　　D. 使用外部非标准方法时应先转化为实验室文件

解析：实验室实施内部校准应优先采用标准方法，当没有标准方法时，可以使用自编方法、测量设备制造商推荐的方法等非标方法。使用外部非标方法时应转化为实验室文件。非标方法使用前应经过确认。

【2024 真题】

22. 相关系数 r_{xy} 是用来衡量两个变量 x、y 之间的相关程度，如果 r_{xy} 趋近于 0，则 x 与 y 之间（　　）。

A. 完全相关
B. 没有线性关系
C. 没有非线性关系
D. 符合直线函数关系

解析： r_{xy} 的绝对值越接近 1，x、y 的线性关系越好，当 $r_{xy}=\pm1$ 时，x、y 之间符合直线函数关系，称 x 与 y 完全相关；如果 r_{xy} 趋近于 0，则 x 与 y 之间没有线性关系。

【2024 真题】

23. 下列仪器设备中，不必作为检验检测机构期间核查重点的是（　　）。

A. 使用非常频繁的仪器设备
B. 经常带到现场使用的仪器设备
C. 即将达到检校周期的仪器设备
D. 性能不稳定，漂移率大的仪器设备

解析： 期间核查的重点测量设备包含：仪器设备性能不稳定，漂移率大的；使用非常频繁的；经常携带到现场检测的；在恶劣环境下使用的仪器设备；曾经过载或怀疑有质量问题的等；因设备使用频率较低，校准周期长于校准规范规定的时间。

【2024 真题】

24. 根据《水运工程试验检测仪器设备检定/校准指导手册》（交办安监〔2018〕33 号）烘箱建议的校准周期为（　　）。

A. 半年
B. 1 年
C. 2 年
D. 3 年

解析： 水运工程试验检测仪器设备检定/校准指导手册。

序号	项目类别	编号	设备名称	管理类别	依据标准	计量参数	建议检定/校准周期	备注
1	土（SY0101）	SY01010001	土工筛	I	JJF 1175 试验筛校准规范	金属丝编织网试验筛：网孔最大尺寸偏差，网孔平均尺寸偏差和平均丝径，网孔尺寸在最大尺寸 $\omega+X$ 和中间尺寸 $\omega+Z$ 之间的网孔数量；金属穿孔试验筛：筛孔尺寸偏差	1 年	
2		SY01010002	烘箱	I	JJF 1101 环境试验设备温度、湿度校准规范	温度偏差，温度均匀度，温度波动度	2 年	

【2024 真题】

25. 关于仪器设备的计量溯源,说法正确的是（　　）。

A. 检验检测机构不能对自有仪器进行自校准

B. 仪器校准结果的确认主要是为了确定仪器是否损坏

C. 仪器无法溯源到国家测量标准时,可以溯源至有证标准物质

D. 经校准的仪器设备需经确认,满足使用要求时方可使用,检定合格的仪器设备无须确认

解析：自校准是利用测量设备自带的校准程序或功能进行的校准活动,不是有效的量值溯源活动。A 错误。

计量确认是指为保证测量设备处于满足预期使用要求的状态所需要的一组操作。B 错误。

无论检定、校准都要对其证书的结果进行计量确认,判定是否满足试验规程的要求。D 错误。

二、判断题

【2021 真题】

26. 检定证书会给出仪器设备是否合格的结论,因此不用进行确认。

A. 正确　　　　　　　　　　B. 错误

解析：无论检定、校准都要对其证书的结果进行计量确认,判定是否满足试验规程的要求。

【2020 真题】

27. 校准可以依据检定规程执行,也可以经校准方和用户双方商定自行确定校准方法。

A. 正确　　　　　　　　　　B. 错误

解析：校准的依据是校准规范、校准方法,可作统一规定,也可自行制定。

【2018 真题】

28. 校准和检定不同,校准可以只检验技术文件规定中的部分指标,而检定应当严格执行计量检定规程和相应规定。

A. 正确　　　　　　　　　　B. 错误

解析：校准主要确定测量器具的示值误差；检定是对测量器具的计量特性及技术要求的全面评定。

【2020 真题】

29. 组织量值传递不受行政区划和部门管辖的限制。

A. 正确　　　　　　　　　　B. 错误

解析：计量检定工作应当按照经济合理的原则,就地就近进行。就地就近进行计量检定,是指组织量值传递不受行政区域和部门管辖的限制。

【2021 真题】

30. 校准可以用文字说明、校准函数、校准图、校准曲线或校准表格的形式表示。

A. 正确　　　　　　　　　　　　　　B. 错误

解析：校准可以用文字说明、校准函数、校准图、校准曲线或校准表格的形式表示，某些情况下，可以包含示值的具有测量不确定度的修正值或修正因子。校准不应与测量系统的调整（常被错误称作自校准）相混淆，也不应与校准的验证相混淆。

【2019 真题】

31. 仪器设备的校准周期由校准机构确定并在校准证书中明确。

A. 正确　　　　　　　　　　　　　　B. 错误

解析：设备的校准周期以及后续校准周期的调整，一般均应由实验室（设备使用者）自己来确定，即使校准证书给出了校准周期的建议，也不宜直接采用。

【2018 真题】

32. 内部校准是指检验检测机构内部实施的校准活动，校准结果仅用于内部需求，因此适当优先采用内部自编技术方法实施，当没有技术能力编制技术方法时，可参考适用的标准方法开展。

A. 正确　　　　　　　　　　　　　　B. 错误

解析：实验室实施内部校准应优先采用标准方法，当没有标准方法时，可以使用自编方法、测量设备制造商推荐的方法等非标方法。使用尾部非标方法时应转化为实验室文件。非标方法使用前应经过确认。

【2020 真题】

33. 仪器设备的检定或校准证书有效即表明该仪器设备符合检测要求。

A. 正确　　　　　　　　　　　　　　B. 错误

解析：仪器设备的检定或校准证书有效不代表该仪器设备符合检测要求，需要进行计量确认工作。

【2020 真题】

34. 对仪器设备进行校准时，可根据仪器设备使用场合的实际需要，检验必要的全部或部分计量参数。

A. 正确　　　　　　　　　　　　　　B. 错误

解析：对仪器设备进行校准时，可根据仪器设备使用场合的实际需要，检验必要的全部或部分计量参数。

【2018 真题】

35. 非标方法经过证实后即可使用。

A. 正确　　　　　　　　　　　　　　B. 错误

解析：实验室实施内部校准应优先采用标准方法，当没有标准方法时，可以使用自编方法、测量设备制造商推荐的方法等非标方法。使用外部非标方法时应转化为实验室文件。非标方法使用前应经过确认。

【2021 真题】

36. 若两个随机变量的相关系数接近1，则说明两个随机变量具有较强的相关性。

A. 正确　　　　　　　　　　　　　B. 错误

解析：相关系数 r_{xy} 是反映 x、y 两个变量的关联程度，是描述回归方程线性相关的密切程度，取值范围为 $[-1, 1]$，r_{xy} 的绝对值越接近1，x、y 的线性关系越好，当 $r_{xy} = \pm 1$ 时，x、y 之间符合直线函数关系，称 x 与 y 完全相关。如果 r_{xy} 趋近于0，则 x 与 y 之间没有线性关系。

【2020 真题】

37. 计量参数是指影响仪器设备量值准确性的技术参数，包括外观质量等目测、手感项目。

A. 正确　　　　　　　　　　　　　B. 错误

解析：计量参数指除外观质量等目测、手感项目外的，影响仪器设备量值准确性的技术参数。当依据标准为计量检定规程及校准规范时，列出依据标准文件中的全部计量技术参数；当依据标准为其他公开发布的技术文件或者尚无明确的技术文件时，则根据公路水运工程试验检测专业特点列出推荐检验的技术参数。

【2018 真题】

38. 脱模器、摇筛机、钢卷尺、取芯机等试验检测辅助工具属于功能性验证设备。

A. 正确　　　　　　　　　　　　　B. 错误

解析：交通行业试验室常用仪器或试验检测的辅助工具，如脱模器、摇筛机、取芯机等属于功能性验证。钢卷尺不属于功能验证。

【2019 真题】

39. 检定具有法制性，属于计量管理范畴的执法行为。

A. 正确　　　　　　　　　　　　　B. 错误

解析：检定具有法制性，其对象是法制管理范围内的测量仪器，分为强制检定和非强制检定。

【2021 真题】

40. 期间核查必须委托专业的计量检定机构实施。

A. 正确　　　　　　　　　　　　　B. 错误

解析：期间核查是根据规定程序，检验检测机构为了确定计量标准、标准物质或其他测量仪器是否保持原有状态而进行的操作。

【2019 真题】

41. 计量确认是检测机构确认为其提供计量服务的机构能力的一组操作。

A. 正确　　　　　　　　　　　　　　B. 错误

解析：计量确认：为保证测量设备处于满足预期使用要求的状态所需要的一组操作。

【2023 真题】

42. 检定证书、校准证书、检测报告均可作为测量仪器计量溯源的依据。

A. 正确　　　　　　　　　　　　　　B. 错误

解析：常见的溯源方式有检定、校准、验证三类。

【2023 真题】

43. 计量确认的依据可以是检定规程、设备的使用说明书，或试验规程。

A. 正确　　　　　　　　　　　　　　B. 错误

解析：计量确认的依据既不是计量检定规程，也不是设备使用的说明书，而是预期的使用要求，往往是依据试验规程。

【2023 真题】

44. 对仪器进行期间核查时，核查标准应性能稳定，无须经过计量机构校准赋值即可使用。

A. 正确　　　　　　　　　　　　　　B. 错误

解析：赋值或未赋值的标准物质都可用于测量精密度控制，只有赋值的标准物质才可用于校准或测量正确度控制。

【2024 真题】

45. 检定合格的仪器设备，使用前可不必进行计量确认。

A. 正确　　　　　　　　　　　　　　B. 错误

解析：无论检定、校准都要对其证书的结果进行计量确认，判定是否满足试验规程的要求。

【2024 真题】

46. 计量确认是指为保证测量设备处于满足预期使用要求的状态所需要的一组操作。

A. 正确　　　　　　　　　　　　　　B. 错误

解析：为保证测量设备处于满足预期使用要求的状态所需要的一组操作，称为计量确认。

【2024 真题】

47. 对未列入国家强制检定管理范围、但对测量结果有显著影响的仪器设备，应优先寻求满足要求的、政府有关部门授权的外部校准机构提供校准服务。

A. 正确　　　　　　　　　　　　　　B. 错误

解析：暂无解析

【2024 真题】

48. 水泥抗折抗压试验机量程为 0~300kN，校准点为 60kN、120kN、180kN，检测人员根据校准证书进行计量确认，认为以上校准点均满足使用需求，则在不超量程使用时，可直接用于检测。

　　A. 正确　　　　　　　　　　　　B. 错误

解析：量程的精度要求，一般仪器设备使用范围宜为量程的 20%~80%，所以缺少校准点。

【2024 真题】

49. 参考物质是指具有足够准确性的特性物质，其特性被证实适用于测量中或标称特性检验中的预期用途。

　　A. 正确　　　　　　　　　　　　B. 错误

解析：标准物质：具有足够均匀和稳定的特定特性的物质，其特性被证实适用于测量中或标称特性检查中的预期用途。

【2024 真题】

50. 实验室一台 0.5 级精度的压力机，经过校准发现已不满足 0.5 级精度要求，但能满足 1 级精度要求，该设备可在满足预期用途下进行降级使用。

　　A. 正确　　　　　　　　　　　　B. 错误

解析：设备可在满足预期用途下进行降级使用。

三、多项选择题

【2019 真题】

51. 下列有关仪器设备校准的描述正确的有（　　）。

A. 校准可以确定测量标准与相应示值之间的关系
B. 校准可以用文字说明，也可以用校函数、校准图、校准曲线或校准表格的形式表示确定由示值获得测量结果的关系
C. 测量标准提供的量值具有测量不确定度
D. 校准规范是校准结果确认的依据

解析：校准规范是校准的依据，不是确认的依据。D 错误。

【2018 真题】

52. 下列有关仪器设备检定和校准的说法，正确的有（　　）。

A. 检定应依据计量检定规程，校准可依据校准规范或其他技术文件
B. 检定和校准均是仪器设备量值溯源的方式
C. 检定是强制的，校准是自愿的
D. 检定结果合格的发出检定证书，不合格的则不发出任何文件

解析： 检定和校准的区别：

（1）校准不具法制性，是企业的自愿行为；检定具有法制性，属于计量管理范畴的执法行为。

（2）校准主要确定测量器具的示值误差；检定是对测量器具的计量特性及技术要求的全面评定。

（3）校准的依据是校准规范、校准方法，可作统一规定也可自行制定；检定的依据是检定规程。

（4）校准不判定测量器具合格与否，但当需要时，可确定测量器具的某一特性是否符合预期的要求；检定要对所检测量器具做出合格与否的结论。

（5）校准结果通常是发校准证书或校准报告；检定结果合格的发检定证书，不合格的发不合格通知书。

【2018 真题】

53. 下列有关期间核查的描述正确的有（　　）。

A. 期间核查是指对仪器设备两次检定/校准之间所做的技术状态确认工作
B. 期间核查应严格按照计量检定规程开展
C. 应当对所有在用仪器设备开展期间核查
D. 在可能条件下，应当选用稳定的核查标准开展期间核查工作

解析：（1）期间核查不是一般的功能检查，更不是缩短检定校准周期，其目的是在两次校准/检定的间隔期间保持原有状态，防止使用不符合技术规范要求的设备。

（2）检测机构应在期间核查程序中列出期间核查设备的名称、方法、周期等内容。检验检测机构应根据设备的稳定性和使用情况来确定是否需要进行期间核查。不是所有的设备都要进行期间核查，对无法寻找核查标准（物质）（如破坏性试验）的设备就无法进行期间核查。对于可以进行期间核查的设备，检验检测机构应制订期间核查计划，明确期间核查的方法与周期，必要时制定相应的作业指导书，保存期间核查记录并归档到相应设备档案中。

（3）有证标准物质的期间核查按照证书所规定的适用范围、使用说明、测量方法与操作步骤、存储条件和环境要求使用和核查。使用有证标准物质时，检验检测机构通过比对试验、能力验证等方式证明量值的准确和溯源。有证标准物质的期间核查方法有：试验室间比对试验、能力验证等。

【2019 真题】

54. 下列仪器设备只需进行功能性验证的有（　　）

A. 击实仪　　　　　　　　　　B. 用于加热烘干的电炉
C. 酸度计　　　　　　　　　　D. 脱模器

解析： 交通行业试验室常用仪器或试验检测的辅助工具，如脱模器、摇筛机、取芯机等属于功能性验证，验证功能正常者贴绿色标识。

【2018 真题】

55. 下列哪些情况可以确定仪器设备的状态标识为"准用"（　　）。

A. 多功能检测设备，某些功能丧失，但试验检测所用功能符合要求

B. 仪器设备不符合其标称准确度等级，但符合降低等级的准确度等级要求

C. 仪器设备超过周期末进行量值溯源

D. 仪器设备部分量值的准确度不满足要求，但试验检测所用量程满足要求

解析：准用标志（黄色）：仪器设备存在部分缺陷，但在限定范围内可以使用的（即受限使用的），包括：多功能检测设备，某些功能丧失，但检验检测所用功能正常，且校准、检定或比对合格者；测试设备某一量程准确度不合格，但检验检测所用量程合格者；降等级后使用的仪器设备。

【2019 真题】

56. 仪器状态合格标识一般包含的内容有（　　）。

A. 检定校准日期　　　　　　　B. 检定/校准单位

C. 设备自编号　　　　　　　　D. 有效期

解析：仪器状态合格证标识的格式内容包括：检定/校准日期；检定/校准单位；设备自编号；有效期。

【2021 真题】

57. 测量标准是为了（　　）量的单位或一个或多个量值，其用作参考的实物量具、测量仪器、参考物质或测量系统。

A. 定义　　　　　　　　　　　B. 保存

C. 描述　　　　　　　　　　　D. 复现

解析：题干属于计量标准的定义：指为了定义、实现、保存或复现量的单位或一个或多个量值，依据一定标准技术文件，建立的一套用作参考的实物量具、测量仪器、参考（标准）物质或测量系统。

【2020 真题】

58. 县级以上人民政府计量行政部门对社会公用计量标准器具，部门和企业，事业单位使用的最高计量标准器具，以及用于（　　）方面的列入强制检定目录的工作计量器具，实行强制检定。

A. 贸易结算

B. 安全防护

C. 医疗卫生

D. 环境监测

解析：凡列入《中华人民共和国依法管理的计量器具目录》直接用于贸易结算、安全防护、医疗卫生、环境检测方面的器具必须定点、定期送检。

【2021 真题】

59. 对仪器设备特性进行符合性评定时，若仪器设备的测量误差（Δ）的不确定度（U）大于其最大允许误差的绝对值（MPEV）的1/3时，以下说法正确的有（　　）。

A. 当 $|\Delta|\leqslant$ MPEV 时，评定为"合格"

B. 当 $|\Delta|>$ MPEV 时，评定为"不合格"

C. 当 $|\Delta|>$ MPEV$+U$ 时，评定为"不合格"

D. 当 MPEV$-U<|\Delta|\leqslant$ MPEV$+U$ 时，评定"结果待定"

解析：如果示值误差的测量不确定度不符合要求，则按以下判据进行评定：

（1）合格判据：被评定仪器设备的示值误差的绝对值小于或等于其最大允许误差的绝对值（MPEV）与示值误差的扩展不确定度之差时，可判为合格，即为合格。

（2）不合格判据：被评定仪器设备的示值误差的绝对值大于或等于其最大允许误差的绝对值（MPEV）与示值误差的扩展不确定度之和时，可判为不合格，即为不合格。

（3）待定区：当被评定仪器设备的示值误差既不符合合格判据，又不符合不合格判据时，处于待定区，这时不能下合格或不合格的结论，即为待定区。

【2018 真题】

60. 下列有关仪器设备期间核查的描述错误的有：（　　）。

A. 期间核查就是确认仪器设备的基本功能是否正常

B. 期间核查必须严格按照计量检定规程开展

C. 对于期间核查发现技术状态偏离的，应当重新确定仪器设备的使用状态，并识别该偏离对以往所处具数据报告的影响

D. 一次严密的期间核查可以代替量值溯源

解析：期间核查不是一般的功能检查，更不是缩短检定校准周期，其目的是在两次校准/检定的间隔期间保持原有状态，防止使用不符合技术规范要求的设备。A、D 错误。对于可以进行期间核查的设备，检验检测机构应制定期间核查计划，明确期间核查的方法与周期，必要时制定相应的作业指导书，保存期间核查记录并归档到相应设备档案中。B 错误。

【2023 真题】

61. 规范对某烘干试验要求的温度范围为 105～110℃，经计量机构校准，所用烘箱设置温度为 110℃时，实际温度为 108.5℃，温度波动度为 ±0.6℃。则开展试验时，对该烘箱的温度设置恰当的是（　　）。

A. 106.5℃　　　　　　　　　　　B. 107.5℃

C. 110.8℃　　　　　　　　　　　D. 111.5℃

解析：温度偏差=真实−设定=108.5−110=−1.5

A. 106.5℃，真实=106.5−1.5=105，±0.6℃，不合格

B. 107.5℃，真实=107−1.5=106.5，±0.6℃，合格

C. 110.8℃，真实=110.8−1.5=109.3，±0.6℃，合格

D. 111.5℃，真实=111.5−1.5=110，±0.6℃，不合格

【2023 真题】

62. 关于标准物质的说法正确的有（　　）。

A. 具有足够均匀和稳定的特性　　　　B. 具有确定的量值

C. 都可用于测量精密度控制　　　　　D. 都可用于仪器校准

解析：标准物质是具有足够均匀和稳定的特定特性的物质，其特性被证实适用于测量中或标称特性检查中的预期用途。

赋值或未赋值的标准物质都可用于测量精密度的控制，只有赋值的标准物质才可用于校准或测量正确度控制。

【2023 真题】

63. 当变量 x、y 之间存在相互依赖的定量关系时，可采用统计分析方法建立两变量的线性回归关系，下列叙述正确的有（　　）。

A. 拟合过程依据最小二乘法基本原理

B. x、y 之间的相关程度可以用相关系数来衡量

C. 相关系数的取值范围为 [0，1]

D. 相关系数为 0 时，说明 x、y 不相关

解析：按照最小二乘法的基本原理，当所有测量数据的偏差平方和最小时，所拟合的直线最优。是反映 x、y 两个变量的关联程度，是描述回归方程线性相关的密切程度，取值范围为 [-1，1]，r_{xy} 的绝对值越接近 1，x、y 的线性关系越好，当 $r_{xy}=±1$ 时，x、y 之间符合直线函数关系，称 x 与 y 完全相关。如果 r_{xy} 趋近于 0，则 x 与 y 之间没有线性关系。

【2023 真题】

64. 在检定或校准证书中，计量标准的测量能力常用（　　）表示。

A. 最大允许误差　　　　　　　　　B. 准确度等级

C. 测量不确定度　　　　　　　　　D. 测量误差

解析：注意题目问的是计量标准的测量能力，不是被校准或检定的仪器，依据《计量标准考核规范》和证书，答案是 ABC。

【2024 真题】

65. 对作为仪器设备计量溯源性证据的文件（如校准证书）进行确认应至少包括（　　）。

A. 校准证书的完整性和规范性

B. 校准所用标准器的校准证书的完整性和规范性

C. 根据校准结果判定仪器设备是否符合预期使用要求

D. 适用时，根据校准结果对相关设备进行调整、导入校准因子或在使用中修正

解析：对作为计量溯源性证据的文件（如校准证书）进行确认。

确认应至少包含以下三个方面（以校准证书为例）：

（1）校准证书的完整性和规范性；

（2）根据校准结果作出与预期使用要求的符合性判定；

（3）适用时，根据校准结果对相关设备进行调整、导入校准因子或在使用中修正。

【2024真题】

66. （　　）可作为校准依据。

A. 计量检定规程　　　　　　　　B. 地方校准规范

C. 设备制造商指定的方法　　　　D. 公开发布的标准

解析：当客户未指定所用的方法时，实验室应选择适当的方法并通知客户。推荐使用国际标准、区域标准或国家标准中发布的方法，或由知名技术组织或有关科技文献或期刊中公布的方法，或设备制造商规定的方法。实验室制定或修改的方法也可使用。

答案：1.D　2.D　3.C　4.B　5.B　6.B　7.B　8.A　9.B　10.D　11.D　12.B　13.C　14.D　15.B　16.C　17.B　18.C　19.A　20.D　21.B　22.B　23.C　24.C　25.C　26.B　27.B　28.A　29.A　30.A　31.B　32.B　33.B　34.A　35.B　36.A　37.B　38.B　39.A　40.B　41.B　42.B　43.B　44.B　45.B　46.A　47.A　48.B　49.B　50.A　51.A、B、C　52.A、B、C　53.A、D　54.B、D　55.A、B、D　56.A、B、C、D　57.A、B、D　58.A、B、C、D　59.C、D　60.A、B、D　61.B、C　62.A、C　63.A、B、D　64.A、B、C　65.A、C、D　66.B、C、D

第十二章 公路水运工程质量检验评定相关标准基础知识

一、单项选择题

【2019 真题】

1. 公路工程质量检验评定时，一般项目的合格率低于（　　）时为不合格。
A. 60%　　　　　B. 70%　　　　　C. 80%　　　　　D. 85%

解析：一般项目不低于80%，关键项目不低于95%（机电工程不低于100%）。

【2021 真题】

2. 依据《公路工程质量检验评定标准 第一册 土建工程》（JTG F80/1—2017）的规定，在合同段中，具有独立施工条件和结构功能的工程为（　　）。
A. 分部工程　　　　　　　　　　B. 单位工程
C. 分项工程　　　　　　　　　　D. 公路工程

解析：一个公路工程建设项目通常划分为合同段、单位工程、分部工程和分项工程。
(1) 单位工程：在合同段中，具有独立施工条件和结构功能的工程。
(2) 分部工程：在单位工程中，按路段长度、结构部位及施工特点等划分的工程。
(3) 分项工程：在分部工程中，根据施工工序、工艺或材料等划分的工程。

【2019 真题】

3. 在公路工程的单位工程中，按路段长度、结构部位及（　　）等划分的工程为分部工程。
A. 工序　　　　　　　　　　　　B. 工艺
C. 材料　　　　　　　　　　　　D. 施工特点

解析：在单位工程中，按路段长度、结构部位及施工特点等划分的工程为分部工程。

【2024 真题】

4. 根据《公路工程质量检验评定标准 第一册 土建工程》（JTG F80/1—2017），公路工程质量检验评定应按分项工程、分部工程、单位工程（　　）进行。
A. 分别　　　　　B. 逐级　　　　　C. 独立　　　　　D. 同时

解析：工程质量等级评定分为合格与不合格，应按分项工程、分部工程、单位工程、合同段和建设项目逐级评定。评定为不合格的分项工程、分部工程，经返工、加固、补强或调测，满足设计要求后，可重新进行检验评定。

【2024 真题】

5. 根据《公路工程质量检验评定标准 第一册 土建工程》（JTG F80/1—2017），进行工程质量检验时，分项工程应按基本要求、实测项目、外观质量和（　　）等检验项目分别检查。

A. 耐久性　　　　　　　　　　B. 安全性能
C. 绿色环保　　　　　　　　　D. 质量保证资料

解析：工程质量检验评定以分项工程为基本单元，采用合格率法进行。分项工程质量检验内容包括基本要求、实测项目、外观鉴定和质量保证资料四个部分。

【2024 真题】

6. 根据《水运工程质量检验标准》（JTS 257—2008），码头工程的单位工程可将长度超过（　　）的附属栈桥或引堤作为一个单位工程。

A. 300m　　　　B. 500m　　　　C. 600m　　　　D. 800m

解析：码头工程的单位工程可按下列规定划分：
（1）码头按泊位或座划分单位工程；
（2）两侧靠船的栈桥或窄突堤码头按主靠船侧泊位划分单位工程；
（3）宽突堤码头的横头作为一个单位工程；
（4）长度超过500m的附属栈桥或引堤作为一个单位工程。

【2024 真题】

7. 根据《公路工程质量检验评定标准 第一册 土建工程》（JTG F80/1—2017），工程质量检验中一般项目的合格率应不低于（　　），否则该检查项目为不合格。

A. 60%　　　　B. 70%　　　　C. 80%　　　　D. 90%

解析：关键项目在《公路工程质量检评标准》中以"△"标示，其合格率不得低于95%（机电工程为100%），一般项目的合格率应不低于80%，否则该检查项目为不合格。

二、判断题

【2023 真题】

8. 根据《公路工程质量检验评定标准 第一册 土建工程》（JTG F80/1—2017），一般项目的合格率应不低于90%，否则该检查项目为不合格。

A. 正确　　　　　　　　　　　B. 错误

解析：一般项目的合格率应不低于80%，否则该检查项目为不合格。

【2024 真题】

9. 根据《公路工程质量检验评定标准 第一册 土建工程》(JTG F80/1—2017)，工程质量评定中，所含分项工程合格，则该合同段评定为合格。

A. 正确　　　　　　　　　　　　B. 错误

解析：工程质量评定中，所含单位工程合格，则该合同段评定为合格。

【2024 真题】

10. 根据《公路工程质量检验评定标准 第一册 土建工程》(JTG F80/1—2017)，工程质量等级分为优良、合格与不合格。

A. 正确　　　　　　　　　　　　B. 错误

解析：工程质量等级应分为合格与不合格。

【2024 真题】

11. 根据《水运工程质量检验标准》(JTS 257—2008)，隐蔽工程在隐蔽前应由施工单位通知有关单位进行验收，并形成验收文件。

A. 正确　　　　　　　　　　　　B. 错误

解析：1.3.0.3 水运工程质量应按下列要求进行检验和验收。

1.3.0.3.1 工程施工应符合工程合同和设计文件的要求。

1.3.0.3.2 工程质量的检验应在施工单位自行检验合格的基础上进行。

1.3.0.3.3 隐蔽工程在隐蔽前应由施工单位通知有关单位进行验收，并形成验收文件。

三、多项选择题

【2021 真题】

12. 依据《公路工程质量检验评定标准 第一册 土建工程》(JTG F80/1—2017)的规定在分部工程中应根据（　　）划分分项工程。

A. 施工工序　　　B. 工艺　　　C. 材料　　　D. 路段长度

解析：一个公路工程建设项目通常划分为合同段、单位工程、分部工程和分项工程。

(1) 单位工程：在合同段中，具有独立施工条件和结构功能的工程。

(2) 分部工程：在单位工程中，按路段长度、结构部位及施工特点等划分的工程。

(3) 分项工程：在分部工程中，根据施工工序、工艺或材料等划分的工程。

【2021 真题】

13. 依据《公路工程质量检验评定标准 第一册 土建工程》(JTG F80/1—2017)的规定工程质量评定等级分为（　　）。

A. 优良　　　B. 良好　　　C. 合格　　　D. 不合格

解析：工程质量等级评定分为合格与不合格，应按分项工程、分部工程、单位工程，合同段和建设项目逐级评定。

【2019 真题】

14. 分项工程应按（　　）等检验项目分别检查。

A. 基本要求
B. 实测项目
C. 外观质量
D. 质量保证资料

解析：分部工程应按基本要求、实测项目、外观质量和质量保证资料等检验项目分别检查。

【2021 真题】

15. 依据《公路工程质量检验评定标准 第一册 土建工程》（JTG F80/1—2017）的规定，检查项目合格判定应符合（　　）。

A. 关键项目的合格率不低于95%（机电工程为100%）
B. 一般项目的合格率不低于80%
C. 单个检测值不突破规定极值
D. 单个检测值突破极值的比例低于5%

解析：检查项目分为一般项目和关键项目。涉及结构安全和使用功能的重要实测项目为关键项目，其他项目均为一般项目。关键项目在《公路工程质量检评标准》中以"△"标示，其合格率不得低于95%（机电工程为100%），一般项目的合格率应不低于80%，否则该检查项目为不合格。对少数实测项目还有规定极值的限制，这是指任何一个检测值都不能突破的极限值，不符合要求时该实测项目为不合格，所在分项工程可直接判为不合格，并要求必须进行返工处理。

【2020 真题】

16. 根据《公路工程质量检验评定标准》（JTG F80/1—2017）的规定，分项工程中对（　　）起决定作用的检查项目为关键项目。

A. 结构安全
B. 耐久性
C. 主要使用功能
D. 外观质量

解析：根据重要性不同，将分项工程的检查项目分为关键项目和一般项目。关键项目是分项工程中对结构安全、耐久性和主要使用功能起决定性作用的检查项目，在实测项目表中以"△"标识；一般项目是分项工程中除关键项目以外的检查项目。

【2021 真题】

17. 依据《公路工程质量检验评定标准 第一册 土建工程》（JTG F80/1—2017）的规定，单位工程质量评定合格应符合（　　）。

A. 评定资料完整
B. 所含分部工程应合格
C. 外观质量应满足要求
D. 所含合同段合格

解析：当单位工程的评定资料完整、所含分部工程合格、外观质量满足要求时，该单位工程评定为合格，否则为不合格。

【2024 真题】

18. 根据《公路工程质量检验评定标准 第一册 土建工程》(JTG F80/1—2017)，分部工程中根据（　　）划分的工程为分项工程。

A. 路段长度　　　　　　　　　　B. 施工工序

C. 结构部位　　　　　　　　　　D. 工艺或材料

解析：分项工程：在分部工程中，应按不同的施工工序、工艺或材料等划分为若干个分项工程。

【2024 真题】

19. 根据《水运工程质量检验标准》(JTS 257—2008)，港口工程中，（　　）的疏浚工程各为一个单位工程。

A. 航道　　　　B. 港池　　　　C. 泊位　　　　D. 锚地

解析：港口工程中的航道、港池、泊位和锚地的疏浚工程各为一个单位工程。

【2024 真题】

20. 根据《公路工程质量检验评定标准 第一册 土建工程》(JTG F80/1—2017)，工程质量评定中，单位工程质量评定合格应满足（　　）。

A. 评定资料完整　　　　　　　　B. 合同段合格

C. 所含分部工程合格　　　　　　D. 外观质量符合要求

解析：单位工程质量评定合格应符合下列规定：

（1）评定资料应完整。

（2）所含分部工程应合格。

（3）外观质量应满足要求。

答案： 1. C　2. B　3. D　4. B　5. D　6. B　7. C　8. B　9. B　10. B　11. A　12. A、B、C　13. C、D　14. A、B、C、D　15. A、B、C　16. A、B、C　17. A、B、C　18. B、D　19. A、B、C、D　20. A、C、D

模拟卷一

一、单选题（共40题，每题1分，共40分）

1. 根据《公路水运工程质量检测管理办法》，（   ）应当按照职责负责本行政区域内的公路水运工程质量检测活动的监督管理。
   A. 交通运输部
   B. 省级人民政府交通运输主管部门
   C. 长江航务管理局
   D. 县级以上人民政府交通运输主管部门

2. 根据《公路水运工程质量检测管理办法》，许可机关受理检测机构提出的资质申请后，应当组织开展（   ）。
   A. 承诺制
   B. 书面评审
   C. 现场评审
   D. 专家技术评审

3. 根据《公路水运工程质量检测管理办法》，检测机构资质证书有效期为（   ）年。有效期满拟继续从事质量检测业务的，检测机构应当提前（   ）向许可机关提出资质延续申请。
   A. 5，60个工作日
   B. 5，90个工作日
   C. 6，60个工作日
   D. 6，90个工作日

4. 公路水运工程质量检测机构资质审批技术评审时，评审专家应对提交的材料进行书面审查，其中关于书面审查内容，说法正确的是（   ）。
   A. 典型报告应覆盖所有的质量检测项目且不少于质量检测项目必选参数的15%
   B. 桥梁、隧道和基坑及基桩等涉及结构安全的检测项目以及水泥混凝土、沥青混合料等检测项目不少于必选参数的20%
   C. 新增参数典型报告不低于40%
   D. 主要仪器设备的所有权证明、检定/校准证书应不低于所申请资质等级必选仪器设备总量的40%

5. 根据《中华人民共和国计量法》规定，制造计量器具的企业、事业单位生产本单位未生产过的计量器具新产品，必须经（   ）以上人民政府计量行政部门对其样品的计量性能考核合格，方可投入生产。
   A. 与国务院有关主管部门同级
   B. 省级
   C. 县级
   D. 市级

6. 公路水运工程质量检测机构资质审批时，现场试验操作考核参数一般应采取随机抽取的方式确定，且应覆盖所申请资质等级能力范围的所有检测项目，并不低于（　　），同时抽取相应参数的检测人员。

　　A. 必选参数总量的 15%　　　　　　B. 批准参数总量的 15%

　　C. 可选参数总量的 10%　　　　　　D. 可选参数总量的 5%

7. 根据《公路水运工程质量检测信用评价办法（征求意见稿）》的规定，工地试验室和现场检测项目信用评价工作由（　　）负责。

　　A. 项目业主　　　　　　　　　　　B. 母体机构

　　C. 工地试验室　　　　　　　　　　D. 工地试验室负责人

8. 公路水运工程试验检测人员继续教育的学时要求为（　　）。

　　A. 从取得证书的次年起计算 2 年内获得不少于 24 学时

　　B. 从取得证书的次年起计算 2 年内获得不少于 36 学时

　　C. 从取得证书的当年起计算 2 年内获得不少于 24 学时

　　D. 从取得证书的当年起计算 2 年内获得不少于 36 学时

9. 根据《专业技术人员资格考试违纪违规行为处理规定》，代替他人参加考试的，（　　）年内不得参加各类专业技术人员资格考试。

　　A. 1　　　　　　B. 2　　　　　　C. 3　　　　　　D. 4

10. 根据《检验检测机构资质认定管理办法》，评审组在技术评审中发现有不符合要求的，应当书面通知申请人限期整改，整改期限不得超过（　　）个工作日。

　　A. 5　　　　　　B. 7　　　　　　C. 15　　　　　D. 30

11. 根据《检验检测机构资质认定管理办法》，对于需要延续资质认定证书的，对上一许可周期内无违反市场监管法律、法规、规定行为的检验检测机构，资质认定部门可以采取（　　）方式，对于符合要求的，予以延续资质认定证书有效期。

　　A. 现场评审　　　　　　　　　　　B. 书面审查

　　C. 一般程序　　　　　　　　　　　D. 告知承诺制

12. 根据《〈检验检测机构资质认定评审准则〉条文释义》的规定，检验检测原始记录和报告保存期限不少于（　　）年。

　　A. 3　　　　　　B. 5　　　　　　C. 6　　　　　　D. 7

13. 根据《建设工程质量管理条例》，在正常使用条件下，屋面防水工程、有防水要求的卫生间、房间和外墙面的防渗漏的最低保修期为（　　）年。

　　A. 1　　　　　　B. 2　　　　　　C. 3　　　　　　D. 5

14. 根据《〈检验检测机构资质认定评审准则〉条文释义》的规定，机构的技术负责人负责检验检测机构的（　　）。

　　A. 工程建设　　　　　　　　　　　B. 全部技术活动

　　C. 技术质量管理　　　　　　　　　D. 检验检测管理

15. 关于正态分布曲线，以下说法正确的是（　　）

　　A. 正态分布的标准差越大，其概率密度函数曲线的峰越平缓

　　B. 标准差越大，观测值落在 u 附近的概率越大

C. 标准差越大，表明测量精度高，观测值集中

D. 标准正态分布曲线与横坐标轴在无穷远处相交

16. 若已知修约间隔为 10^{-2}，拟修约值为 -0.4453，则修约值为（　　）。

　　A. -0.44　　　　B. -0.45　　　　C. -0.40　　　　D. -0.450

17. 若某沥青软化点试验测试值为 58.2℃、58.7℃，结果准确至 0.5℃，则最终结果为（　　）。

　　A. 58.0℃　　　　B. 58.4℃　　　　C. 58.5℃　　　　D. 59.0℃

18. 电阻率的单位符号是 Ω·m，则该单位的名称是（　　）。

　　A. 欧姆米　　　　　　　　　　　　B. 欧姆·米

　　C. 欧姆-米　　　　　　　　　　　　D. ［欧姆］［米］

19. 70^{+2}_{-1}mm 所表示的数值范围是（　　）。

　　A. 69mm<X<72mm　　　　　　　　B. 69mm≤X<72mm

　　C. 69mm<X≤72mm　　　　　　　　D. 69mm≤X≤72mm

20. 已知数显千分尺的最大允许误差为 ±0.25μm，假设在区间内的概率分布为均匀分布，则由千分尺引起的标准不确定度分量为（　　）。

　　A. $0.25/\sqrt{3}$ μm　　　　　　　　B. $0.25/2\sqrt{3}$ μm

　　C. $0.5/\sqrt{3}$ μm　　　　　　　　　D. 0.50μm

21. 以下在校准证书上给出的 $k=2$ 的扩展不确定度的表示方式中，其中正确的是（　　）

　　A. $U=0.00800$mg　　　　　　　　B. $U=8\times 10^{-3}$mg

　　C. $U=523.8$μm　　　　　　　　　D. 0.0000008m

22. 标准砝码的质量为 m_s，测量得到的最佳估计值为 100.02147g，合成标准不确定度 $u_c(m_s)$ 为 0.35mg，取包含因子 $k=2$，以下表示的测量结果中不正确的是（　　）。

　　A. $m_s=100.02147$g，$U=0.70$mg，$k=2$

　　B. $m_s=(100.02147\pm 0.00070)$ g，$k=2$

　　C. $m_s=100.02147$g，$u_c(m_s)=0.35$mg，$k=1$

　　D. $m_s=100.02147$g，$u_c(m_s)=0.35$mg

23. 对某样品进行了 5 次重复测量，得到以下称量值：10.23cm、10.22cm、10.24cm、10.24cm、10.25cm 则该样品长度的最佳估计值为（　　）。

　　A. 10.00cm　　　　　　　　　　　B. 10.23cm

　　C. 10.24cm　　　　　　　　　　　D. 10.25cm

24. 以下单位换算正确的是（　　）。

　　A. $1L=10$cm^3　　　　　　　　　B. $1°=(1/100)$ rad

　　C. $1t=10^3$kg　　　　　　　　　　D. 1GPa$=1000000$Pa

25. （　　）是指将总体中的抽样单元按一定顺序排列，在规定的范围内随机抽取一个或一组初始单元，然后按照一定规则确定其他样本单元的抽样方法。

　　A. 系统抽样　　　　　　　　　　　B. 分层抽样

　　C. 整群抽样　　　　　　　　　　　D. 多阶段抽样

26. 某批零件批量为 $N = 240$，由 A、B 两条生产线加工而成，A 生产线批量 $N_A = 80$，B 生产线批量 $N_B = 160$，现要抽取 12 个零件进行检验，则根据比例在 A 生产线抽取 4 个零件，B 生产线抽取 8 个零件，则该抽样方法属于（　　）。

  A. 系统抽样   B. 分层抽样

  C. 整群抽样   D. 多阶段抽样

27. 实验室间比对是按（　　），由两个或多个实验室对相同或类似检测物品进行测量或检测的组织、实施、评价。

  A. 国家标准的规定   B. 实验室校准规范的要求

  C. 检定规程的规定   D. 预先规定的条件

28. 以下关于仪器设备的计量溯源，说法不正确的是（　　）。

  A. 检测机构可以对自有的仪器设备开展自校验

  B. 检定合格的仪器设备，需要经过确认满足使用要求后方可使用

  C. 仪器校准结果的确认主要是为了保证仪器能够满足检验检测要求

  D. 用于检测的仪器可通过实验室能力验证溯源到国家计量基准

29. 根据《水运工程质量检验评定标准》（JTS 257—2008）的规定，水运工程分部工程的质量，应由（　　）组织检验，自检合格后报监理单位。

  A. 施工单位分项工程技术负责人   B. 施工单位项目技术负责人

  C. 总监理工程师   D. 建设单位

30. 以下关于内部校准的说法，说法不正确的是（　　）。

  A. 内部校准指的是在实验室或其所在组织内部实施的，使用自有的设施和测量标准，为实现获认可的检测活动相关的测量设备的量值溯源而实施的校准

  B. 内部校准的结果仅用于内部需要

  C. 内部校准当没有标准方法时，可以采用非标准方法

  D. 内部校准同样必须出具校准证书，但校准证书的内容可以简化

31. 某测量仪器的校准证书上显示：$\Delta = 3.5$mm，$U = 0.4$mm，$k = 2$，则以下理解正确的是（　　）。

  A. 该仪器的示值误差为 0.4mm

  B. 仪器示值误差可表示为（3.5±0.2）mm

  C. 示值误差的标准不确定度为 0.4mm

  D. 示值误差的扩展不确定度为 0.4mm

32. 根据《水运工程质量检验评定标准》（JTS 257—2008）的要求，工序之间应进行交接检验，并形成记录，专业工序之间的交接应经（　　）认可。

  A. 施工单位项目经理   B. 施工单位技术负责人

  C. 建设单位项目负责人   D. 监理工程师

33. 根据《水运工程质量检验评定标准》（JTS 257—2008）的规定，水运工程项目开工前，应由（　　）组织相关单位对单位工程、分部工程和分项工程进行划分，并报水运工程质量监督机构备案。

  A. 建设单位   B. 施工单位   C. 监理单位   D. 设计单位

34. 县级以上人民政府计量行政部门，根据需要设置计量监督员。计量监督员管理办法，由（   ）制定。
   A. 省级以上人民政府计量行政部门
   B. 县级以上地方人民政府计量行政部门
   C. 国务院计量行政部门
   D. 国务院标准化行政主管部门

35. 根据《中华人民共和国标准化法》的规定，国家标准是由（   ）制定的。
   A. 国务院标准化行政主管部门
   B. 国务院有关行政主管部门
   C. 省、自治区、直辖市人民政府标准化行政主管部门
   D. 设区的市人民政府标准化行政主管部门

36. 根据《中华人民共和国产品质量法》规定，产品质量检验机构必须经（   ）以上人民政府产品质量监督管理部门或者其授权的部门对其相应的检测条件和能力进行考核，考核合格后，方可承担产品质量的检验工作。
   A. 省级   B. 市级
   C. 区级   D. 县级

37. 在不同地点、不同操作者、不同测量系统，对同一或相类似被测对象多次重复测量，标准偏差越小，说明（   ）越好。
   A. 测量准确度   B. 测量复现性
   C. 测量重复性   D. 测量正确度

38. （   ）指被测量的测得值与其真值间的一致程度。
   A. 测量准确度   B. 测量正确度
   C. 测量精密度   D. 测量重复性

39. 对某参数进行多次独立重复测量，测量的重复性常用（   ）来评价。
   A. 最大允许误差   B. 试验标准偏差
   C. 算术平均值   D. 示值误差

40. $1\mu s^{-1}$ 等于（   ）。
   A. $10^6 s^{-1}$ B. $10^{-6} s^{-1}$
   C. $10^6 s$ D. $10^{-6} s$

二、判断题（共30题，每题1分，共30分）

1. 根据《公路水运工程质量检测管理办法》，检测机构发生合并、分立、重组、改制等情形的，应当及时向许可机关提出事项变更。（   ）

2. 公路水运工程质量检测机构资质等级条件人员配备中，相关专业的高级职称人员，要求具有高级职称并持试验检测师证书人员数量为强制项条件，持证人员专业配置为非强制项。（   ）

3. 工地试验室授权负责人信用等级被评为信用差的，2年内不能担任工地试验室授权负责人。（   ）

4. 从业单位应当依法对从业人员进行安全生产教育和培训。未经安全生产教育和培训合格的从业人员，不得上岗作业。（　　）

5. 测量误差可以为负值，而测量不确定度为非负值。（　　）

6. 危险化学品应当在专用仓库内单独存放，实行双人收发、双人保管制度。（　　）

7. 持有原试验检测工程师证书的人员参加考试的，免考公共基础科目。（　　）

8. 检验检测机构应是依法成立并能够承担相应法律责任的法人。（　　）

9. 检验检测机构应当开展有效的合同审查。对相关要求、标书、合同的偏离、变更应当征得客户同意并通知相关人员。（　　）

10. 计量确认的依据既不是计量检定规程，也不是设备的使用说明书，而是校准规范。（　　）

11. 根据《实验室信息管理系统管理规范》（RB/T 028—2020），实验室宜考虑实现 LIMS 与内部和外部系统对接的电子化管理功能。（　　）

12. 根据《检验检测机构资质认定评审准则》条文释义的规定，检验检测机构租用、借用仪器设备开展检验检测时，应确保有租用、借用合同，租用、借用期限不少于 2 年。（　　）

13. 仪器设备经过检定合格即表明该仪器设备符合检测要求。（　　）

14. 检验检测机构在资质认定证书确定的能力范围内，在出具的各类检验检测报告上，都必须标注资质认定标识，表明其具有相应的检验检测能力。（　　）

15. 若指定修约间隔为 10，则修约后的数值一定为 10 的整数倍。（　　）

16. 当标准或有关文件对极限值（包括带有极限偏差值的数值）无特殊规定时，均应使用修约值比较法。（　　）

17. 通过改善测量方案可以消除测量误差。（　　）

18. 不确定度是近真值的可能误差的量度，不确定度越小，测量结果越准确。（　　）

19. 能力验证是将一个参加实验室对被测物品（材料或制品）的测量结果与参考值进行比较，并按预定准则进行评价的活动。（　　）

20. 计量检定工作应当按照经济合理的原则，就地就近进行，不受行政区划和部门管辖的限制。（　　）

21. 按照最小二乘法的基本原理，当所有测量数据的偏差平方和最小时，所拟合的直线最优。（　　）

22. 根据《公路工程质量检验评定标准 第一册 土建工程》（JTG F80/1—2017），外观质量应随机抽样检查，并满足规定要求，否则该检验项目为不合格。（　　）

23. 根据《计量法》规定，计量检定必须执行计量检定规程。（　　）

24. 制造、修理计量器具的企业、事业单位必须对制造、修理的计量器具进行检定，保证产品计量性能合格，并对合格产品出具检定证书。（　　）

25. 根据《中华人民共和国标准化法》的规定，地方标准、行业标准都属于推荐性标准，而国家标准属于强制性标准。（　　）

26. 强制性标准文本应当免费向社会公开，而推荐性标准文本国家推动免费向社会公开。（　　）

27. 行业标准是由国务院有关行政主管部门制定的,因此国务院有关行政主管部门可以自行制定行业标准且备案。（　　）

28. 根据《公路水路行业产品质量监督抽查管理办法》,交通运输部委托具有法定资质的检验机构承担抽样检验相关工作,监督抽查检验机构可以根据情况向被抽查的企业收取费用。（　　）

29. 建设工程在保修范围和保修期限内发生质量问题的,施工单位应当履行保修义务,造成的损失由建设单位承担赔偿责任。（　　）

30. 根据《危险化学品安全管理条例》,生产、储存危险化学品的单位,应当在其作业场所设置通信、报警装置,并保证处于适用状态。（　　）

三、多选题（共 25 题,每题 2 分,共 50 分。下列各题备选项中,至少有 2 个是符合题意的,选项全部正确得满分,选项部分正确按比例得分,出现错误选项该题不得分）

1. 根据《公路水运工程质量检测信用评价办法（征求意见稿）》的规定,当公路水运工程质量检测机构（母体机构）出现（　　）情况之一,检测机构信用评价直接定为 D 级。
   A. 非法转让、出租检测资质证书
   B. 转包或违规分包检测业务的
   C. 发生一般或较大的生产安全或质量事故且负有责任的
   D. 所设立的工地试验室或现场检测项目出现一个得分为 0 分的

2. 建设单位可通过招标等方式直接委托具有（　　）第三方试验检测机构设立工地试验室,承担工程建设项目监理的全部或部分试验检测工作,但不包含施工方的工地检测。
   A. 资质等级证书
   B. 计量认证证书
   C. 质量管理体系认证证书
   D. 环境管理体系认证证书

3. 以下关于公路水运工程工地试验室授权负责人的职责或能力要求,说法正确的是（　　）。
   A. 授权负责人应审核或签发工地试验室出具的试验检测报告,对试验检测数据及报告的真实性、准确性负责
   B. 授权负责人无权辞退母体正式聘用的违规试验检测人员
   C. 工地试验室授权负责人应在 2 个工作日之内将签发的涉及结构安全的产品或试验检测项目不合格报告报送试验检测委托方,并抄送项目质监机构
   D. 授权负责人应掌握一定的管理知识,有较丰富的管理经验

4. 承担公路水运工程继续教育的机构,需要满足的条件,其中不包括（　　）。
   A. 具有独立法人资格,具备完善的教学师资等组织管理及评价体系
   B. 有不少于 3 名的师资人员
   C. 有教学场所、实操场所,如租用场所应至少有 5 年以上的协议
   D. 具有较丰富的公路、水运工程试验检测和工程经验

5. 根据《检验检测机构资质认定管理办法》，检验检测机构资质认定程序分为（　　）。

A. 一般程序　　　　　　　　　　　　　B. 书面审查

C. 现场评审　　　　　　　　　　　　　D. 告知承诺程序

6. 根据《〈检验检测机构资质认定评审准则〉条文释义》的规定，检验检测机构可依据（　　）建立管理体系。

A. 相关法律法规　　　　　　　　　　　B. 国家标准

C. 行业标准　　　　　　　　　　　　　D. 国际标准

7. 根据《检验检测机构资质认定 能力评价 检验检测机构通用要求》的规定，检验检测机构应建立和保持记录管理程序，以下属于质量记录的有（　　）。

A. 设备管理记录

B. 环境条件控制记录

C. 合同评审记录

D. 管理评审记录

8. 根据《〈检验检测机构资质认定评审准则〉条文释义》的规定，书面审查结论分为（　　）情形。

A. 符合　　　　B. 不符合　　　　C. 满足　　　　D. 不满足

9. 根据《〈检验检测机构资质认定评审准则〉条文释义》的规定，关于机构正确使用有效的方法开展检验检测活动的说法正确的是（　　）。

A. 检验检测方法包括标准方法和非标准方法

B. 使用标准方法前应当进行确认

C. 使用非标准方法前，应当先对方法进行验证

D. 应当优先使用标准方法

10. 根据《实验室信息管理系统管理规范》（RB/T 028—2020），实验室应策划和制定涉及 LIMS 的文件，以下关于该文件的要求，说法正确的有（　　）。

A. 该文件应覆盖 LIMS 建设、运行、维护和退役整个生命周期

B. 该文件应对涉及 LIMS 整个生命周期各关键环节的岗位予以描述

C. 采用电子化管理文件时，对修改的内容应授权且做出明显标识，以确保 LIMS 电子化文件的有效性，防止作废电子化文件被误用

D. 该文件宜与实验室的其他文件有机整合协同运行

11. 根据《能力验证计划的选择与核查及结果利用指南》，参加者应核查能力评定标准差的确定是否合理，以下属于确定能力评定标准差的方法有（　　）。

A. 规定值　　　　　　　　　　　　　　B. 经验值

C. 一般模型　　　　　　　　　　　　　D. 测量方法精密度

12. 根据《检测和校准实验室能力的通用要求》（RB/T 27025—2019）的规定，以下设备应当停用的有（　　）。

A. 设备过载　　　　　　　　　　　　　B. 设备处置不当

C. 给出可疑结果　　　　　　　　　　　D. 显示有缺陷

13. 修正是对估计的系统误差的补偿，用于补偿系统误差的方法有（   ）
   A. 加上一个修正因子
   B. 乘以一个修正值
   C. 根据修正值表修正
   D. 根据修正曲线修正

14. 分部工程指的是在建设项目中，根据（   ）划分的工程。
   A. 施工条件
   B. 结构功能
   C. 施工特点
   D. 施工任务

15. 根据《公路工程质量检验评定标准 第一册 土建工程》(JTG F80/1—2017)，评定为不合格的分项工程、分部工程，应（   ），满足设计要求后，可重新进行检验评定。
   A. 返工
   B. 加固
   C. 补强
   D. 调测

16. 根据《公路养护工程质量检验评定标准 第一册 土建工程》(JTG 5220—2020)的规定，养护工程质量检验评定应按（   ）逐级进行。
   A. 养护检验批
   B. 养护分项工程
   C. 养护单元
   D. 养护工程

17. 根据《检验检测机构监督管理办法》，检验检测机构出具的检验检测报告，存在（   ）情形，属于不实检验检测报告。
   A. 违反国家有关强制性规定的检验检测规程或者方法的
   B. 使用未经检定或者校准的仪器、设备、设施的
   C. 伪造、变造原始数据、记录，或者未按照标准等规定采用原始数据、记录的
   D. 遗漏或者变更标准等规定的应当检验检测的项目，或者改变关键检验检测条件的减少

18. 工地试验室（   ）进行变更的，应当由母体试验检测机构报经建设单位同意后，向项目质监机构备案。
   A. 被授权的试验检测项目
   B. 授权的试验检测参数
   C. 试验检测持证人员
   D. 仪器设备

19. 根据《公路水运工程质量监督管理规定》，交通运输主管部门或者其委托的建设工程质量监督机构可以采取（   ）等方式对从业单位实施监督检查。
   A. 随机抽查
   B. 备案核查
   C. 专项督查
   D. 明查暗访

20. 根据《危险化学品安全管理条例》，储存危险化学品的单位应当建立危险化学品出入库（   ）制度。
   A. 备案
   B. 核查
   C. 登记
   D. 上报

21. 以下关于标准物质说法正确的有（   ）。
   A. 具有足够的均匀性
   B. 具有足够的稳定性
   C. 都可用于仪器校准
   D. 都可用于测量正确度的控制

22. 在技术文件中标注额定电压和电流时，下列表示不恰当的有（　　）。

A. 160V～200V，10A～15A

B. 160～200V，10～15A

C. （160～200）V，（10～15）A

D. （160～200）伏【特】，（10～15）安【培】

23. 以下量和量的单位符号，对应正确的是（　　）。

A. 应力，kN B. 热力学温度，℃

C. 照度，lx D. 光通量，lm

24. 我国计量法规定，国家法定计量单位由（　　）组成。

A. 国际单位制单位 B. 非国际单位制单位

C. 国际单位制基本单位 D. 国际单位制导出单位

25. 下列单位符号中，不属于国际单位制的符号是（　　）。

A. h　　　　　　B. ms　　　　　　C. t　　　　　　D. kg

答案解析

一、单选题（共 40 题，每题 1 分，共 40 分）

1. 【答案】D

《公路水运工程质量检测管理办法》第五条规定：交通运输部负责全国公路水运工程质量检测活动的监督管理。

县级以上地方人民政府交通运输主管部门按照职责负责本行政区域内的公路水运工程质量检测活动的监督管理。

2. 【答案】D

《公路水运工程质量检测管理办法》第十二条规定：许可机关受理申请后，应当组织开展专家技术评审。

专家技术评审由技术评审专家组（以下简称专家组）承担，实行专家组组长负责制。参与评审的专家应当由许可机关从其建立的质量检测专家库中随机抽取，并符合回避要求专家应当客观、独立、公正开展评审，保守申请人商业秘密。

3. 【答案】B

《公路水运工程质量检测管理办法》第十八条规定：检测机构资质证书有效期为 5 年，有效期满拟继续从事质量检测业务的，检测机构应当提前 90 个工作日向许可机关提出资质延续申请。

补充：根据《公路水运工程质量检测管理办法》第 21 条：许可机关应当对申请资质延续审批的申请人进行专家技术评审，并在检测机构资质证书有效期满前，作出是否准予延续的决定。符合资质条件的，许可机关准予检测机构资质证书延续 5 年。

4. 【答案】D

《公路水运工程质量检测机构资质审批专家技术评审工作程序》第六条规定：书面审查具体内容如下：

（1）证明质量检测水平的典型报告（典型报告应覆盖所有的质量检测项目且不少于质量检测项目必选参数的 10%，其中桥梁、隧道和基坑及基桩等涉及结构安全的检测项目以及水泥混凝土、沥青混合料等检测项目不少于必选参数的 15%，新增参数典型报告不低于 30%。典型报告应包括委托单、报告及相关记录等）；

（2）仪器设备的所有权证明、检定/校准证书（主要仪器设备应不低于所申请资质等级必选仪器设备总量的 40%）。

5. 【答案】B

《中华人民共和国计量法》第十三条规定：制造计量器具的企业、事业单位生产本单位未生产过的计量器具新产品，必须经省级以上人民政府计量行政部门对其样品的计量性能考核合格，方可投入生产。

6. 【答案】A

《公路水运工程质量检测机构资质审批专家技术评审工作程序》第十五条规定：现场试验操作考核参数一般应采取随机抽取的方式确定，且应覆盖所申请资质等级能力范围的所有检测项目，并不低于必选参数总量的15%，同时抽取相应参数的检测人员。

7. 【答案】A

《公路水运工程质量检测信用评价办法（征求意见稿）》第十五条规定：工地试验室和现场检测项目信用评价工作由项目业主负责。

8. 【答案】A

公路水运工程试验检测继续教育周期为2年（从取得证书的次年起计算）。试验检测人员在每个周期内接受继续教育的时间累计不应少于24学时。

9. 【答案】B

《专业技术人员资格考试违纪违规行为处理规定》第十条规定：代替他人参加考试的，2年内不得参加各类专业技术人员资格考试。

补充：

《专业技术人员资格考试违纪违规行为处理规定》第九条规定：对提供虚假证明材料或者以其他不正当手段取得相应证书的，由证书签发机关宣布证书无效收回证书，并依照本规定第七条处理。对其中涉及职业准入资格的人员3年内不得参加该项资格考试。

10. 【答案】D

《检验检测机构资质认定管理办法》第二十六条规定：评审组在技术评审中发现有不符合要求的，应当书面通知申请人限期整改，整改期限不得超过30个工作日。逾期未完成整改或者整改后仍不符合要求的，相应评审项目应当判定为不合格。

评审组在技术评审中发现申请人存在违法行为的，应当及时向资质认定部门报告。

11. 【答案】B

《检验检测机构资质认定管理办法》第十三条规定：对上一许可周期内无违反市场监管法律、法规、规章行为的检验检测机构，资质认定部门可以采取书面审查方式，对于符合要求的，予以延续资质认定证书有效期。

12. 【答案】C

检验检测原始记录和报告保存期限不少于6年。

13. 【答案】C

《建设工程质量管理条例》第四十条规定：在正常使用条件下，建设工程的最低保修期限为：（一）基础设施工程、房屋建筑的地基基础工程和主体结构工程，为设计文件规定的该工程的合理使用年限；

（二）屋面防水工程、有防水要求的卫生间、房间和外墙面的防渗漏，为5年；

（三）供热与供冷系统，为2个采暖期、供冷期；

（四）电气管线、给排水管道、设备安装和装修工程，为2年。其他项目的保修期限由发包方与承包方约定建设工程的保修期，自竣工验收合格之日起计算。

14. 【答案】B

检验检测机构的技术负责人负责检验检测机构的全部技术活动。技术负责人应具有中级及以上相关专业技术职称或者具有同等能力。同等能力是指人员的教育背景、工作经历具备以下条件：博士研究生毕业，且从事相关专业检验检测活动1年及以上；硕士研究生毕业，且从事相关专业检验检测活动3年及以上；大学本科毕业，且从事相关专业检验检测活动5年及以上；大学专科毕业，且从事相关专业检验检测活动8年及以上。

补充：

（1）《检验检测机构管理和技术能力评价建设工程检验检测要求》第5.2.3条规定：机构的授权签字人应熟悉签字领域的检验检测项目并具有5年以上的相关检验检测工作经历；审核人员应熟悉其报告审核范围的检验检测方法，并应具有理工科相关专业教育背景和不少于2年的相关检验检测工作的经历。

（2）《检验检测机构管理和技术能力评价建设工程检验检测要求》第5.2.4条规定：机构的监督人员应熟悉其监督范围的检验检测要求和过程，应具有不少于3年的相关检验检测工作的经历。

15.【答案】A

正态分布曲线的特征：

（1）$f(x)$ 处处大于零，各阶连续可导。

（2）$f(x)$ 在 $(-\infty, \mu)$ 区间严格上升，$x=\mu$ 时取得最大值，其大小只取决于标准差。标准差越大，观测值落在 μ 附近的概率越小，表示测量精度越差，观测值也越分散；标准差越小，观测值落在 μ 附近的概率越大，表示测量精度越好，观测值越集中。在 $x=\mu$ 处有极值。

（3）$f(x)$ 关于 $x=\mu$ 对称。

（4）$f(x)$ 在 $(-\infty, +\infty)$ 内积分为1，即曲线与横轴间的面积总等于1。

（5）正态曲线为钟形，两头低，中间高，左右对称。

16.【答案】B

负数修约绝对值。

17.【答案】C

0.5单位修约方法如下：将拟修约数值 X 乘以2按指定修约间隔对 $2X$ 进行修约，所得数值（$2X$ 修约值）再除以2。

先计算平均值（58.2℃+58.7℃）/2=58.45℃，将拟修约值58.45×2=116.90，先按修约间隔1修约，修约后数值为117，再将修约值除以2，所以117÷2=58.5℃，所以选择C选项。

18.【答案】A

书写单位名称时，不加任何表示乘或（和）除的符号或（和）其他符号，例如：电阻率单位符号是 $\Omega \cdot m$，其名称为"欧姆米"而不是"欧姆·米""欧姆-米""[欧姆][米]"等。

19.【答案】D

（1）基本数值 A 带有绝对极限上偏差值 $+b_1$ 和绝对极限下偏差值 $-b_2$，指从 $A-b_2$ 到 $A+b_1$ 符合要求，记为 $A_{-b_2}^{+b_1}$，注意 $A_{-b_2}^{+b_1}$ 不含 b_1 或 b_2 的情况。

（2）基本数值 A 带有相对极限上偏差值 $+b_1\%$ 和相对极限下偏差值 $-b_2\%$，指从 $A(1-$

$b_2\%)$ 到 $A(1+b_1\%)$ 符合要求,记为 $A_{-b_2}^{+b_1}\%$,注意 $A_{-b_2}^{+b_1}\%$ 不含 $b_1\%$ 或 $b_2\%$ 的情况。

20. 【答案】A

数字显示装置的分辨力为1个数字所代表的量值 δ_x,则区间半宽度 $a=\delta_x/2$,假设为均匀分布,则 $k=\sqrt{3}$,则由分辨力引起的标准不确定度分量为 $u(x) = \dfrac{a}{k} = \dfrac{\delta_x}{2\sqrt{3}} = 0.29\delta_x$,由于题中已知半宽为 $0.25\mu m$,所以不确定度为 $0.25/\sqrt{3}\ \mu m$。

21. 【答案】B

(1) 测量不确定度的有效数字位数:在报告测量结果时,不确定度 U 或 $u_c(y)$ 都只能是 1~2 位有效数字。也就是说,报告的测量不确定度最多为 2 位有效数字。(2) 标准不确定度用 $u_c(y)$ 表示,扩展不确定度用 U 表示:A 选项,$U=0.00800$mg,有 3 位有效数字,所以 A 选项错误,C 选项,$U=523.8\mu m$,有 4 位有效数字,所以 C 选项错误,D 选项:应写成 $U=0.0000008$m,所以 D 选项错误。

22. 【答案】C

(1) 合成标准不确定度表示方法:

① $m_s=100.02147$g,$u_c(m_s)=0.35$mg。

② $m_s=100.02147(35)$ g;括号内的数是合成标准不确定度的值,其末位与前面结果内末位数对齐。

③ $m_s=100.02147(0.00035)$ g;括号内的数是合成标准不确定度的值,与前面结果有相同的计量单位。

④ 不写成 $m_s=(100.02147\pm0.00035)$ g,避免与扩展不确定度混淆。

⑤ 给出合成标准不确定度时,无须说 $k=1$ 或概率 p。

(2) 扩展不确定度表示方法

① 用 $U=ku_c(y)$ 的形式表示,其中 k 为包含因子,$u_c(y)$ 为合成标准不确定度。

a. $m_s=100.02147$g,$U=0.70$mg;$k=2$。

b. $m_s=(100.02147\pm0.00070)$ g;$k=2$。

c. $m_s=100.02147(70)$ g;括号内为 $k=2$ 的 U 值,其末位与前面结果内末位数对齐。

d. $m_s=100.02147(0.00070)$ g;括号内为 $k=2$ 的 U 值,与前面结果有相同的计量单位。

② 用 $U_p=k_p u_c(y)$ 的形式表示,其中 k_p 为根据置信概率和自由度查 t 分布指标得出的系数,$u_c(y)$ 为合成标准不确定度

a. $m_s=100.02147$g;$U_{95}=0.79$mg,$v_{eff}=9$。

b. $m_s=(100.02147\pm0.00079)$ g,$v_{eff}=9$,括号内第二项为 U_{95} 的值。

c. $m_s=100.02147(79)$ g,$v_{eff}=9$,括号内为 U_{95} 的值,其末位与前面结果末位数对齐。

d. $m_s=100.02147(0.00070)$ g,$v_{eff}=9$,括号内为 U_{95} 的值,与前面结果有相同的计量单位。

23. 【答案】C

(1) 直接测量量的最佳估计值可由其算术平均值表示,最佳估计值的末位与测量值末位对齐或多保留1位。

(2) 间接测量量的最佳估计值：先分别计算各直接测量量的最佳估计值，然后代入相应的函数关系 $g=f(xy\cdots)$，得到间接测量量的最佳估计值，最佳估计值有效数字的位数与参与运算的数字中有效数字位数最多的一致。

因此本题最佳估计值 = （10.23 + 10.22 + 10.24 + 10.24 + 10.25）/5 = 10.236（cm）≈ 10.24cm

24.【答案】C

A 选项：$1L = 1dm^3 = 10^3 cm^3$，所以 A 选项错误。

B 选项：$180° = \pi rad$，所以 $1° = (\pi/180)$ rad，B 选项错误。

D 选项：$1GPa = 10^9 Pa$，所以 D 选项错误。

25.【答案】A

将总体中的抽样单元按一定顺序排列，在规定的范围内随机抽取一个或一组初始单元，然后按照一定规则确定其他样本单元的抽样叫系统抽样。

26.【答案】A

将总体中的抽样单元按一定顺序排列，在规定的范围内随机抽取一个或一组初始单元，然后按照一定规则确定其他样本单元的抽样叫系统抽样。

等距抽样：将总体中的 N 个抽样单元按照一定顺序排列，n 个样本单元由满足以下关系的单元编号组成：h，$h+k$，$h+2k$，$\cdots$，$h+(n-1)k$。

27.【答案】D

实验室间比对是按照预先规定的条件，由两个或多个实验室对相同或类似检测物品进行测量或检测的组织、实施、评价。

28.【答案】D

常见的溯源方式有：检定、校准、验证。能力验证不是量值溯源的方式。

29.【答案】B

(1)《水运工程质量检验评定标准》第 1.6.0.2 条规定：分项工程及检验批的质量应由施工单位分项工程技术负责人组织检验，自检合格后报监理单位，监理工程师应及时组织施工单位专职质量检查员等进行检验与确认。

(2)《水运工程质量检验评定标准》第 1.6.0.3 条规定：分部工程的质量应由施工单位项目技术负责人组织检验，自检合格后报监理单位，总监理工程师应组织施工单位项目负责人和技术、质量负责人等进行检验与确认。其中，地基与基础等分部工程检验时，勘察、设计单位应参加相关项目的检验。

(3)《水运工程质量检验评定标准》第 1.6.0.4 条规定：单位工程完成后，施工单位应组织有关人员进行检验，自检合格后报监理单位并向建设单位提交单位工程竣工报告。

(4)《水运工程质量检验评定标准》第 1.6.0.6 条规定：建设单位收到单位工程竣工报告后应及时组织施工单位、设计单位、监理单位对单位工程进行预验收。

(5)《水运工程质量检验评定标准》第 1.6.0.7 条规定：单位工程质量预验收合格后，建设单位应在规定时间内将工程质量检验有关文件，报水运工程质量监督部门申请质量鉴定。

30.【答案】D

（1）内部校准（自校验）的含义。

在实验室或其所在组织内部实施的，使用自有的设施和测量标准，为实现获认可的检测活动相关的测量设备的量值溯源而实施的校准。校准结果仅用于内部需要。内部校准指在内部实施的，使用自有人员、设备及环境等条件，为保证仪器量值准确、可靠而开展的校准活动，所以A、B选项正确。

（2）内部校准依据。

试验室实施内部校准应优先采用标准方法，当没有标准方法时，可以使用自编方法、测量设备制造商推荐的方法等非标方法。使用外部非标方法时应转化为试验室文件。非标方法使用前应经过确认，所以C选项正确。

（3）内部校准证书。

内部校准的校准证书可以简化，或不出具校准证书，但校准记录的内容应符合校准方法和认可准则的要求，所以D选项错误。

31.【答案】D

A、B选项：该仪器的示值误差可表示为（3.5±0.4）mm，$k=2$，所以A、B选项错误。C选项：示值误差的标准不确定度为0.2mm，所以C选项错误。

32.【答案】D

《水运工程质量检验评定标准》第1.3.0.2.3条规定：

工序之间应进行交接检验，并形成记录。

专业工序之间的交接应经监理工程师认可。

未经检验或经检验不合格的不得进行下道工序施工。

33.【答案】A

《水运工程质量检验评定标准》第1.6.0.1条规定：水运工程项目开工前，建设单位应组织施工单位、监理单位对单位工程、分部工程和分项工程进行划分，并报水运工程质量监督机构备案。

34.【答案】C

《中华人民共和国计量法》第十九条规定：县级以上人民政府计量行政部门，根据需要设置计量监督员。计量监督员管理办法，由国务院计量行政部门制定。

35.【答案】A

《中华人民共和国标准化法》第二条规定：国家标准由国务院标准化行政主管部门制定。行业标准由国务院有关行政主管部门制定。地方标准由省、自治区、直辖市以及设区的市人民政府标准化行政主管部门制定。团体标准由学会、协会、商会、联合会、产业技术联盟等社会团体制定。企业标准由企业或企业联合制定。

注：无论是强制性国家标准还是推荐性国家标准，均是由国务院标准化行政主管部门制定。

36.【答案】A

《中华人民共和国产品质量法》第十九条规定：产品质量检验机构必须具备相应的检测条件和能力，经省级以上人民政府产品质量监督管理部门或者其授权的部门考核合格后，方可承担产品质量的检验工作。法律行政法规对产品质量检验机构另有规定的,依照有关的法律、行政法规的规定执行。

37.【答案】B

(1) 测量重复性简称重复性,在一组重复性测量条件下的测量精密度;

(2) 测量复现性简称复现性,是在复现性测量条件下的测量精密度;

重复性测量条件简称重复性条件,包括相同的测量程序、相同的操作者、相同的操作条件和相同的地点,并在短时间内对同一或相类似被测对象重复测量的一组测量条件;复现性测量条件简称复现性条件,是指不同地点、不同操作者、不同测量系统,对同一或相类似被测对象重复测量的一组测量条件。

38.【答案】A

测量准确度简称准确度,指被测量的测得值与其真值间的一致程度。

39.【答案】B

测量重复性简称重复性,在一组重复性测量条件下的测量精密度。

40.【答案】A

词头与所紧接的单位,应作为一个整体对待。他们一起组成一个新单位(十进制倍数单位),并具有相同的幂次,而且还可以根据习惯和其他单位构成组合单位。所以 $1\mu s^{-1} = (10^{-6}s)^{-1} = 10^6 s^{-1}$。

二、判断题(共30题,每题1分,共30分)

1.【答案】错误

《公路水运工程质量检测管理办法》第二十三条规定:检测机构发生合并、分立、重组、改制等情形的,应当按照本办法的规定重新提交资质申请。

2.【答案】错误

人员配备要求中证书专业配置也属于强制性,一项不满足视为不符合。

3.【答案】错误

(1) 工地试验室授权负责人信用等级被评为信用较差的,2年内不能担任工地试验室授权负责人。信用等级被评为信用很差的,5年内不能担任工地试验室授权负责人。

(2) 工地试验室信用评价结果小于或等于70分的,其授权负责人2年内不能担任工地试验室授权负责人。

4.【答案】正确

《公路水运工程安全生产监督管理办法》第十五条规定:从业单位应当依法对从业人员进行安全生产教育和培训。未经安全生产教育和培训合格的从业人员,不得上岗作业。

5.【答案】正确

测量误差=测值-真值,因此测量误差可为负值,测量不确定度指的是根据所用到的信息,表征赋予被测量量值分散性的非负参数。

6.【答案】错误

《危险化学品安全管理条例》第二十四条规定:危险化学品应当储存在专用储藏室内,由专人负责管理;

剧毒化学品以及存储数量构成重大危险源的其他危险化学品,应当在专用仓库内单独存放，实行双人收发、双人保管制度。

7.【答案】正确

《公路水运工程试验检测专业技术人员职业资格考试实施办法》规定：持有原试验检测工程师证书的人员参加考试的，免考公共基础科目。

8.【答案】错误

根据《〈检验检测机构资质认定评审准则〉条文释义》的规定：检验检测机构应是依法成立并能够承担相应法律责任的法人或者其他组织。检验检测机构或者其所在的组织应有明确的法律地位，对其出具的检验检测数据、结果负责，并承担相应法律责任。不具备独立法人资格的检验检测机构应经所在法人单位授权。

9.【答案】正确

检验检测机构应当开展有效的合同审查。对相关要求、标书、合同的偏离、变更应当征得客户同意并通知相关人员。

本条是关于合同评审的条款。

①检验检测机构建立的管理体系应包含对评审客户要求、标书、合同的偏离、变更作出规定的内容。

②检验检测机构应对要求、标书、合同的偏离、变更加以有效控制，客户要求的偏离、变更 不应影响检验检测机构的诚信或结果的有效性，对相关要求、标书、合同的偏离、变更应当征得客户同意并通知相关人员。

③检验检测机构应对分包和使用判定规则作出相关规定。

10.【答案】错误

计量确认的依据既不是计量检定规程，也不是设备的使用说明书，而是预期的使用要求，往往是依据试验规程。因此，仪器设备在检定或校准之前应依据试验规程或规范明确提出设备使用的量值测量范围和精度要求。

11.【答案】正确

《实验室信息管理系统管理规范》第4.2.2条规定：实验室宜考虑实现LIMS与内部（如采购、办公自动化、财物等）和外部系统（如资质认定申请，年度自查，统计报告、能力验证或实验室间比对等）对接的电子化管理（记录、限制、自动评价、退回、预警等）功能。

12.【答案】错误

检验检测机构租用、借用仪器设备开展检验检测时，应确保：

a. 有租用、借用合同，租用、借用期限不少于1年。

b. 对租用、借用的设备具有完全的使用权、支配权。检验检测机构租用、借用的仪器设备，应由本a检验检测机构的人员操作、维护、检定或校准，具有此方面规定并能够有效实施。

13.【答案】错误

仪器设备的量程精度对检测结果的准确至关重要，对检定/校准机构或试验室出具的检定/校准证书、测试报告，试验室应进行符合性确认评价。也就是无论检定、校准都要对其证书的结果进行计量确认，判定是否满足试验规程的要求。

14. 【答案】 正确

（1）检验检测专用章的使用。

检验检测机构在其出具的各类检验检测报告上，都必须加盖检验检测专用章，用以表明该检验检测报告由其出具，是有效力的，并由该检验检测机构负责。

（2）资质认定标识的使用。

检验检测机构在资质认定证书确定的能力范围内，在出具的各类检验检测报告上，都必须标注资质认定标识，表明其具有相应的检验检测能力。

15. 【答案】 正确

修约间隔是指修约的最小数值单位。修约间隔的数值一经确定，修约值即为该数值的整数倍。

16. 【答案】 错误

当标准或有关文件对极限值（包括带有极限偏差值的数值）无特殊规定时，均应使用全数值比较法。如规定采用修约值比较法，应在标准中加以说明。

17. 【答案】 错误

一切测量结果都具有误差，误差是无法被消除的。

改善测量方案可以减小测量误差，并不能完全消除。

18. 【答案】 正确

任何测量结果的测量都存在缺陷，所有的测量结果都会或多或少地偏离被测量的真值，测量结果不等于真值。测量的可能误差范围表明了测量结果的可疑程度，称为不确定度。不确定度是近真值的可能误差的量度，不确定度越小，测量结果越准确。

19. 【答案】 错误

（1）能力验证是指利用实验室间比对，按照预先制定的准则评价参加者能力的活动，实际上它是为确保实验室维持较高的校准和检测水平而对其能力进行考核、监督和确认的一种验证活动。

（2）测量审核是能力验证的一种特殊形式。它是将一个参加实验室对被测物品（材料或制品）的测量结果与参考值进行比较，并按预定准则进行评价的活动。测量审核有时也称一对能力验证计划。

20. 【答案】 正确

计量检定工作应当按照经济合理的原则，就地就近进行。

（1）经济合理就是进行计量检定、组织量值传递要充分利用现有的计量检定设施，合理地部署计量检定网点；

（2）就地就近是组织量值传递不受行政区划和部门管辖的限制。

21. 【答案】 正确

22. 【答案】 错误

外观质量应进行全面检查，并满足规定要求，否则该检验项目为不合格。

23. 【答案】 正确

《中华人民共和国计量法》第十条规定：计量检定必须按照国家计量检定系统表进行。国家计量检定系统表由国务院计量行政部门制定。

计量检定必须执行计量检定规程。国家计量检定规程由国务院计量行政部门制定。没有国家计量检定规程的，由国务院有关主管部门和省、自治区、直辖市人民政府计量行政部门分别制定部门计量检定规程和地方计量检定规程。

24. 【答案】错误

《中华人民共和国计量法》第十五条规定：制造、修理计量器具的企业、事业单位必须对制造、修理的计量器具进行检定，保证产品计量性能合格，并对合格产品出具产品合格证。《中华人民共和国计量法实施细则》第十四条规定：制造、修理计量器具的企业、事业单位和个体工商户须在固定的场所从事经营，具有符合国家规定的生产设施、检验条件、技术人员等，并满足安全要求。

25. 【答案】错误

《中华人民共和国标准化法》第二条规定：国家标准分为强制性标准、推荐性标准。行业标准、地方标准是推荐性标准。

26. 【答案】正确

《中华人民共和国标准化法》第十七条规定：强制性标准必须强制执行，违反强制性标准的行为将依法追究法律责任，因此强制性标准文本应当免费公开。推荐性标准属于政府主导制定，具有公益性，未强制要求免费向社会公开。

27. 【答案】错误

《中华人民共和国标准化法》第十二条规定：行业标准是由国务院有关行政主管部门制定，但需要说明的是，不是所有的国务院部门都可以制定行业标准，国务院有关部门是否可以制定行业标准、行业标准的具体领域、行业标准的代号均需经过国务院标准化行政主管部门批准。

行业标准应当是由制定标准的部门报国务院标准化行政主管部门备案。

28. 【答案】错误

《公路水路行业产品质量监督抽查管理办法》第七条规定：监督抽查不得向被抽查企业收取费用。

29. 【答案】错误

《建设工程质量管理条例》第四十一条规定：建设工程在保修范围和保修期限内发生质量问题的，施工单位应当履行保修义务，并对造成的损失承担赔偿责任。

30. 【答案】正确

《危险化学品安全管理条例》第二十一条规定：生产、储存危险化学品的单位，应当在其作业场所设置通信、报警装置，并保证处于适用状态。

三、多选题（共25题，每题2分，共50分。下列各题备选项中，至少有2个是符合题意的，选项全部正确得满分，选项部分正确按比例得分，出现错误选项该题不得分）

1. 【答案】A、B、D

根据《公路水运工程质量检测信用评价办法（征求意见稿）》附件1，公路水运工程质量检测机构（母体机构）信用评价直接定为D级的情形有：

（1）非法转让、出租检测资质证书的；

（2）转包或违规分包检测业务的；

（3）在投标过程中被认定有围标、串标、行贿或其他违法行为的；或恶意竞争、扰乱检测市场的；或捏造事实、虚假恶意投诉、举报的；

（4）存在①~⑤情形之一，被认定为出具虚假检测报告，篡改、伪造检测报告的：

①未进行检测出具检测报告的；

②调换检测样品进行检测的或者改变样品原有状态进行检测并影响结果判定的；

③改变关键检测条件导致数据失真影响结果判定的；

④伪造、变造、篡改原始数据、记录的；

⑤伪造检测机构公章或检测专用章或检测资质标识的；

（5）发生重大及以上的生产安全或质量事故且负有责任的；

（6）所设立的工地试验室或现场检测项目出现一个得分为0分的；

（7）未取得相应资质或资质证书已过期，从事公路水运工程质量检测活动的；或未取得检测资质设立工地试验室的。

2.【答案】A、B

考虑建设单位大多无《资质等级证书》，因此允许建设单位通过招标等方式直接委托具有《资质等级证书》和《计量认证证书》（以下简称《计量证书》）的第三方试验检测机构设立工地试验室，承担工程建设项目监理的全部或部分试验检测工作，但不包含施工方的工地检测。

3.【答案】A、C、D

授权负责人有以下职责：

（1）审定和管理工地试验室资源配置，确保工地试验室人员、设备环境等满足试验检测工作需要；审核或签发工地试验室出具的试验检测报告，对试验检测数据及报告的真实性、准确性负责；对违规人员有权辞退。

（2）实行不合格品报告制度，对于签发的涉及结构安全的产品或试验检测项目不合格报告，工地试验室授权负责人应在2个工作日之内报送试验检测委托方，抄送项目质量监督机构，并建立不合格试验检测项目台账。

授权负责人岗位能力要求：

授权负责人应掌握一定的管理知识，有较丰富的管理经验，能够合理、有效地利用工地试验室配备的各种资源；熟悉质量管理体系，具有较好的组织协调、沟通以及解决和处理问题的能力。

4.【答案】B、C

承担继续教育的机构应受省级质监机构委托，机构需满足以下条件：

（1）具有较丰富的公路、水运工程试验检测和工程经验，能够独立按照教学计划和有关规定开展继续教育相关工作；（2）具有独立法人资格，具备完善的教学、师资等组织管理及评价体系；（3）有不少于10名的师资人员；（4）有教学场所、实操场所（租期≥3年）（5）收支管理规范，有收费许可证、税务登记证。

5.【答案】A、D

《检验检测机构资质认定管理办法》第十条规定：检验检测机构资质认定程序分为一般

程序和告知承诺程序。除法律、行政法规或者国务院规定必须采用一般程序或者告知承诺程序的外，检验检测机构可以自主选择资质认定程序。

检验检测机构资质认定推行网上审批，有条件的市场监督管理部门可以颁发资质认定电子证书。

注意：一般程序可以分为书面审查和现场评审两种情况。

6.【答案】A、B、C、D

检验检测机构可依据相关法律法规、国家标准、行业标准、国际标准建立管理体系。检验检测机构建立的管理体系应符合自身实际情况，适应自身检验检测活动。

7.【答案】C、D

记录分为质量记录和技术记录两类：

a. 质量记录指检验检测机构管理体系活动中的过程和结果的记录，包括但不限于合同评审、分包控制、采购、内部审核、管理评审、纠正措施、预防措施和投诉；

b. 技术记录指进行检验检测活动的信息记录，包括但不限于原始观察、导出数据和建立审核路径有关信息的记录，检验检测、环境条件控制、人员、方法、设备管理、样品和质量监控等记录，以及发出的每份检验检测报告的副本。

8.【答案】A、B

书面审查结论分为"符合""不符合"两种情形。

9.【答案】A、D

检验检测机构能正确使用有效的方法开展检验检测活动。检验检测方法包括标准方法和非标准方法，应当优先使用标准方法。使用标准方法前应当进行验证；使用非标准方法前，应当先对方法进行确认，再验证。

10.【答案】A、B、C、D

《实验室信息管理系统管理规范》第4.4.2条规定：

应策划和制定涉及LIMS的文件：

（1）该文件应覆盖LIMS建设、运行、维护和退役整个生命周期；

（2）该文件应对涉及LIMS整个生命周期各关键环节的岗位予以描述，明确规定LIMS主管、系统管理员、部门管理员、建设人员、使用人员、维护人员以及退役处置人员的职责、权限和相互关系；

（3）采用电子化管理文件时，对修改的内容应授权且做出明显标识，以确保LIMS电子化文件的有效性，防止作废电子化文件被误用；

（4）该文件宜与实验室的其他文件有机整合协同运行。

补充：

《实验室信息管理系统管理规范》第4.4.3条规定：实验室应确保员工易于获得、理解、执行覆盖LIMS整个生命周期的文件化规定、参考数据以及其他相关文件。

11.【答案】A、B、C、D

《能力验证计划的选择与核查及结果利用指南》第5.8.1条规定：参加者应核查能力评定标准差的确定是否合理，确定能力评定标准差通常有5种方法：规定值、经验值、一般模型、测量方法精密度试验和由参加者结果确定。

12. 【答案】A、B、C、D

《检测和校准实验室能力的通用要求》第 6.4.9 条规定：如果设备有过载或处置不当、给出可疑结果、已显示有缺陷或超出规定要求时，应停止使用。这些设备应予以隔离以防误用，或加贴标签/标记以清晰表明该设备已停用，直至经过验证表明其能正常工作。实验室应检查设备缺陷或偏离规定要求的影响，并应启动不符合工作管理程序。

13. 【答案】C、D

补偿可取不同的形式，诸如加一个修正值或乘以各修正因子，或从修正值表或修正曲线上得到。

14. 【答案】C、D

（1）单位工程：在合同段中，具有独立施工条件和结构功能的工程。

（2）分部工程：在单位工程中，应按结构部位、路段长度及施工特点或施工任务划分为若干个分部工程。

（3）分项工程：在分部工程中，根据施工工序、工艺或材料等划分为若干个分项工程。

15. 【答案】A、B、C、D

《公路工程质量检验评定标准 第一册 土建工程》（JTG F80/1—2017）第 3.3.6 条规定：评定为不合格的分项工程、分部工程，经返工、加固、补强或调测，满足设计要求后，可重新进行检验评定。

16. 【答案】C、D

《公路养护工程质量检验评定标准 第一册 土建工程》第 3.1.2 条规定：养护工程质量检验评定应按养护单元、养护工程逐级进行。

17. 【答案】A、B

《检验检测机构监督管理办法》第十三条规定：检验检测机构不得出具不实检验检测报告。报告存在下列情形之一，并且数据、结果存在错误或无法复核的，属于不实检验检测报告：

（一）样品的采集、标识、分发、流转、制备、保存、处置不符合标准等规定，存在样品污染、混淆、损毁、性状异常改变等情形的；

（二）使用未经检定或者校准的仪器、设备、设施的；

（三）违反国家有关强制性规定的检验检测规程或者方法的；

（四）未按照标准等规定传输、保存原始数据和报告的。

《检验检测机构监督管理办法》第十四条规定：检验检测机构不得出具虚假检验检测报告。报告存在下列情形之一，属于虚假检验检测报告：

（一）未经检验检测的；

（二）伪造、变造原始数据、记录，或者未按照标准等规定采用原始数据、记录的；

（三）减少、遗漏或者变更标准等规定的应当检验检测的项目，或者改变关键检验检测条件的；

（四）调换检验检测样品或者改变其原有状态进行检验检测的；

（五）伪造检验检测机构公章或者检验检测专用章，或者伪造授权签字人签名或者签发时间的。

18. 【答案】A、B、C

工地试验室被授权的试验检测项目及参数，或试验检测持证人员进行变更的，应当由母体试验检测机构报经建设单位同意后，向项目质监机构备案。

19. 【答案】A、B、C

《公路水运工程质量监督管理规定》第二十八条规定：交通运输主管部门或者其委托的建设工程质量监督机构可以采取随机抽查、备案核查、专项督查等方式对从业单位实施监督检查。

20. 【答案】B、C

《危险化学品安全管理条例》第二十五条规定：储存危险化学品的单位应当建立危险化学品出入库核查、登记制度。

对剧毒化学品以及储存数量构成重大危险源的其他危险化学品，储存单位应当将其储存数量、储存地点以及管理人员的情况，报所在地县级人民政府安全生产监督管理部门（在港区内储存的，报港口行政管理部门）和公安机关备案。

21. 【答案】A、B

（1）赋值或未赋值的标准物质都可用于测量精密度控制，只有赋值的标准物质才可用于校准或测量正确度控制。

（2）"标准物质"既包括具有量的物质，也包括具有标称特性的物质。

22. 【答案】B、D

量值的正确表达方式：

（1）可以表示为160V～200V 或（160～200）V，但不能表示为160～200V；

（2）可以表示为180V±20V 或（180±20）V，但不能表示为180±20V；

（3）在初中、小学课本和普通书刊中，有必要时，可将单位的简称（包括带有词头的单位简称）作为符号使用，这样的符号称为"中文符号"。

在使用时，把其中的方括号内的字省略掉即为该单位的简称。

如：电压的单位全称叫伏［特］，简称为伏，所以可以表示为（160～200）伏。

23. 【答案】C、D

具有专门名称的SI导出单位如下：

量的名称	单位名称	单位符号
频率	赫［兹］	Hz
力，重力	牛［顿］	N
压力，压强，应力	帕［斯卡］	Pa
能［量］，功，热量	焦［耳］	J
功率，辐［射能］通量	瓦［特］	W
电荷［量］	库［仑］	C
电压、电动势、电位（电势）	伏［特］	V
电容	法［拉］	F
电阻	欧［姆］	Ω

续表

量的名称	单位名称	单位符号
电导	西［门子］	S
磁通［量］	韦［伯］	Wb
磁通［量］密度，磁感应强度	特［斯拉］	T
摄氏温度	摄氏度	℃
光通量	流［明］	lm
（光）照度	勒［克斯］	lx

24.【答案】 A、B

我国计量法规定国际单位制计量单位和国家选定的其他计量单位，为国家法定计量单位。

国家法定计量单位的名称、符号由国务院公布。我国允许使用的计量单位是国家法定计量单位。

25.【答案】 A、C

与 SI 并用的我国法定计量单位如下：

量的名称	单位名称	单位符号
时间	分	min
	［小］时	h
	日，(天)	d
平面（角）	度	(°)
	［角］分	(′)
	［角］秒	(″)
体积，容积	升	L (l)
质量	吨	t
	原子质量单位	μ
旋转速度	转每分	r/min
长度	海里	n mile
速度	节	kn
能	电子伏	eV
级差	分贝	dB
线密度	特［克斯］	tex

注：① 平面角单位度、分、秒的符号，在组合单位中应采用 (°)、(′)、(″) 的形式。例如，不用°/s，而用 (°)/s。

② 升的两个符号属同等地位，可任意选用。根据习惯，在某些情况下，表中的单位可以与国际单位制的单位构成组合单位，例如，kg/L，km/h。

模拟卷二

一、单选题（共40题，每题1分，共40分）

1. 根据《公路水运工程质量检测管理办法》，专家技术评审的时间最长不得超过（　　）。
   A. 7个工作日　　　　　　　　　　　B. 15个工作日
   C. 30个工作日　　　　　　　　　　 D. 60个工作日

2. 根据《公路水运工程质量检测管理办法》，检测机构的名称、注册地址、检测场所地址等事项发生变更的，检测机构应当在完成变更后（　　）内向原许可机关申请变更。
   A. 5个工作日　　　　　　　　　　　B. 7个工作日
   C. 10个工作日　　　　　　　　　　 D. 15个工作日

3. 根据《公路水运工程质量检测管理办法》，检测机构需要终止经营的，应当在终止经营之日（　　）前告知许可机关，并按照规定办理有关注销手续。
   A. 5日　　　　　　　　　　　　　　B. 7日
   C. 10日　　　　　　　　　　　　　 D. 15日

4. 根据《公路水运工程质量检测机构资质等级条件》，关于试验检测能力基本要求及主要仪器设备描述不正确的是（　　）。
   A. 必选参数和必选设备属于必须满足的条件，而对于可选参数和可选设备，结合实际需要选择性配置
   B. 可选参数申请数量应不低于本等级可选参数总数量的60%，否则不得申请
   C. 必须满足的参数和仪器设备要求，任意一项不满足视为不通过
   D. 同一试验检测参数具有多种方法时，只要具备一种方法即可确认机构的该项能力

5. 已知某检测人员上年度信用评价为信用较差，该年度信用评价累计扣分为30分，根据《公路水运工程质量检测信用评价办法（征求意见稿）》的规定，则本次信用评价等级为（　　）。
   A. 信用好　　　　　　　　　　　　　B. 信用较好
   C. 信用较差　　　　　　　　　　　　D. 信用差

6. 检验检测机构申请资质认定时提供虚假材料或者隐瞒有关情况的，资质认定部门应当不予受理或者不予许可。检验检测机构在（　　）内不得再次申请资质认定。
   A. 1年　　　　　B. 2年　　　　　C. 3年　　　　　D. 5年

7. 技术负责人应具有中级及以上相关专业技术职称或者同等能力，以下情况不可视为同等能力的是（　　）。

   A. 博士研究生毕业，从事相关专业检验检测活动 1 年及以上

   B. 硕士研究生毕业，从事相关专业检验检测活动 2 年及以上

   C. 大学本科毕业，从事相关专业检验检测活动 5 年及以上

   D. 大学专科毕业，从事相关专业检验检测活动 8 年及以上

8. 根据《实验室信息管理系统管理规范》（RB/T 028—2020），实验室应组织人员明确标书中 LIMS 服务商的资质参数和商务要求等，对于功能复杂或较项目建议书改动较大的技术参数，宜组织不少于（　　）的业务领域专家和信息化专家进行评审。

   A. 2 人以上　　　B. 3 人　　　C. 5 人　　　D. 10 人

9. 根据《实验室信息管理系统管理规范》（RB/T 028—2020），（　　）应向实验室管理层报告开发过程中设计变更、开发进度、预算控制等情况。

   A. 项目负责人　　B. 开发人员　　C. 专家　　D. 授权人员

10. 根据《检验检测实验室技术要求或验收规范》（GB/T 37140—2018）的规定，当设置空调系统的实验室室内净高不低于（　　）。

    A. 2.5m　　　B. 2.6m　　　C. 2.8m　　　D. 3.0m

11. 以下数值修约到小数点后两位，最恰当的是（　　）。

    A. 1.555→1.55　　　　　　B. 1.5451→1.55

    C. 1.6449→1.65　　　　　　D. 2.3666→2.36

12. 若已知修约间隔为 10^{-2}，拟修约值为 10.5002，则修约值为（　　）。

    A. 10.5　　　B. 10.50　　　C. 10.51　　　D. 10.500

13. 将 124500 修约到 3 位有效数字，正确的是（　　）。

    A. 124000　　　B. 125000　　　C. $1.24×10^5$　　　D. $1.25×10^5$

14. 根据有效数字运算规则，0.0311+40.34+3.03687 的计算结果为（　　）。

    A. 43.3　　　B. 43.41　　　C. 43.408　　　D. 43.4080

15. 估计测量值 x 的实验标准偏差的贝塞尔公式是（　　）。

    A. $S(x)\sqrt{\dfrac{\sum_{i=1}^{n}(x_i-\bar{x})^2}{n-1}}$　　　　　　B. $S(x)\sqrt{\dfrac{\sum_{i=1}^{n}(x_i-\mu)^2}{n-1}}$

    C. $S(x)\sqrt{\dfrac{\sum_{i=1}^{n}(x_i-\bar{x})^2}{n(n-1)}}$　　　　　D. $S(x)\sqrt{\dfrac{\sum_{i=1}^{n}(x_i-\mu)^2}{n(n-1)}}$

16. 若测量值的实验标准偏差为 $s(x)$，则 n 次测量的算术平均值的实验标准偏差为（　　）

    A. $S(\bar{x})=\dfrac{s(x)}{n}$　　　　　　B. $S(\bar{x})=\dfrac{s(x)}{\sqrt{n}}$

    C. $S(\bar{x})=\dfrac{s(x)}{\sqrt{n(n-1)}}$　　　D. $S(\bar{x})=\dfrac{s(x)}{\sqrt{n-1}}$

17. 若事件 A 与 B 互相独立，且两事件单独发生的概率分别为 50%和 30%，则事件 A 和事件 B 同时发生的概率为（   ）。

　　A. 15%　　　　　　B. 20%　　　　　　C. 30%　　　　　　D. 80%

18. 若事件 A 与 B 互相排斥，且两事件单独发生的概率分别为 50%和 30%，则事件 A 和事件 B 同时发生的概率为（   ）。

　　A. 0　　　　　　　B. 15%　　　　　　C. 20%　　　　　　D. 80%

19. 在相同条件下，对被测量 X 进行了有限次独立重复测量所计算得到的算术平均值是（   ）。

　　A. 被测量的近似值　　　　　　　　　B. 被测量的期望值
　　C. 被测量的真值　　　　　　　　　　D. 被测量的最佳估计值

20. 以下不属于正态分布曲线特征的是（   ）。

　　A. 单峰性　　　　B. 对称性　　　　C. 有界性　　　　D. 均匀性

21. （   ）是将所有收集的数据按照数据来源、性质、使用目的和要求，分类加以归纳、总结和分析，然后用其他统计分析方法将分类后的数据加工成图标。

　　A. 调查表　　　　　　　　　　　　　B. 分层法
　　C. 因果图法　　　　　　　　　　　　D. 直方图法

22. 下列关于计量基准的描述中，不正确的是（   ）。

　　A. 计量基准是一个国家量值的源头
　　B. 计量基准是经国务院计量行政部门批准作为统一全国量值的最高依据
　　C. 计量基准可以进行仲裁检定，所出具的数据能够作为处理计量纠纷的依据并具有法律效力
　　D. 全国的各级计量标准和工作计量器具的量值，都要直接溯源于计量基准

23. 下列计量标准中，不需要经过计量行政部门考核、批准就可以使用的是（   ）。

　　A. 社会公用计量标准　　　　　　　　B. 部门最高计量标准
　　C. 企事业最高计量标准　　　　　　　D. 企事业次级计量标准

24. 以下关于校准的说法，正确的是（   ）。

　　A. 校准也就是对测量系统的调整
　　B. 校准应当检验仪器设备的全部计量参数
　　C. 仪器设备的校准周期应当按照校准证书给出的建议校准周期执行
　　D. 并非试验室的每台设备都需要校准

25. 某标准中要求测距仪的最大允许误差 MPEV 为±1mm，仪器校准证书的示值误差为 0.5mm，测量不确定度为：$U = 0.3$mm，$k = 2$，则依据该标准是否合格（   ）。

　　A. 合格　　　　　　　　　　　　　　B. 不合格
　　C. 不确定　　　　　　　　　　　　　D. 判定信息不充足

26. 如果回归分析中包括两个或两个以上的自变量，且因变量和自变量之间是线性关系，则称为（   ）。

　　A. 最小二乘法　　　　　　　　　　　B. 一元线性回归
　　C. 多元线性回归　　　　　　　　　　D. 非线性回归

27. 根据《公路工程质量检验评定标准 第一册 土建工程》（JTG F80/1—2017），公路工程质量检验评定的基本单元是（   ），采用合格率法。

   A. 检验批　　　　B. 检查项目　　　　C. 分项工程　　　　D. 分部工程

28. 为适应新发展阶段要求，《关于加强公路水运工程建设质量安全监督管理工作的意见》提出树立新理念构建新格局，其中"构建新发展格局"就是以（   ）为核心。

   A. 建立完善现代化工程建设质量安全管理体系

   B. 信息化为技术手段

   C. 树立全生命周期建设发展理念

   D. 推广使用新材料新技术新工艺

29. 根据《中华人民共和国计量法》规定，由（   ）对全国计量工作实施统一监督管理。

   A. 省级以上人民政府计量行政部门

   B. 县级以上地方人民政府计量行政部门

   C. 国务院计量行政部门

   D. 国务院标准化行政主管部门

30. 根据《中华人民共和国计量法》规定，制造计量器具的企业、事业单位生产本单位未生产过的计量器具新产品，必须经（   ）以上人民政府计量行政部门对其样品的计量性能考核合格，方可投入生产。

   A. 与国务院有关主管部门同级

   B. 省级

   C. 县级

   D. 市级

31. 凡制造在全国范围内从未生产过的计量器具新产品，必须经过（   ）合格，履行型式批准手续，颁发证书后方可生产。

   A. 样机试验　　　　B. 定型鉴定　　　　C. 仲裁检定　　　　D. 期间核查

32. 国家建立强制性标准实施情况统计分析报告制度，标准的复审周期一般不超过（   ）年。

   A. 1　　　　B. 3　　　　C. 5　　　　D. 7

33. 根据《中华人民共和国产品质量法》规定，（   ）负责本行政区域内的产品质量监督管理工作。

   A. 国务院产品质量监督管理部门

   B. 省级以上人民政府产品质量监督管理部门

   C. 县级以上人民政府产品质量监督管理部门

   D. 计量监督员

34. 根据《公路水路行业产品质量监督抽查管理办法》，抽样人员应当为受委托的检验机构的工作人员，熟悉相关法律法规、标准和有关规定。抽样人员由受委托的检验机构随机选派，不得少于（   ）名。

   A. 1　　　　B. 2　　　　C. 3　　　　D. 5

35. 根据《公路水运工程质量监督管理规定》，建设单位提交的材料符合办理工程质量监督手续规定的，交通运输主管部门或者其委托的建设工程质量监督机构应当在（　　）为其办理工程质量监督手续，出具公路水运工程质量监督管理受理通知书。

　　A. 7 个工作日内　　　　　　　　　　B. 10 个工作日内
　　C. 15 个工作日内　　　　　　　　　 D. 30 个工作日内

36. 根据《危险化学品安全管理条例》，对重复使用的危险化学品包装物、容器，使用单位在重复使用前应当进行检查。使用单位应当对检查情况作出记录，记录的保存期限不得少于（　　）年。

　　A. 1　　　　　　B. 2　　　　　　C. 3　　　　　　D. 4

37. 一台标称范围（0~150）V 的电压表，当在示值为 100.0V 处，用标准电压表检定所得到的实际值（标准值）为 99.4V，则该处的示值相对误差为（　　）。

　　A. 0.6V　　　　B. -0.6V　　　　C. 0.006　　　　D. -0.006

38. 以下关于测量正确度，说法不正确的是（　　）。

　　A. 测量正确度指在规定的条件下，对同一或类似被测对象重复测量所得示值或测得值间的一致程度
　　B. 测量正确度不是一个量，不能用数值表示
　　C. 测量正确度与测量系统误差有关，与随机测量误差无关
　　D. 测量正确度不能用测量准确度表示

39. 以下关于测量精密度，说法不正确的是（　　）。

　　A. 测量精密度指在规定的条件下，对同一或类似被测对象重复测量所得示值或测得值间的一致程度
　　B. 测量精密度不是一个量，不能用数值表示
　　C. 规定条件可以是重复性测量条件、期间精密度测量条件或复现性测量条件
　　D. 测量精密度用于定义测量重复性、期间测量精密度或测量复现性

40. 比热容的单位符号是 J/（kg·K），则该单位的名称是（　　）。

　　A. 每千克开尔文焦耳　　　　　　　　B. 焦耳每千克每开尔文
　　C. 每千克每开尔文焦耳　　　　　　　D. 焦耳每千克开尔文

二、判断题（共 30 题，每题 1 分，共 30 分）

1. 根据《公路水运工程质量检测管理办法》，许可机关应保护各检验检测机构技术评审情况的秘密，不可以将专家技术评审情况向社会公示。　　　　　　　　　　（　　）

2. 根据《公路水运工程质量检测管理办法》，检测机构未按规定申请变更的，由交通运输主管部门责令限期办理；逾期未办理的，处 1 万元以下罚款。　　　　（　　）

3. 公路水运工程质量检测机构资质等级条件人员配备中，作为相关专业高级职称的人员须同时持有试验检测师证书。　　　　　　　　　　　　　　　　　（　　）

4. 专家组长主持召开现场核查工作预备会议，专家组全体成员以及申请人主要岗位人员参加。会议主要内容是听取申请人有关工作的汇报，明确现场核查工作安排及有关要求等。　　　　　　　　　　　　　　　　　　　　　　　　　　　　　（　　）

5. 工地试验室所从事的检测业务范围也必须是《资质等级证书》核定的检测业务范围，但经过母体机构同意，可超范围开展检测工作。（   ）

6. 从业单位可委托依法设立的机构为其安全生产提供技术、管理服务，被委托机构应承担保障安全生产的责任。（   ）

7. 检验检测机构资质认定一般程序的技术评审方式包括：现场评审、书面审查和远程评审。（   ）

8. 根据《检验检测机构诚信基本要求》的规定，检验检测机构接受的委托检验，其检验检测数据、结果仅证明样品所检验检测项目的符合性情况。（   ）

9. 根据《检测和校准实验室能力的通用要求》（RB/T 27025—2019）的规定，对于有可能影响实验室活动的外部人员，可不受实验室管理体系的要求约束。（   ）

10. 资质认定标志的颜色统一建议为蓝色。（   ）

11. 最大允许误差是测量误差的特殊形式。（   ）

12. 根据《合格评定 能力验证的通用要求》规定，能力验证参加者应使用能力验证提供者指定的检测方法，不可自己选择检测方法。（   ）

13. 能力验证提供者将能力验证计划的策划进行分包时，应能证明分包方的经验和技术能力能够胜任指定的任务，并符合相关标准的相关条款。（   ）

14. 计量确认的依据既不是计量检定规程，也不是设备的使用说明书，而是校准规范。（   ）

15. 对于校准证书测试报告上测量结果因系统误差造成不合格的情况，则该设备需要维修或报废。（   ）

16. 期间核查应当由法定的计量检定机构或授权的有权开展量值传递工作的计量检定机构执行。（   ）

17. 根据《公路工程质量检验评定标准 第一册 土建工程》（JTG F80/1—2017），关键项目指的是分项工程中对结构安全、主要使用功能和外观质量起决定作用的检查项目。（   ）

18. 根据《水运工程质量检验评定标准》（JTS 257—2008）的规定，隐蔽工程在隐蔽前应由建设单位通知有关单位进行验收，并形成验收文件。（   ）

19. 根据《交通强国建设纲要》，各地区各部门要提高对交通强国建设重大意义的认识，科学制定配套政策和配置公共资源，促进自然资源、环保、财税、金融、投资、产业、贸易等政策与交通强国建设相关政策协同，部署若干重大工程、重大项目，合理规划交通强国建设进程。鼓励有条件的地方和企业在交通强国建设中先行先试。（   ）

20. 《关于加强公路水运工程建设质量安全监督管理工作的意见》提出在工程建设领域要建立健全全员安全生产责任制，对建设技术难度大、安全风险高的工程项目，建设单位应依法依规设置安全生产管理机构。（   ）

21. 行业标准是推荐性国家标准的补充，即已有推荐性国家标准，不得制定行业标准。（   ）

22. 当建设单位委托监理单位对现场建设工程进行质量监管时，监理单位需对建设工程质量负责，建设单位无须负责。（   ）

23. 建设单位在开工前，应当按照国家有关规定办理工程质量监督手续，工程质量监督手续应该与施工许可证或者开工报告分开办理。（   ）

24. 施工单位必须按照工程设计要求、施工技术标准和合同约定，对建筑材料、建筑构配件、设备和商品混凝土进行检验，检验应当有书面记录和专人签字；未经检验或者检验不合格的，不得使用。（   ）

25. 根据《建设工程安全生产管理条例》，出租单位应当对出租的机械设备和施工机具及配件的安全性能进行检测，在签订租赁协议时，应当出具生产许可证和产品合格证。禁止出租检测不合格的机械设备和施工机具及配件。（   ）

26. 废弃危险化学品的处置，适用于《危险化学品安全管理条例》。（   ）

27. 根据《危险化学品安全管理条例》，危险化学品应当在专用仓库内单独存放，并实行双人收发、双人保管制度。（   ）

28. 系统测量误差的参考值是对同一被测量由无穷多次重复测量得到的平均值。（   ）

29. 力矩的单位"kN·m"同样可以写成"N·km"。（   ）

30. 单位符号一律用正体字母，且均为小写字母。（   ）

三、多选题（共25题，每题2分，共50分。下列各题备选项中，至少有2个是符合题意的，选项全部正确得满分，选项部分正确按比例得分，出现错误选项该题不得分）

1. 根据《公路水运工程质量检测管理办法》，公路水运工程质量检测，是指根据国家有关法律、法规的规定，依据相关技术标准、规范、规程，对公路水运工程所用的（   ）等进行的质量检测活动。

　　A. 材料　　　　　　　　　　　　B. 构件
　　C. 工程制品　　　　　　　　　　D. 工程实体

2. 关于同一公路水运工程质量检测机构申请多个资质审批或持有多个资质证书延续审批，说法正确的有（   ）。

　　A. 最高管理者、授权签字人、质量负责人所持检测证书可在多个专业检测资质中重复应用
　　B. 同时申请多个专业检测资质的机构，其技术负责人应按各专业分别配置
　　C. 各专业重叠部分的检测用房可共用，不重叠部分检测用房应独立分别满足要求
　　D. 各专业重叠部分的仪器设备可共用

3. 根据《公路水运工程质量检测机构资质审批专家技术评审工作程序》，考查申请人行政、技术、质量负责人等关键岗位人员时，可采取的考查方式有（   ）。

　　A. 口头问答　　　　　　　　　　B. 书面考试
　　C. 现场试验操作考核　　　　　　D. 视频考核

4. 根据《公路水运工程质量检测信用评价办法（征求意见稿）》的规定，试验检测机构的信用评价实行综合评分制，应包含对（   ）的信用评价。

　　A. 工地试验室　　　　　　　　　B. 现场检测项目
　　C. 母体机构　　　　　　　　　　D. 所属分公司

5. 根据《公路水运工程质量检测信用评价办法（征求意见稿）》的规定，当出现（　　）情况之一，检测机构信用评价不能评为 AA 级。

　　A. 母体机构信用评价得分小于 90 分

　　B. 信用评价周期内工地试验室和现场检测项目业务均未开展的

　　C. 出现工地试验室或现场检测项目得分小于 85 分的

　　D. 机构技术负责人或质量负责人被评为信用较差或信用差的

6. 工地试验室出具的试验检测报告应加盖工地试验室印章，印章包含的基本文字信息有（　　）。

　　A. 母体试验检测机构名称　　　　B. 建设项目标段名称

　　C. 工地试验室　　　　　　　　　D. 项目所在地质监机构名称

7. 根据《公路水运试验检测数据报告编制导则》，记录表检测数据部分位于基本信息部分之后，用于填写采集的试验数据，检测数据部分应包括（　　）。

　　A. 样品信息　　　　　　　　　　B. 原始观测数据

　　C. 数据处理过程与方法　　　　　D. 试验结果

8. 根据《检验检测机构资质认定管理办法》，检验检测机构应当向资质认定部门申请办理变更手续的情形有（　　）。

　　A. 资质认定检验检测项目取消的

　　B. 质量负责人发生变更

　　C. 行政负责人发生变更

　　D. 检验检测标准或者检验检测方法发生变更的

9. 检验检测报告授权签字人是由检验检测机构授权负责批准签发报告的人员。授权签字人应具备的条件包括（　　）。

　　A. 具备从事相关专业检验检测工作经历，熟悉签字领域的检测技术、标准或规范；

　　B. 熟悉检验检测报告审核签发程序及资质认定相关法律法规

　　C. 授权签字人应具有中级及以上相关专业技术职称或者同等能力

　　D. 大学本科毕业，且从事相关专业检验检测活动 4 年及以上，可视为同等能力

10. 检验检测机构应将其政策、制度、计划、手册、程序和作业指导书等制定成文件，文件形式包括（　　）。

　　A. 质量手册　　　　　　　　　　B. 程序文件

　　C. 作业指导书　　　　　　　　　D. 记录表格

11. 某项目中所需钢筋直径要求为（18.0±0.2）mm，在不考虑测量不确定度的情况下，按修约值比较法，以下所测样品中符合要求的是（　　）。

　　A. 17.82mm　　　　　　　　　　B. 17.88mm

　　C. 18.16mm　　　　　　　　　　D. 18.26mm

12. 根据《合格评定能力验证的通用要求》的规定，各类型能力验证计划所共有的基本步骤包括（　　）。

　　A. 指定值的确定

　　B. 能力统计量的计算

C. 能力评定

D. 能力验证物品均匀性和稳定性的初步判定

13. 系统抽样根据抽样方法的不同，可以分为（　　）。

   A. 定位系统抽样　　　　　　　　　B. 等距抽样

   C. 抽签法　　　　　　　　　　　　D. 随机数法

14. 根据《水运工程质量检验评定标准》（JTS 257—2008）的规定，工程施工应符合（　　）的要求。

   A. 监理工程师　　　　　　　　　　B. 建设单位项目负责人

   C. 工程合同　　　　　　　　　　　D. 设计文件

15. 根据《水运工程质量检验评定标准》（JTS 257—2008）的规定，以下关于检验批合格条件说法正确的有（　　）。

   A. 主要检测项目的质量经检验应全部合格

   B. 一般检验项目中允许偏差的抽检合格率应达到80%及其以上

   C. 允许偏差中的不合格点最大偏差值对于机械设备安装工程不得大于允许偏差的1.2倍

   D. 允许偏差中的不合格点最大偏差值对于影响结构安全和使用功能的不得大于允许偏差值的1.5倍

16. 根据《水运工程质量检验评定标准》（JTS 257—2008）的规定，当分项工程及检验批和分部工程的质量不符合本标准质量合格标准要求时，以下处理符合规定的有（　　）。

   A. 经返工重做或更换构配件、设备的应重新进行检验

   B. 经检测单位检测鉴定能够达到设计要求的，即可认定为质量合格

   C. 经检测鉴定达不到设计要求但经原设计单位核算认可能够满足结构安全和使用功能的，可按技术处理方案和协商文件进行验收

   D. 经返修或加固处理的分项、分部工程，虽然满足安全使用要求但改变外形尺寸的，不得验收

17. 根据《公路养护工程质量检验评定标准 第一册 土建工程》（JTG 5220—2020）的规定，以下关于养护单元实测项目中检查项目合格判定的说法正确的有（　　）。

   A. 关键项目的合格率不得低于90%，否则该检查项目不合格

   B. 一般项目的合格率不低于80%，否则该检查项目不合格

   C. 有规定极值的检查项目，任一单个检测值都不得突破规定极值，不符合要求

   D. 采用数理统计方法进行检验评定的检查项目，不符合要求时该检查项目不合格

18. 根据《中华人民共和国计量法》的规定，以下需要执行强制检定的是（　　）。

   A. 计量基准器具

   B. 社会公用计量标准器具

   C. 部门、企事业单位的最高计量标准器具

   D. 列入强制检定目录，用于贸易结算、安全防护、医疗卫生、环境监测方面的工作计量器具

19. 根据《中华人民共和国标准化法》的规定，标准化工作的任务包括（　　）。

A. 制定标准　　　　　　　　　　　B. 组织实施标准

C. 对标准的制定进行监督　　　　　D. 对标准的实施进行监督

20. 根据《中华人民共和国标准化法》的规定，以下涉及到的技术要求，需要制定强制性国家标准的是（　　）。

A. 国家安全

B. 生态环境安全

C. 对各有关行业起引领作用的标准

D. 保障人身健康和生命财产安全

21. 根据《公路水路行业产品质量监督抽查管理办法》，当出现下列（　　）情况之一时，检验机构的抽样人员不得抽样。

A. 产品未经生产企业检验合格

B. 抽样人员少于 2 名

C. 产品抽样基数不符合监督抽查要求

D. 抽样人员要求企业支付检验费或者其他费用

22. 根据《建设工程质量管理条例》，工程监理单位应当选派具备相应资格的（　　）进驻施工现场。

A. 总监理工程师　　　　　　　　　B. 监理工程师

C. 技术负责人　　　　　　　　　　D. 质量负责人

23. 根据《建设工程质量管理条例》，监理工程师应当按照工程监理规范的要求，可以采取（　　）等形式，对建设工程实施监理。

A. 旁站　　　　　　　　　　　　　B. 巡视

C. 平行检验　　　　　　　　　　　D. 施工组织设计

24. 根据《检验检测机构资质认定管理办法》，检验检测机构有下列情形之一，资质认定部门应当依法办理注销手续有（　　）。

A. 以欺骗、贿赂等不正当手段取得资质认定的

B. 资质认定证书有效期届满，未申请延续

C. 检验检测机构依法终止的

D. 资质认定检验检测项目取消的

25. 工地试验室出具的试验检测报告应加盖工地试验室印章，印章包含的基本文字信息有（　　）。

A. 母体试验检测机构名称　　　　　B. 建设项目标段名称

C. 工地试验室　　　　　　　　　　D. 项目所在地质监机构名称

答案解析

一、单选题（共40题，每题1分，共40分）

1. 【答案】D

《公路水运工程质量检测管理办法》第十三条规定：专家技术评审的时间最长不得超过60个工作日。

2. 【答案】C

《公路水运工程质量检测管理办法》第二十三条规定：检测机构的名称、注册地址、检测场所地址、法定代表人、行政负责人、技术负责人和质量负责人等事项发生变更的，检测机构应当在完成变更后10个工作日内向原许可机关申请变更。

3. 【答案】D

《公路水运工程质量检测管理办法》第二十四条规定：检测机构需要终止经营的，应当在终止经营之日15日前告知许可机关，并按照规定办理有关注销手续。

4. 【答案】D

同一试验检测参数具有多个试验方法时，检测机构的试验检测能力还应符合相应等级的试验方法要求。如水泥混凝土、砂浆项目中的"稠度"参数对应的设备有坍落度仪、维勃稠度仪、扩展度仪等，需要的设备数量明显多于参数数量。机构在配置设备时需要关注配套的设备设施。

5. 【答案】D

《公路水运工程质量检测信用评价办法（征求意见稿）》第二十三条规定：评价周期内累计扣分分值大于或等于20分，小于40分的检测人员信用等级为信用较差；扣分分值大于或等于40分的检测人员信用等级为信用差。

前一次信用评价周期和本次信用评价周期均被评为信用较差的检测人员，本次信用评价等级为信用差。

6. 【答案】A

《检验检测机构资质认定管理办法》第三十三条规定：检验检测机构申请资质认定时提供虚假材料或者隐瞒有关情况的，资质认定部门应当不予受理或者不予许可。检验检测机构在一年内不得再次申请资质认定。

7. 【答案】B

技术负责人可以是一人，也可以是多人，以覆盖检验检测机构不同的技术活动范围。技术负责人应具有中级及以上相关专业技术职称或者同等能力。以下情况可视为同等能力：

(1) 博士研究生毕业，从事相关专业检验检测活动1年及以上；

(2) 硕士研究生毕业，从事相关专业检验检测活动3年及以上；

(3) 大学本科毕业，从事相关专业检验检测活动5年及以上；

（4）大学专科毕业，从事相关专业检验检测活动8年及以上。

8. 【答案】C

《实验室信息管理系统管理规范》第5.2.2条规定：实验室应组织人员明确标书中LIMS服务商的资质参数和商务要求等。技术参数包含功能范围、业务流程、数据等详细内容，对于功能复杂或较项目建议书改动较大的技术参数，宜组织专家进行评审。应由不少于5人的业务领域专家和信息化专家组成。

9. 【答案】A

《实验室信息管理系统管理规范》第5.3.2条规定：LIMS服务商应明确项目负责人，项目负责人应向实验室管理层报告开发过程中设计变更、开发进度、预算控制等情况。

10. 【答案】B

《检验检测实验室技术要求或验收规范》第6.2.1条规定：不设置空调系统的实验室室内净高不低于2.8m；当设置空调系统时，室内净高不低于2.6m，局部小范围可不低于2.4m。

11. 【答案】B

修约规则：

四舍六入五考虑

五后非零则进一

五后皆零看奇偶

奇进偶舍不连续

负数修约绝对值

12. 【答案】B

确定修约间隔：

（1）指定修约间隔为10^{-n}（n为正整数），或指明将数值修约到n位小数；

（2）指定修约间隔为1，或指明将数值修约到"个"数位；

（3）指定修约间隔为10^n（n为正整数），或指明将数值修约到10^n数位，或指明将数值修约到"十""百""千"……数位；

13. 【答案】C

修约为3位有效数字，相当于修约到千数位，修约后数值为124000，但因为要3位有效数字，所以表示为$1.24×10^5$。

14. 【答案】B

有效数字加减运算规则：

（1）当几个数据相加或相减时，他们的小数点后的数字及其和或差的有效数字的保留，应以小数点后位数最少的数据为依据。

（2）如果运算的运算量较大时，为使误差不影响结果，可以对参加运算的所有数据多保留一位数字进行运算。

根据规则，应以小数点后位数最少的作为标准，所以修约到小数点后两位，则计算过程为0.03+40.34+3.04＝43.41。

15. 【答案】A

用有限次测量的数据得到的标准偏差的估计值称为实验标准偏差，用符号S表示。

实验标准偏差是表征测得值分散性的度量。实验标准偏差的估计方法有：贝塞尔公式法、极差法、较差法。

贝塞尔公式法：

$$S(x) = \sqrt{\frac{\sum_{i=1}^{n}(x_i - \bar{x})^2}{n-1}}$$

极差法：$S(X) = (X_{max} - X_{min})/C_n$

较差法：

$$S(x) = \sqrt{\frac{(x_2-x_1)^2 + (x_3-x_2)^2 + \cdots + (x_n-x_{n-1})^2}{2(n-1)}}$$

16. 【答案】B

17. 【答案】A

若事件 A 的发生不影响 B 的发生，则称事件 A 与 B 互相独立。

对于两个独立事件 A 与 B 之和的概率（同时发生的概率），等于 A、B 单独发生的概率的乘积，即 $P(AB) = P(A) \cdot P(B)$。

所以该题答案为 50%×30% = 15%。

18. 【答案】A

若事件 A 发生，事件 B 一定不发生；反之，事件 B 发生，事件 A 一定不发生，即 A、B 两事件不同时发生，称 A 与 B 不相容，也称为互斥事件。

该题中 A 和 B 是互斥事件，不可能同时发生，所以 A 和 B 同时发生的概率为 0。

19. 【答案】D

20. 【答案】D

正态分布曲线的特征：

(1) 单峰性：绝对值小的误差比绝对值大的误差，出现的机会多得多（±σ 占 68.3%）；

(2) 对称性：绝对值相等的正、负误差出现的概率相等；

(3) 有界性：在一定条件下，有限次的检测中，偶然误差的绝对值不会超出一定的界限；

(4) 抵偿性：相同条件下，对同一量进行检测，其偶然误差的平均值，随着测量次数的无限增加，而趋于零。

21. 【答案】B

调查表法在进行统计工作时，首先要收集数据，收集来的数据要规范化、表格化。

分层法将所有收集的数据按照数据来源、性质、使用目的和要求，分类加以归纳、总结和分析，然后再用其他统计分析方法将分类后的数据加工成图标。

	甲	乙	合计
	100	100	200
光洁度不合格	2	1	3

续表

	甲	乙	合计
	100	100	200
椭圆度超标准	1	2	3
锥度不合格	3	18	21
碰伤	17	1	18
小计	23	22	45

因果图又称"特性要因图",也有人根据其图形如鱼骨状或树枝状,称其为"鱼骨图"或"树枝图"。这是一种逐步深入研究和讨论质量问题的图示方法。它把对质量问题有影响的一些重要因素加以分析和分类,依照这些原因的大小次序在同一张图上分别用主干、大枝和小枝图形表示出来,即为因果图。

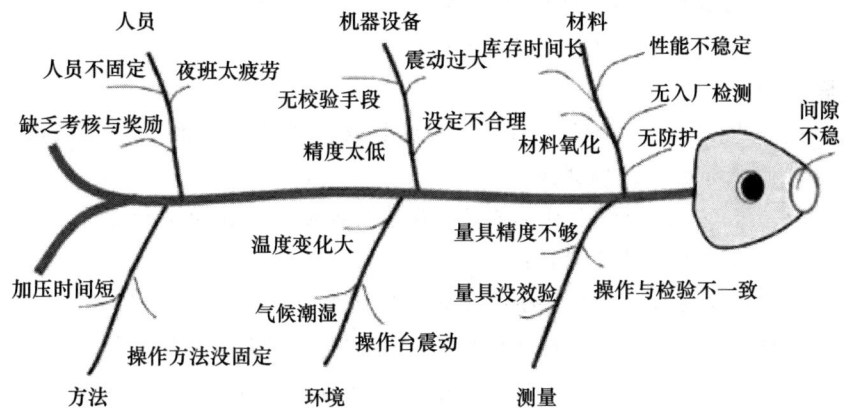

直方图:通过对数据的加工处理,从而分析和掌握质量数据的分布和估算工序不合格品率的一种方法。直方图有频数直方图和频率直方图两种。

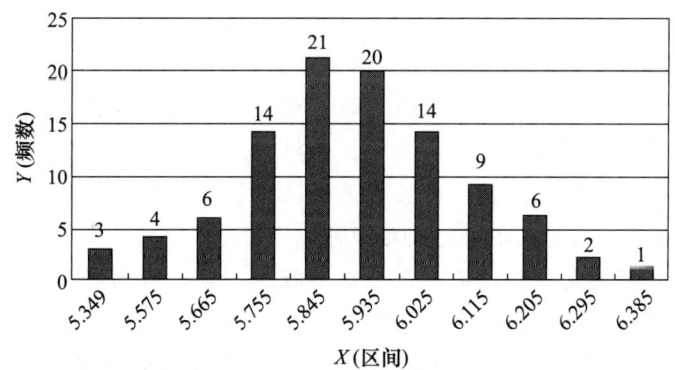

22.【答案】D

D选项:全国的各级计量标准和工作计量器具的量值,都要溯源于计量基准,但并非直接,而应该通过一条不间断的溯源链溯源到计量基准。

23.【答案】D

(1) 按照我国计量法律法规的规定,计量标准可以分为最高等级计量标准(也称最高计量标准)和其他等级计量标准(也称次级计量标准)。

① 最高等级计量标准有三类:最高等级社会公用计量标准、部门最高等级计量标准、企事业单位最高等级计量标准;

② 其他等级计量标准有三类:其他等级社会公用计量标准、部门其他等级计量标准、企事业单位其他等级计量标准。

例如:一个计量技术机构建立了二等量块标准装置为最高等级计量标准,该单位建立的相同测量范围的三等量块标准装置、四等量块标准装置就为其他等级计量标准。

(2) 管理方式

① 最高等级社会公用计量标准应当由上一级计量行政部门考核,其他等级社会公用计量标准由本级计量行政部门考核;

② 部门、企事业单位最高等级计量标准应由同级计量行政部门考核,部门、企事业单位其他等级计量标准不需要计量行政部门考核。

24.【答案】D

A 选项:校准不应与测量系统的调整(常被错误称作"自校准")相混淆,也不应与校准的验证相混淆,所以 A 选项错误;

B 选项:对仪器设备进行校准时,可根据仪器设备使用场合的实际需要,检验必要的全部或部分计量参数,所以 B 选项错误;

C 选项:设备的校准周期以及后续校准周期的调整,一般均应由实验室(设备使用者)自己来确定,即使校准证书给出了校准周期的建议,也不宜直接采用,所以 C 选项错误;

D 选项:并非试验室的每台设备都需要校准,试验室应评估该设备对最终结果的影响,分析其不确定度对总不确定度的贡献,合理地确定是否需要校准。对不需要校准的设备,试验室应核查其状态是否满足使用要求;对需要校准的设备,试验室应在校准前确定该设备校准的参数、范围不确定度等,以便送校时提出明确的、针对性的要求,所以 D 选项正确。

25.【答案】A

判定依据:

(1) 合格:被评定仪器设备的示值误差的绝对值小于或等于其最大允许误差的绝对值(MPEV)与示值误差的扩展不确定度之差时,可判为合格,即为合格。

(2) 不合格:被评定仪器设备的示值误差的绝对值大于或等于其最大允许误差的绝对值(MPEV)与示值误差的扩展不确定度之和时,可判为不合格,即为不合格。

(3) 待定区:当被评定仪器设备的示值误差既不符合合格判据,又不符合不合格判据时,处于待定区,这时不能下合格或不合格的结论,即为待定区。

本题解析:由于示值误差 0.5mm <(最大允许误差的绝对值 1mm − 扩展不确定度 0.3mm)= 0.7mm,所以判定为合格。

26.【答案】C

回归分析可分为线性回归分析和非线性回归分析。

(1) 如果在回归分析中,只包括一个自变量和一个因变量,且二者的关系可用一条直线近似表示,这种回归分析称为一元线性回归分析。

(2) 如果回归分析中包括两个或两个以上的自变量,且因变量和自变量之间是线性关系,则称为多元线性回归分析。

27. 【答案】C

工程质量检验评定以分项工程为基本单元,采用合格率法进行。

28. 【答案】A

构建新发展格局就是以建立完善现代化工程建设质量安全管理体系为核心,有效落实企业主体责任和交通运输主管部门监管责任。以信息化为技术手段,加强各参建单位质量安全工作的协同协作,全面推行精品建造和精细管理,建设一流交通基础设施,强力支撑交通强国建设。

29. 【答案】C

《中华人民共和国计量法》第四条规定:国务院计量行政部门对全国计量工作实施统一监督管理。县级以上地方人民政府计量行政部门对本行政区域内的计量工作实施监督管理。

30. 【答案】B

《中华人民共和国计量法》第十三条规定:制造计量器具的企业、事业单位生产本单位未生产过的计量器具新产品,必须经省级以上人民政府计量行政部门对其样品的计量性能考核合格,方可投入生产。

31. 【答案】B

《中华人民共和国计量法实施细则》第二十一条规定:凡制造在全国范围内从未生产过的计量器具新产品,必须经过定型鉴定。定型鉴定合格后,应当履行型式批准手续,颁发证书。

在全国范围内已经定型,而本单位未生产过的计量器具新产品,应当进行样机试验。样机试验合格后,发给合格证书。

凡未经型式批准或者未取得样机试验合格证书的计量器具,不准生产。

32. 【答案】C

《中华人民共和国标准化法》第二十九条规定:标准的复审周期一般不超过五年,标准复审的结论分为继续有效、修订或废止。

33. 【答案】C

根据《中华人民共和国产品质量法》第八条规定:国务院产品质量监督管理部门负责全国产品质量监督管理工作。

国务院有关部门在各自的职责范围内负责产品质量监督管理工作县级以上地方人民政府管理产品质量监督工作的部门负责本行政区域内的产品质量监督管理工作。

34. 【答案】B

《公路水路行业产品质量监督抽查管理办法》第十条规定:抽样人员应当为受委托的检验机构的工作人员,熟悉相关法律法规、标准和有关规定。抽样人员由受委托的检验机构随机选派,不得少于2名。

35. 【答案】C

《公路水运工程质量监督管理规定》第二十三条规定:建设单位提交的材料符合规定

的，交通运输主管部门或者其委托的建设工程质量监督机构应当在15个工作日内为其办理工程质量监督手续，出具公路水运工程质量监督管理受理通知书。

公路水运工程质量监督管理受理通知书中应当明确监督人员、内容和方式等。

36. 【答案】B

《危险化学品安全管理条例》第十八条规定：对重复使用的危险化学品包装物、容器，使用单位在重复使用前应当进行检查；发现存在安全隐患的，应当维修或者更换。使用单位应当对检查情况作出记录，记录的保存期限不得少于2年。

37. 【答案】C

示值相对误差＝示值误差/真值

所以该题示值相对误差＝（100-99.4）/99.4＝0.6%

38. 【答案】A

测量正确度简称正确度，指无穷多次重复测量所得量值的平均值与一个参考量值之间的一致程度。

注：（1）测量正确度不是一个量，不能用数值表示。

（2）测量正确度与测量系统误差有关，与随机测量误差无关。

（3）测量正确度不能用测量准确度表示。反之亦然。

39. 【答案】B

测量精密度简称精密度，是在规定的条件下，对同一或类似被测对象重复测量所得示值或测得值间的一致程度。

注：（1）测量精密度通常用不精密程度以数字形式表示，如，在规定的测量条件下的标准差、方差或变异系数；

（2）规定条件可以是重复性测量条件、期间精密度测量条件或复现性测量条件；

（3）测量精密度用于定义测量重复性、期间测量精密度或测量复现性。

40. 【答案】D

组合单位的名称与其符号表示的顺序一致，符号中的乘号没有对应的名称，除号的对应名称为"每"字，无论分母中有几个单位，"每"字都只出现一次。

乘方形式的单位名称，其顺序应是指数名称在前，单位名称在后，指数名称由相应的数字加"次方"两字而成。例如：断面惯性矩单位符号为m^4，其名称为"四次方米"。

二、判断题（共30题，每题1分，共30分）

1. 【答案】错误

《公路水运工程质量检测管理办法》第十五条规定：专家组应当在专家技术评审时限内向许可机关报送专家技术评审报告。

专家技术评审报告应当包括对申请人资质条件等事项的核查抽查情况和存在问题，是否存在实际状况与申请材料严重不符、伪造质量检测报告、出具虚假数据等严重违法违规问题，以及评审总体意见等。

许可机关可以将专家技术评审情况向社会公示。

2. 【答案】错误

《公路水运工程质量检测管理办法》第五十一条规定：检测机构未按照本办法第二十三

条规定申请变更的，由交通运输主管部门责令限期办理；逾期未办理的，给予警告或者通报批评。

3.【答案】正确

各资质等级质量检测机构试验检测人员的配置不仅持证总数量满足要求，还需考虑持证试验检测师数量及专业配置、具有高级职称同时持证试验检测师及专业配置满足要求的人数。

4.【答案】错误

《公路水运工程质量检测机构资质审批专家技术评审工作程序》第八条规定：专家组长主持召开现场核查工作预备会议，专家组全体成员及申请人主要负责人参加。会议主要内容是明确现场核查计划及专家分工，抽取现场试验操作考核参数及其试验操作人员，提出现场核查工作纪律和要求。

《公路水运工程质量检测机构资质审批专家技术评审工作程序》第九条规定：专家组长主持召开现场核查工作布置会议，专家组全体成员以及申请人主要岗位人员参加。会议主要内容是听取申请人有关工作的汇报，明确现场核查工作安排及有关要求等。

5.【答案】错误

工地试验室所从事的检测业务范围也必须是《资质等级证书》核定的检测业务范围，不能超范围开展检测工作。凡是查出工地试验室有问题的，按照信用评价办法对其母体进行处理。凡是工地试验室的母体不具备《资质等级证书》的，其所出具的数据将不能作为公路水运工程质量评定和工程验收的依据，质监机构将不予认可。

6.【答案】错误

《公路水运工程安全生产监督管理办法》第三十三条规定：依法设立的为安全生产提供技术管理服务的机构，依照法律、法规、规章和执业准则，接受从业单位的委托为其安全生产工作提供技术、管理服务。

从业单位委托前款规定的机构提供安全生产技术、管理服务的，保障安全生产的责任仍由本单位负责。

7.【答案】正确

检验检测机构资质认定一般程序的技术评审方式包括现场评审、书面审查和远程评审。根据机构申请的具体情况，采取不同技术评审方式对机构申请的资质认定事项进行审查。

8.【答案】正确

《检验检测机构诚信基本要求》第4.3.7条规定：

（1）检验检测机构应准确、清晰、明确和客观地报告每一项检验检测结果，并符合检验检测方法中规定的要求。检验检测机构接受的委托检验，其检验检测数据、结果仅证明样品所检验检测项目的符合性情况。

（2）检验检测记录、报告、证书不应随意涂改，所有修改应有相关规定和授权。当有必要发布全新的检验检测报告、证书时，应注以唯一性标识，并注明所替代的原件。

（3）检验检测机构应采取有效手段识别和保证检验检测报告、证书真实性；应有措施保证任何人员不得施加任何压力改变检验检测的实际数据和结果。

（4）检验检测机构应当按照合同要求，在批准范围内根据检验检测业务类型，出具具有证明作用的数据和结果,在检验检测报告、证书中正确使用获证标识。

9.【答案】错误

《检测和校准实验室能力的通用要求》第6.2.1条规定:所有可能影响实验室活动的人员,无论是内部人员还是外部人员,应行为公正、有能力并按照实验室管理体系要求工作。

10.【答案】错误

资质认定标志的规格及颜色:使用标志时,应按照标志规定的比例,根据情况放大或缩小,不可更改标志比例,标志上下部分的颜色应一致。

资质认定标志的颜色建议为红色、蓝色或者黑色。

11.【答案】错误

最大允许误差是由给定测量仪器的规程或规范所允许的示值误差的极限值。最大允许误差可用绝对误差、相对误差、引用误差或它们的组合形式来表示。

(1)用绝对误差表示最大允许误差:例如标称值为1Ω的标准电阻,说明书指出其最大允许误差为±0.01Ω,表明该电阻器的阻值允许在0.99~1.01Ω范围内。

(2)用相对误差表示最大允许误差:例如测量范围为1mV~10V的电压表,其允许误差限为±1%,而10V时为±1%x10V=±0.1V。最大允许误差用相对误差形式表示,有利于在整个测量范围内的技术指标用一个误差限来表示。

(3)用引用误差表示最大允许误差:引用误差是绝对误差与特定值之比的百分数。特定值又称引用值,通常对仪器测量范围的上限值(俗称满刻度值)或量程作为特定值。例如一台0~150V的电压表,说明书说明其引用误差限为±2%,说明该电压表的任意示值的允许误差限均为±2%×150V=±3V。

12.【答案】错误

《合格评定 能力验证的通用要求》第4.5.1条规定:通常期望参加者使用他们自己选择的检测方法、校准或测量程序,这些方法或程序应与其日常所使用的一致。

能力验证提供者也可依据能力验证计划的设计,要求参加者使用指定的方法。

13.【答案】错误

《合格评定 能力验证的通用要求》第5.5.1条规定:当能力验证提供者需将工作分包时,应能证明分包方的经验和技能能力能够胜任指定的任务,并符合本标准和其他适用标准的相关条款。

《合格评定 能力验证的通用要求》第5.5.2条规定:能力验证提供者不得分包能力验证计划的策划、能力评定或最终报告的批准。

14.【答案】错误

计量确认的依据既不是计量检定规程,也不是设备的使用说明书,而是预期的使用要求,往往是依据试验规程。因此,仪器设备在检定或校准之前应依据试验规程或规范明确提出设备使用的量值测量范围和精度要求。

15.【答案】错误

对于校准证书、测试报告上测量结果因系统误差造成不合格的情况,则在使用时需按理论值进行修正,具体可以根据实际情况采取曲线拟合方法、插入法等。

对于校准证书、测试报告上测量结果离散性较大的，不属于系统误差的设备，则需维修或报废。

16. 【答案】错误

期间核查是由检测机构自己实施的，核查的范围也是由检测机构自己规定的。

17. 【答案】错误

根据重要性不同，将分项工程的检查项目分为关键项目和一般项目。

关键项目是分项工程中对结构安全、耐久性和主要使用功能起决定性作用的检查项目，一般项目是分项工程中除关键项目以外的检查项目。

18. 【答案】错误

《水运工程质量检验评定标准》第1.3.0.3.3条规定：隐蔽工程在隐蔽前应由施工单位通知有关单位进行验收，并形成验收文件。

19. 【答案】正确

解析略。

20. 【答案】正确

解析略。

21. 【答案】正确

《中华人民共和国标准化法》第十二条规定：对没有推荐性国家标准、需要在全国某个行业范围内统一的技术要求，可以制定行业标准。

行业标准的制定需要同时满足两个要求：（1）没有推荐性的行业标准；（2）在本行业范围内需要统一的技术要求，即不能超越本行业范围、不能超越国务院有关行政主管部门的职责制定行业标准。

22. 【答案】错误

《建设工程质量管理条例》第三条规定：建设单位、勘察单位、设计单位、施工单位、工程监理单位依法对建设工程质量负责。

23. 【答案】错误

《建设工程质量管理条例》第十三条规定：建设单位在开工前，应当按照国家有关规定办理工程质量监督手续，工程质量监督手续可以与施工许可证或者开工报告合并办理。

24. 【答案】正确

《建设工程质量管理条例》第二十九条原文。

25. 【答案】错误

《建设工程安全生产管理条例》第十六条规定：出租的机械设备和施工机具及配件，应当具有生产（制造）许可证、产品合格证。

出租单位应当对出租的机械设备和施工机具及配件的安全性能进行检测，在签订租赁协议时，应当出具检测合格证明。

禁止出租检测不合格的机械设备和施工机具及配件。

26. 【答案】错误

《危险化学品安全管理条例》第二条规定：危险化学品生产、储存、使用、经营和运输的安全管理适用本条例。废弃危险化学品的处置，依照有关环境保护的法律、行政法规和国家有关规定执行。

27.【答案】错误

《危险化学品安全管理条例》第二十四条规定：危险化学品应当储存在专用仓库、专用场地或者专用储存室（以下统称专用仓库）内，并由专人负责管理；剧毒化学品以及储存数量构成重大危险源的其他危险化学品，应当在专用仓库内单独存放，并实行双人收发、双人保管制度。

28.【答案】错误

系统测量误差的参考值是真值，或是测量不确定度可忽略不计的测量标准的测得值，或是约定量值。

29.【答案】错误

① 通过相乘构成的组合单位在加词头时，词头通常加在第一个单位之前。例如力矩的单位"kN·m"不可以写成"N·km"。

② 通过相除构成的组合单位，或通过乘和除构成组合单位，在加词头时，词头一般都应加在分子的第一个单位之前，分母一般不用词头，但 kg 在分母时除外。摩尔内能的单位 kJ/mol，不能写成 J/mmol。

30.【答案】错误

单位符号、词头符号一律用正体字母；来源于人名的单位符号第一个字母大写（例：Pa、Wb），其余均为小写字母。

三、多选题（共 25 题，每题 2 分，共 50 分。下列各题备选项中，至少有 2 个是符合题意的，选项全部正确得满分，选项部分正确按比例得分，出现错误选项该题不得分）

1.【答案】A、B、C、D

《公路水运工程质量检测管理办法》第三条规定：本办法所称公路水运工程质量检测，是指按照本办法规定取得公路水运工程质量检测机构资质的公路水运工程质量检测机构（以下简称检测机构），根据国家有关法律、法规的规定，依据相关技术标准、规范、规程，对公路水运工程所用材料、构件、工程制品、工程实体等进行的质量检测活动。

2.【答案】C、D

《公路水运工程质量检测机构资质审批专家技术评审工作程序》第十二条规定：专家组核查中对于申请人同时申请多个资质的：

（1）行政、技术、质量负责人所持检测人员证书可在多个资质中使用；

（2）技术负责人不单独配置时，应同时持有满足不同资质要求的检测人员证书；

（3）不同资质可共用检测用房、仪器设备，但检测用房须满足不同资质要求。

3.【答案】A、B

《公路水运工程质量检测机构资质审批专家技术评审工作程序》第十七条规定：考查申请人行政、技术、质量负责人等关键岗位人员，在严防检测报告数据作假方面是否履职尽责。应重点考查资历条件是否满足资质条件及有关要求，是否理解和熟悉岗位职责等内容。考查可采取口头问答或书面考试等方式进行。

4.【答案】A、B、C

《公路水运工程质量检测信用评价办法（征求意见稿）》第九条规定：检测机构的信用

评价实行综合评分制。检测机构信用评价的内容包括母体机构、设立的公路水运工程工地试验室（以下简称工地试验室）及单独签订合同承担的工程试验、检测及监测等现场检测项目（以下简称现场检测项目）。

5.【答案】B、D

《公路水运工程质量检测信用评价办法（征求意见稿）》第十二条规定：出现以下情形之一的，检测机构信用评价不能评为AA级：

（1）母体机构信用评价得分小于95分的；
（2）信用评价周期内工地试验室和现场检测项目业务均未开展的；
（3）出现工地试验室或现场检测项目得分小于70分的；
（4）机构技术负责人或质量负责人被评为信用较差或信用差的。

6.【答案】A、B、C

工地试验室出具的试验检测报告应加盖工地试验室印章，印章包含的基本信息有：母体试验检测机构名称+建设项目标段名称+工地试验室。

7.【答案】B、C、D

《公路水运试验检测数据报告编制导则》第5.3.2条规定：检测数据部分应包括原始观测数据、数据处理过程与方法，以及试验结果等内容。

（1）原始观测数据：
① 手工填写的原始观测数据应在现场如实、完整记录，如需修改，应杠改并在修改处签字；
② 由仪器设备自动采集的检测数据、试验照片等电子数据，可打印签字后粘贴于记录表中或保存电子档。

（2）数据处理过程与方法：应填写原始观测数据推导出试验结果的过程记录，宜包括计算公式、推导过程、数字修约等，必要时还应填写相应依据。

（3）试验结果：应按照检测依据的要求给出该项试验的测试结果。

8.【答案】A、D

《检验检测机构资质认定管理办法》第十四条规定：有下列情形之一的，检验检测机构应当向资质认定部门申请办理变更手续：

（一）机构名称、地址、法人性质发生变更的；
（二）法定代表人、最高管理者、技术负责人、检验检测报告授权签字人发生变更的；
（三）资质认定检验检测项目取消的；
（四）检验检测标准或者检验检测方法发生变更的；
（五）依法需要办理变更的其他事项。

注意：

《公路水运工程质量检测机构资质管理办法》第二十三条规定：检测机构的名称、注册地址、检测场所地址、法定代表人、行政负责人、技术负责人和质量负责人等事项发生变更的，检测机构应当在完成变更后10个工作日内向原许可机关申请变更。

9.【答案】A、B、C

授权签字人应具备的条件：

a. 熟悉检验检测机构资质认定相关法律、行政法规的规定，熟悉《准则》及相关技术文件的要求；

b. 具备从事相关专业检验检测的工作经历，熟悉所承担签字领域的检验检测技术、相应标准或者技术规范；

c. 熟悉检验检测报告审核签发程序，具备对检验检测结果做出评价的判断能力；

d. 检验检测机构应正式授权其签发检验检测报告的职责和范围；

e. 检验检测机构授权签字人应具有中级及以上相关专业技术职称或者同等能力。

同等能力是指人员的教育背景、工作经历具备以下条件：博士研究生毕业，且从事相关专业检验检测活动 1 年及以上；硕士研究生毕业，且从事相关专业检验检测活动 3 年及以上；大学本科毕业，且从事相关专业检验检测活动 5 年及以上；大学专科毕业，且从事相关专业检验检测活动 8 年及以上。

10. 【答案】A、B、C、D

依据《〈检验检测机构资质认定评审准则〉条文释义》的规定，检验检测机构应将其政策、制度、计划、手册、程序和作业指导书等制定成文件，文件形式包括但不限于质量手册、程序文件、作业指导书及记录表格等。

11. 【答案】A、B、C

修约值比较法：将测试值或计算值进行修约，修约数位与规定的极限数值数位一致。当测试或计算精度允许时，应先将获得的数值按指定的修约数位多一位或多几位报出，然后按程序修约。将修约后数值与极限数值比较。

钢筋直径符合的标准为 17.8～18.2mm，根据修约值比较法，应将各测值修约到小数点后 1 位，因此：

A 选项：17.82mm 修约为 17.8mm，符合要求。

B 选项：17.88mm 修约为 17.9mm，符合要求。

C 选项：18.16mm 修约为 18.2mm，符合要求。

D 选项：18.26mm 修约为 18.3mm，不符合要求。

12. 【答案】A、B、C、D

《合格评定能力验证的通用要求》附录 B.1 规定：本附录和参考文献中给出的方法，涵盖了几乎所有类型能力验证计划所共有的基本步骤，例如：

（1）指定值的确定；

（2）能力统计量的计算；

（3）能力评定；

（4）能力验证物品均匀性和稳定性的初步判定。

13. 【答案】A、B

系统抽样分为等距抽样和定位系统抽样。

（1）等距抽样：将总体中的 N 个抽样单元按照一定顺序排列，n 个样本单元由满足以下关系的单元编号组成：h，$h+k$，$h+2k$，…，$h+(n-1)k$。

（2）定位系统抽样：指一个规定样本量的样本，取自流水线中的某一规定位置或时间，认为它本身所处的环境具有代表性的系统抽样。

例如，从流水线或传输装置中抽取散料样品时，系统抽样可按固定距离或固定时间间隔方式抽取样本，每个抽样单元或每份样品的质量应与抽样时的瞬时流量成比例。

14.【答案】 C、D

《水运工程质量检验评定标准》第1.3.0.3.1条规定：工程施工应符合工程合同和设计文件的要求。

15.【答案】 A、B、C、D

《水运工程质量检验评定标准》第1.5.0.1条规定：检验批质量合格应符合下列规定。

1.5.0.1.1 主要检验项目的质量经检验应全部合格。

1.5.0.1.2 一般检验项目的质量经检验应全部合格。其中允许偏差的抽查合格率应达到80%及其以上，且不合格点的最大偏差值对于影响结构安全和使用功能的不得大于允许偏差值的1.5倍，对于机械设备安装工程不得大于允许偏差值的1.2倍。

16.【答案】 A、B

《水运工程质量检验评定标准》第1.5.0.7条规定：当分项工程及检验批和分部工程的质量不符合本标准质量合格标准要求时，应按下列规定进行处理。

1.5.0.7.1 经返工重做或更换构配件、设备的应重新进行检验。

1.5.0.7.2 经检测单位检测鉴定能够达到设计要求的，可认定为质量合格；经检测鉴定达不到设计要求但经原设计单位核算认可能够满足结构安全和使用功能的，可认定为质量合格。

1.5.0.7.3 经返修或加固处理的分项、分部工程，虽然改变外形尺寸但仍能满足安全使用要求，可按技术处理方案和协商文件进行验收。

1.5.0.7.4 通过返修或加固仍不能满足安全使用要求的分部工程和单位工程，不得验收。

17.【答案】 B、C、D

《公路养护工程质量检验评定标准 第一册 土建工程》第3.2.5条规定：

（1）关键项目的合格率不得低于95%，属于工厂加工制造的桥梁金属构件的合格率应为100%，不符合要求时该检查项目应为不合格。

（2）一般项目的合格率应不低于80%，不符合要求时该检查项目应为不合格。

（3）有规定极值的检查项目，任一单个检测值都不得突破规定极值，不符合要求时该检查项目应为不合格。

（4）采用本标准附录B~J、L~N所列方法进行检验评定的检查项目，不符合要求时该检查项目应为不合格。

18.【答案】 B、C、D

《中华人民共和国计量法》第九条规定：县级以上人民政府计量行政部门对社会公用计量标准器具，部门和企业、事业单位使用的最高计量标准器具，以及用于贸易结算、安全防护、医疗卫生、环境监测方面的列入强制检定目录的工作计量器具，实行强制检定。未按照规定申请检定或者检定不合格的，不得使用。实行强制检定的工作计量器具的目录和管理办法，由国务院制定。

对前款规定以外的其他计量标准器具和工作计量器具，使用单位应当自行定期检定或者送其他计量检定机构检定。

19.【答案】 A、B、C、D

《中华人民共和国标准化法》第三条规定：标准化工作的任务是制定标准、组织实施标准以及对标准的制定、实施进行监督。

20.【答案】 A、B、D

《中华人民共和国标准化法》第十条规定：对保障人身健康和生命财产安全、国家安全、生态环境安全以及满足经济社会管理基本需要的技术要求，应当制定强制性国家标准。

（1）保障人身健康和生命财产安全：《家用和类似用途电器的安全》（GB 4706）

（2）国家安全：《计算机信息系统安全保护等级划分准则》（GB 17859—1999）

（3）生态环境安全：《环境空气质量标准》（GB 3095—2012）

（4）满足社会经济管理基本需要：《公民身份号码》（GB 11643—1999）、《法人和其他组织统一社会信用代码编码规则》（GB 32100—2015）

21.【答案】 A、C

《公路水路行业产品质量监督抽查管理办法》第十三条规定：

有下列情况之一的，不得抽样：

（一）产品未经生产企业检验合格；

（二）有充分证据证明拟抽查的产品用于出口，并且出口合同对产品质量另有规定；

（三）产品或者标签、包装、说明书标上有"试制""处理""样品"等字样；

（四）产品抽样基数不符合监督抽查要求。

22.【答案】 A、B

《建设工程质量管理条例》第三十七条规定：工程监理单位应当选派具备相应资格的总监理工程师和监理工程师进驻施工现场。

未经监理工程师签字，建筑材料、建筑构配件和设备不得在工程上使用或者安装，施工单位不得进行下一道工序的施工。未经总监理工程师签字，建设单位不拨付工程款，不进行竣工验收。

23.【答案】 A、B、C

《建设工程质量管理条例》第三十八条规定：监理工程师应当按照工程监理规范的要求，采取旁站、巡视和平行检验等形式，对建设工程实施监理。

24.【答案】 B、C

《检验检测机构资质认定管理办法》第三十一条规定：检验检测机构有下列情形之一的，资质认定部门应当依法办理注销手续：（一）资质认定证书有效期届满，未申请延续或者依法不予延续批准的；（二）检验检测机构依法终止的；（三）检验检测机构申请注销资质认定证书的；（四）法律、法规规定应当注销的其他情形。根据《检验检测机构资质认定管理办法》第三十二条：以欺骗、贿赂等不适当手段取得资质认定的，资质认定部门应当依法撤销资质认定被撤销资质认定的检验检测机构，三年内不得再次申请资质认定。

25.【答案】 A、B、C

工地试验室出具的试验检测报告应加盖工地试验室印章，印章包含的基本信息有：母体试验检测机构名称+建设项目标段名称+工地试验室。